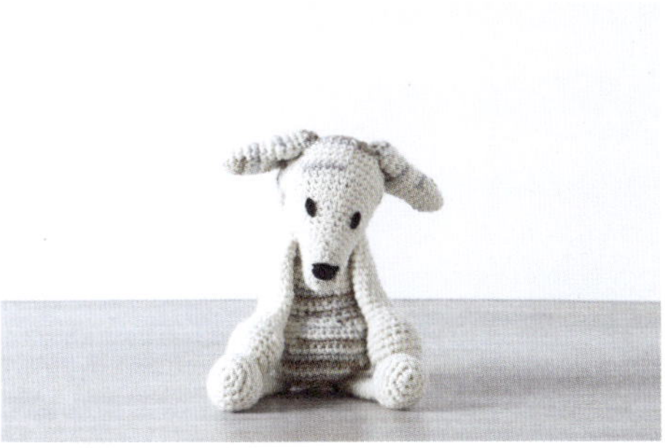
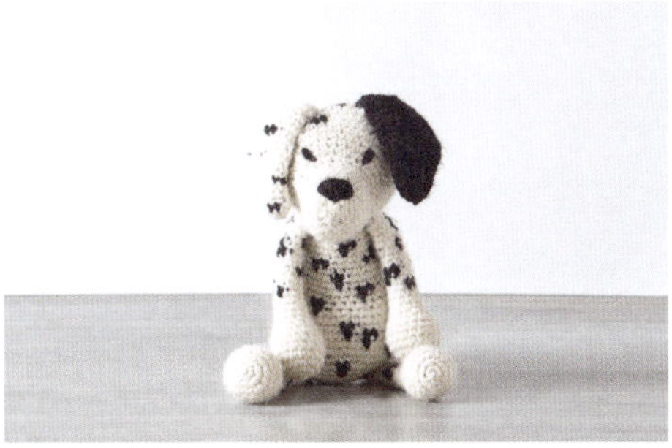

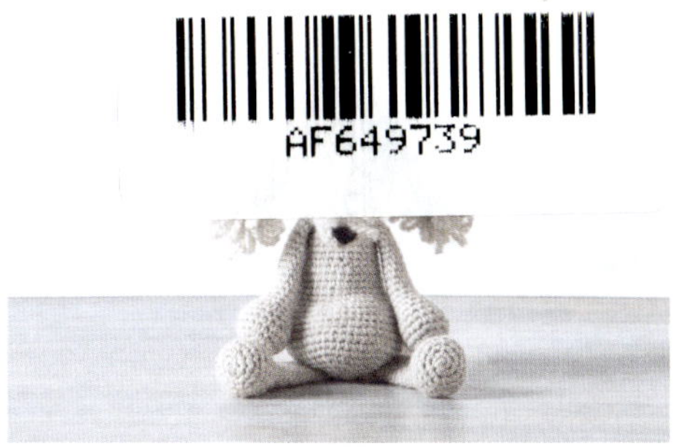
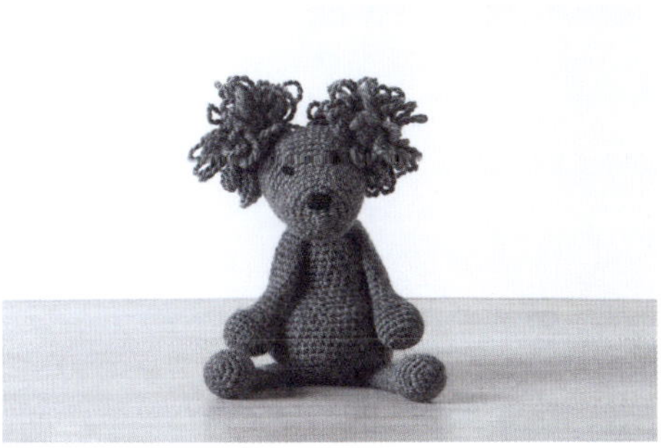
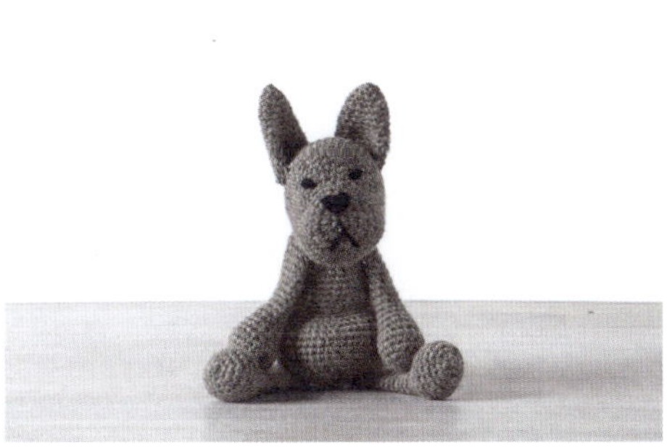
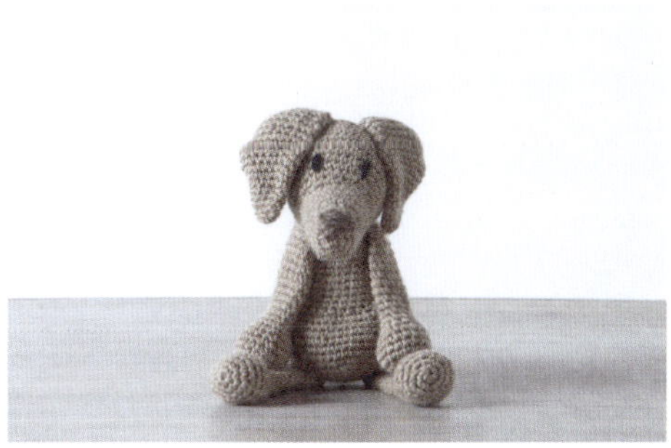
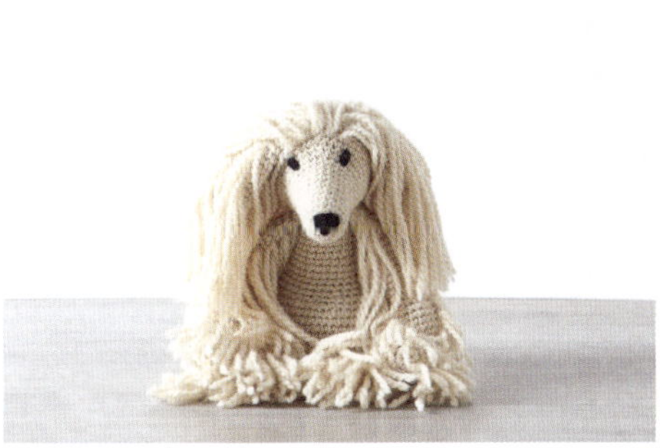
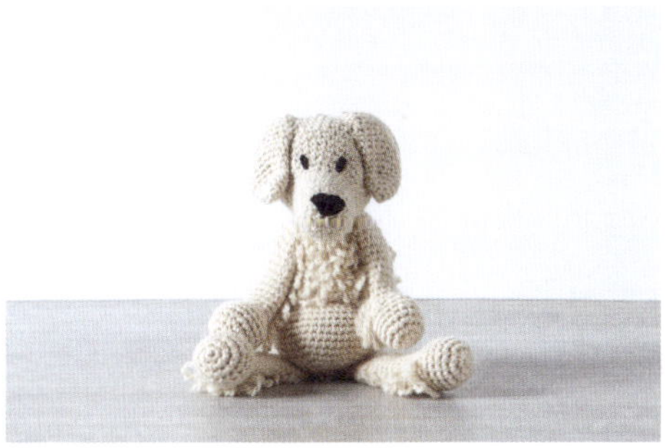
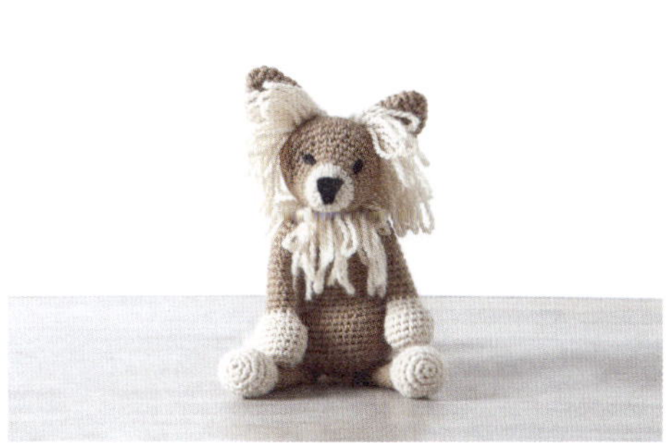
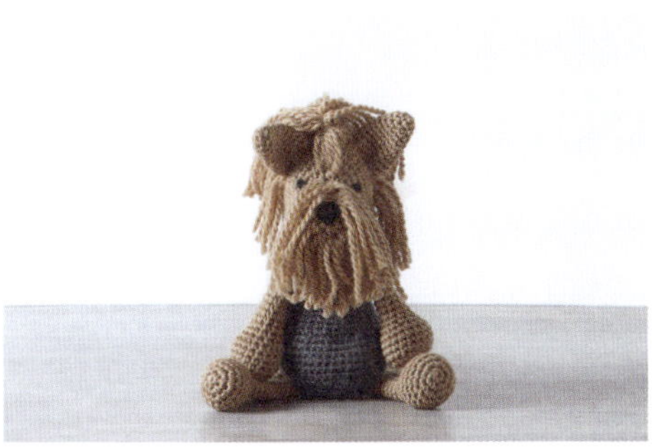
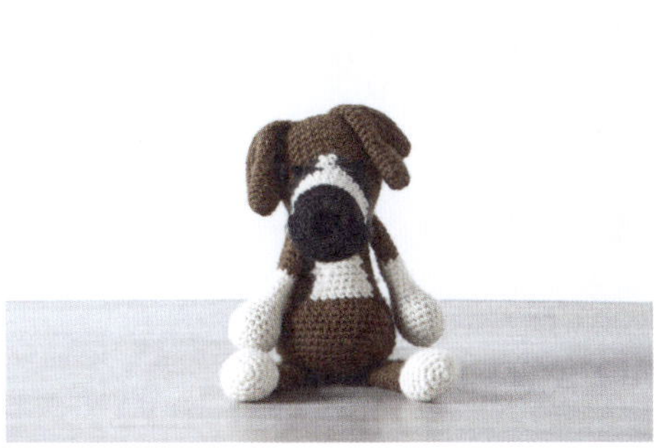
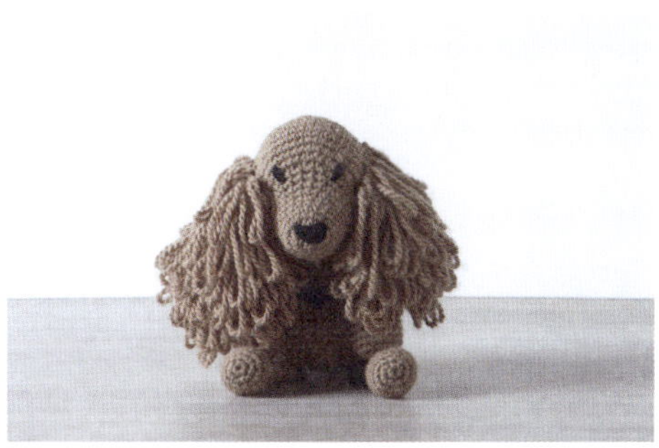
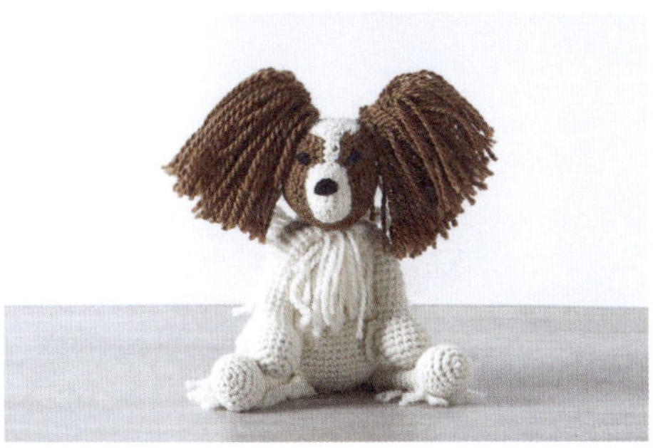
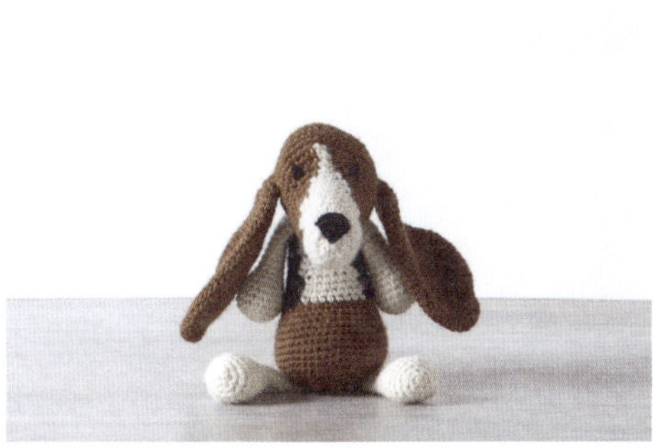
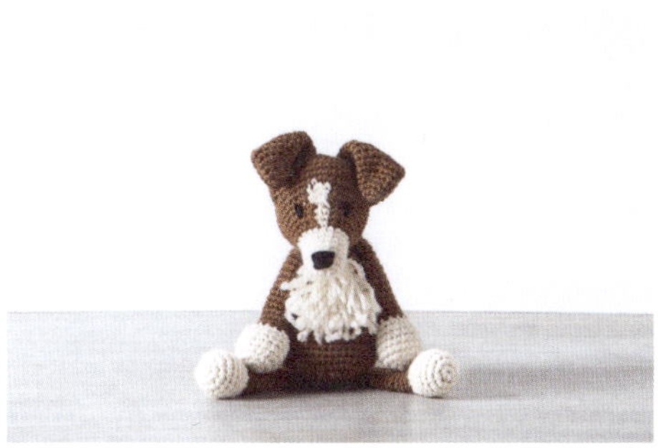
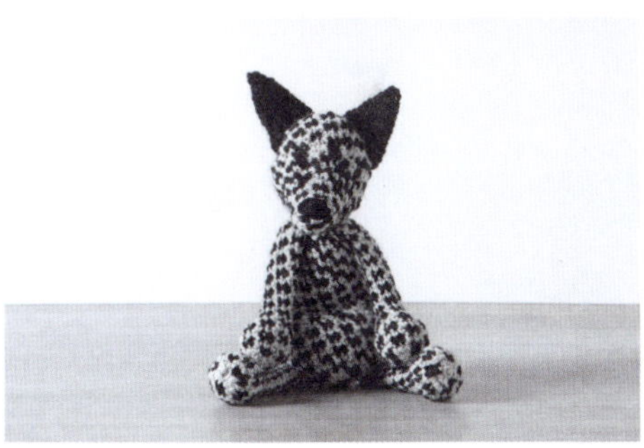
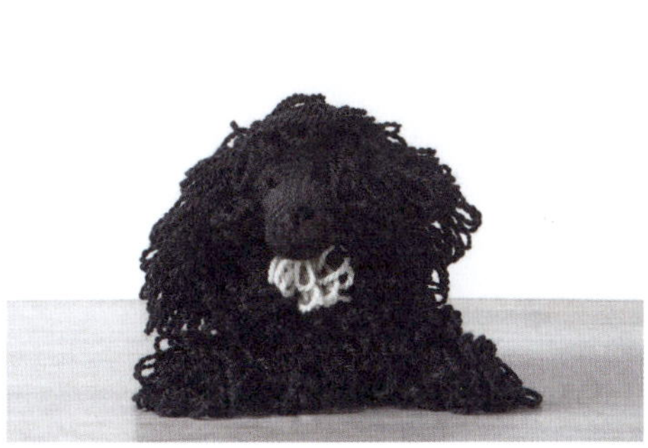
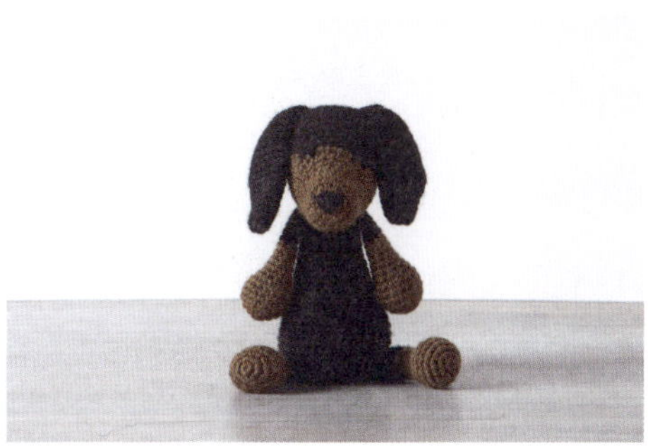

Edwards freche TIERPARADE HUNDE

#edsdogs
#edsanimals

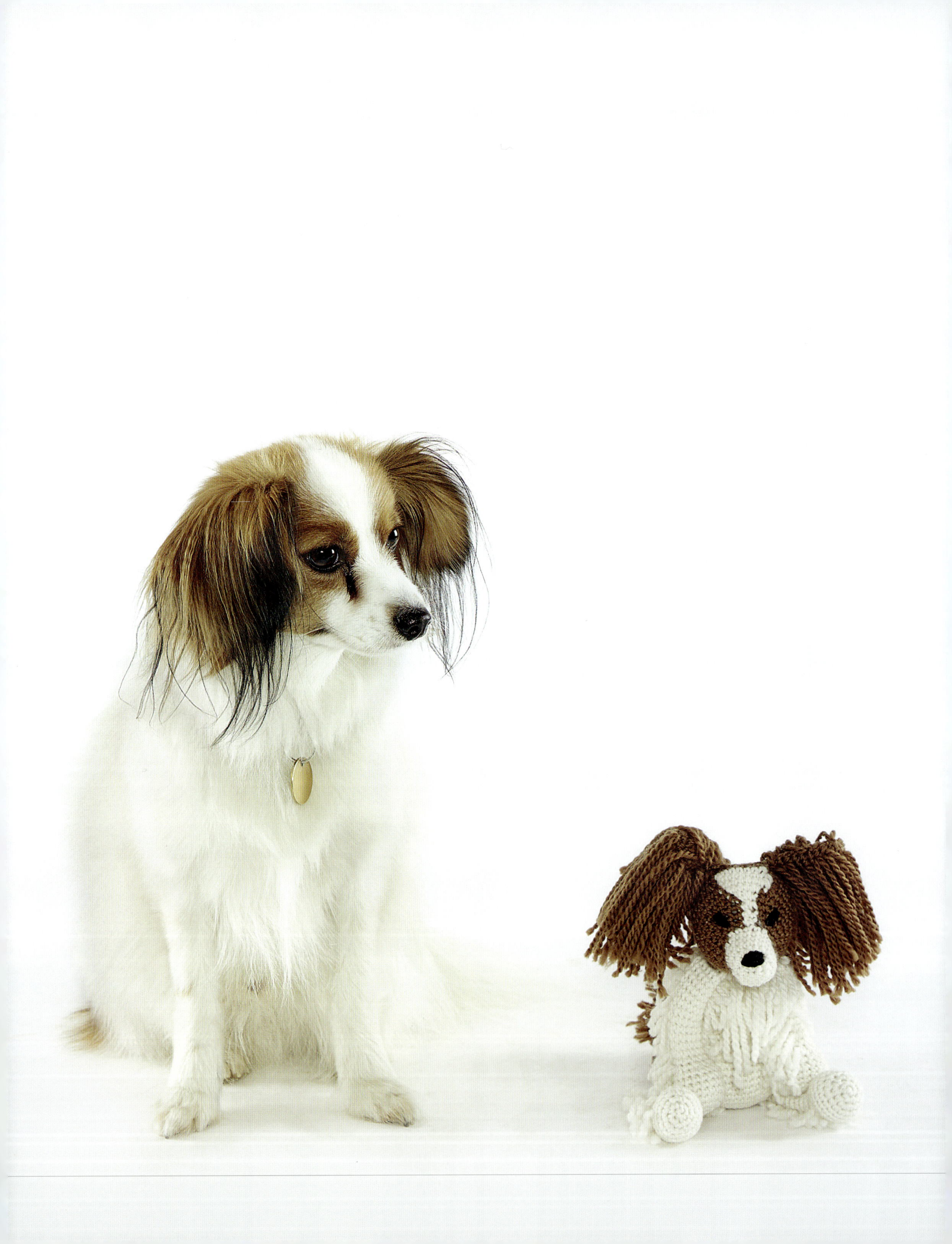

Edwards freche TIERPARADE HUNDE

50 treue Häkelfreunde fürs Leben

Kerry Lord

PAVILION

Inhalt

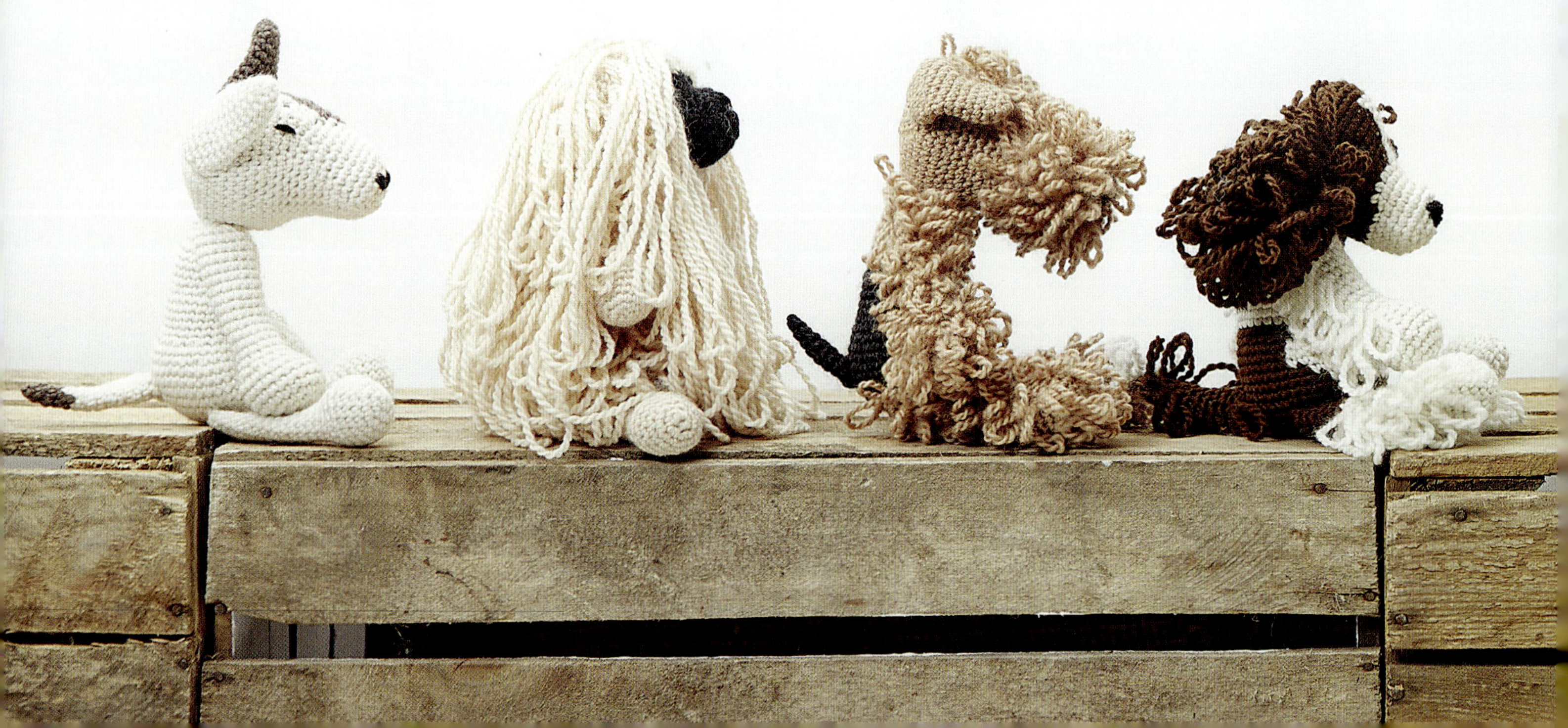

TECHNIKEN

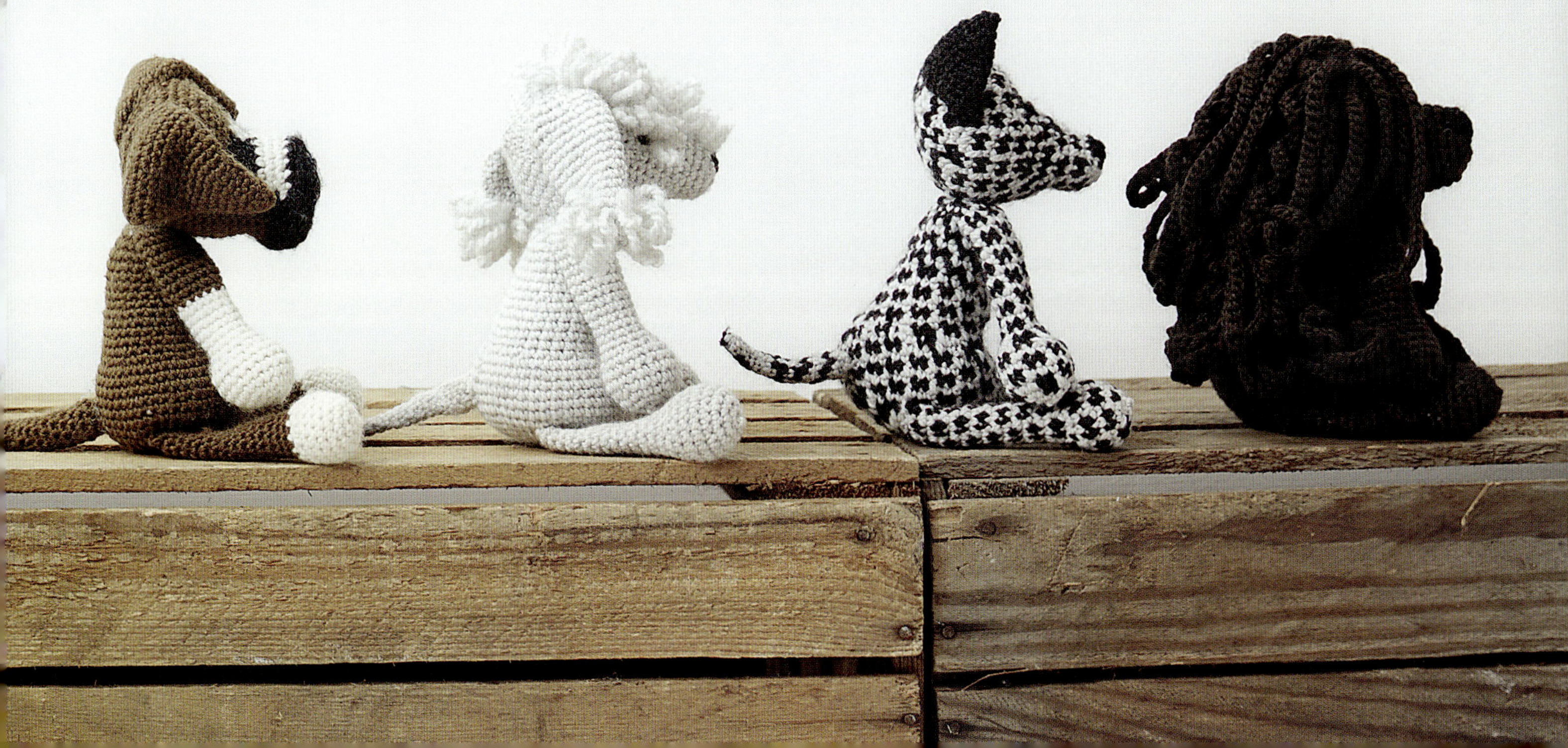

Einleitung

Edwards freche Tierparade Hunde ist das Ergebnis zweier Jahre, in denen ich immer wieder fremde Leute im Park ansprach: „Entschuldigen Sie bitte, Ihr Hund ist wunderschön, was ist das für eine Rasse?“ Danach notierte ich eilig, was die Länge von Schlaufenmaschen und die verschiedenen Farbwechsel betraf. Meine Absicht war, fünfzig unterschiedliche Hunderassen mit genügend verschiedenen Formen von Ohren, Schwänzen und Schnauzen auszuwählen und zu häkeln, um für meine Leser alle möglichen Anleitungen zu schreiben, sodass jeder seinen eigenen Hund häkeln konnte – egal, ob es ein herausgeputzter Rassehund oder eine wilde Promenadenmischung ist.

Edwards freche Tierparade begann mit dem Wunsch, ein paar Kuscheltiere für mein noch ungeborenes Baby zu häkeln. Mit Hilfe eines Video-Tutorials lernte ich, feste Maschen zu häkeln. Dabei entdeckte ich, dass ich als frischgebackener Häkelfan (und konvertierte Strickerin) eine ganz eigene Art entwickelt hatte, Anleitungen zu schreiben. Das möchte ich jedem Anfänger, der heute zum ersten Mal eine Häkelnadel in der Hand hält, so deutlich wie möglich klarmachen. Ich habe die Projekte in die beiden Abschnitte ANFÄNGER und FORTGESCHRITTENE eingeteilt, damit jeder Anfänger beim Häkeln schrittweise Neues lernen kann; zudem sind am Ende des Buchs alle Techniken Schritt für Schritt erklärt, sodass Sie in diesem Buch alles finden, was Sie zum Nachhäkeln der Hunde brauchen.

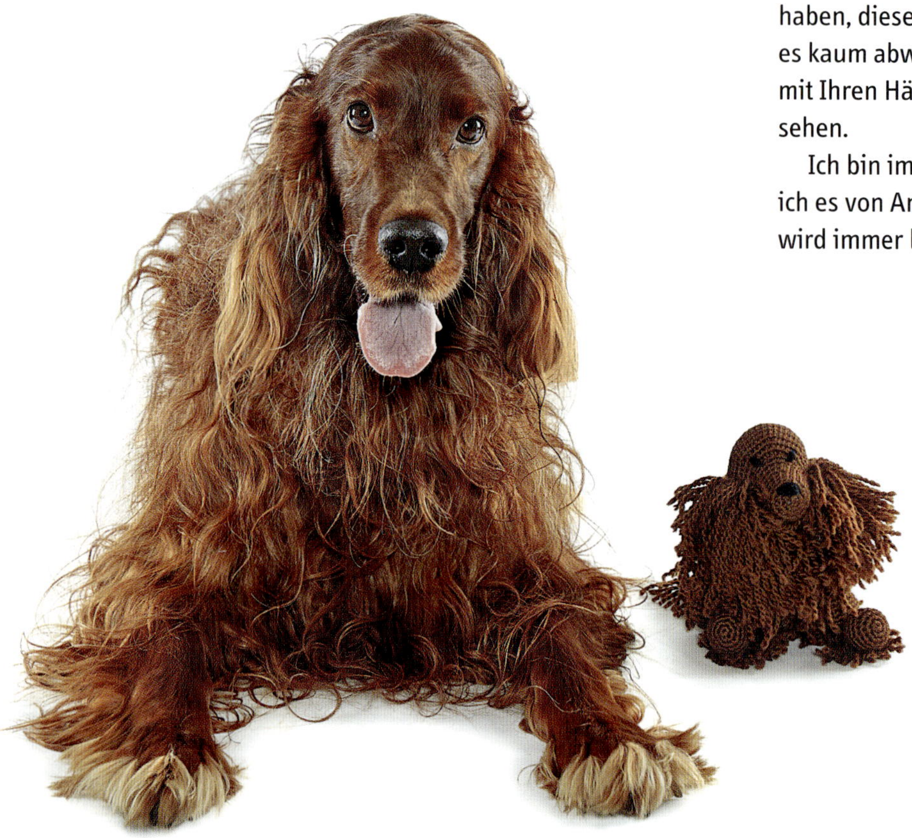

Meine gesamte Kreativität der vergangenen fünf Jahre floss in *Edwards freche Tierparade*. Obwohl es mir am Anfang nur darum ging, Spielzeuge für mein Kind zu häkeln, wurde so viel mehr daraus: Das gesamte Projekt erstreckt sich jetzt über drei Bücher und umfasst mehr als dreihundert verschiedene Anleitungen (von denen diese Hunde jetzt einen Großteil ausmachen). Inspiriert wurde ich von den zahllosen unterschiedlichen Beweggründen häkeln zu lernen, die die Menschen unter #edsanimals beschreiben. Ich werde immer wieder von den oftmals lustigen, aber manchmal auch traurigen Geschichten der Menschen bestärkt, für die diese Tiere gehäkelt wurden, und in denen sie erzählen, wie diese Häkelarbeiten ihr Leben verändert und bereichert haben.

Die Anleitungen in *Edwards freche Tierparade* Hunde wurden für Sie, Ihre Freunde und Angehörigen entwickelt und dürfen nur für private und/oder wohltätige Zwecke verwendet werden.

Ich hoffe sehr, dass Sie (und Ihre Hunde!) viel Spaß daran haben, diese Anleitungen nachzuarbeiten, und ich kann es kaum abwarten, Bilder von Ihren echten Vierbeinern mit Ihren Häkelhunden auf #edsdogs und #edsanimals zu sehen.

Ich bin immer noch genauso verliebt in diese Tiere, wie ich es von Anfang an war – und keine Angst, meine Liste wird immer länger!

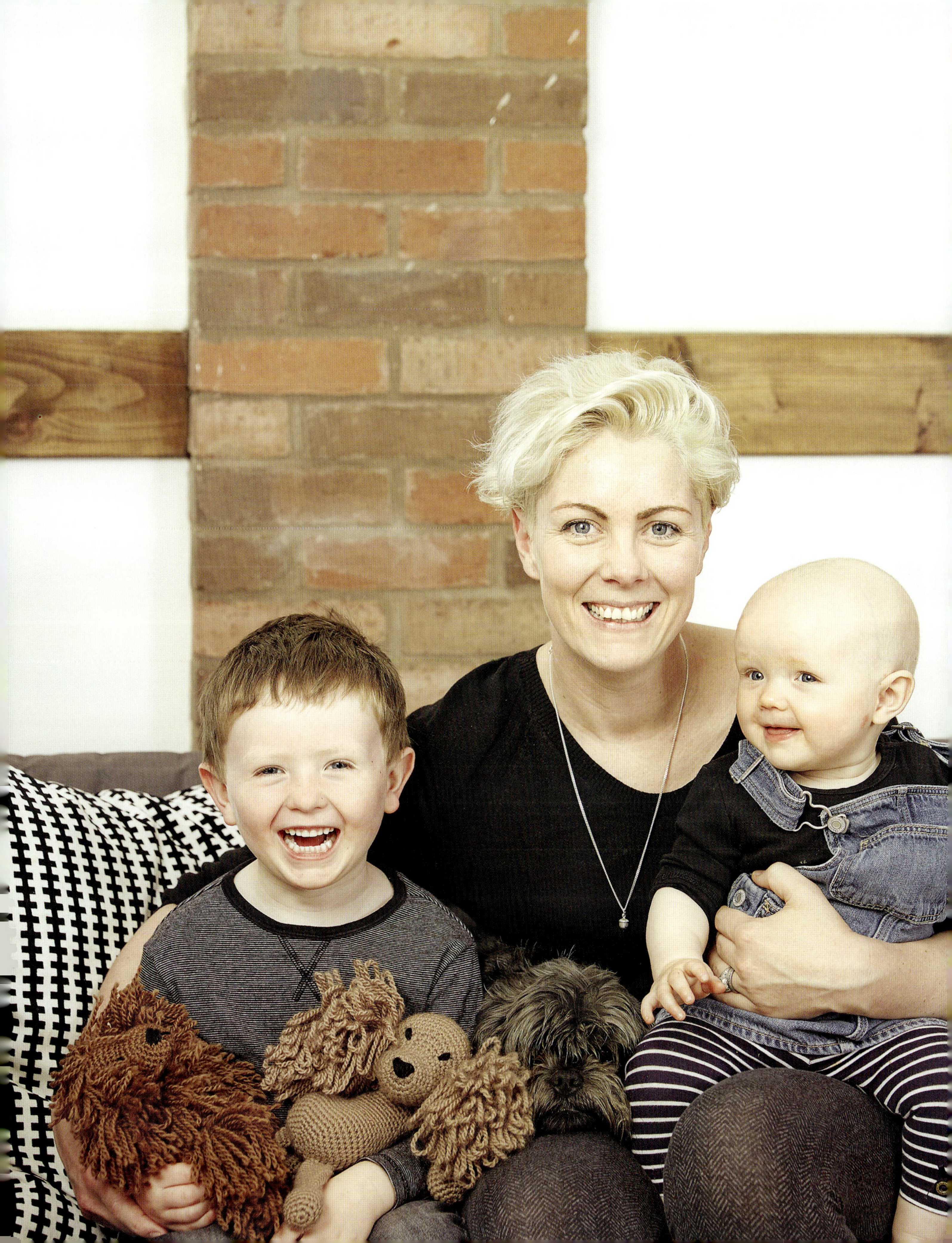

So arbeiten Sie mit diesem Buch

Edwards freche Tierparade Hunde ist in zwei Abschnitte gegliedert: Die Anleitungen für ANFÄNGER sind für alle geeignet, die zum ersten Mal häkeln, denn mit diesen Anleitungen lernen Sie alle Grundlagen kennen.

Sobald Sie eines dieser einfacheren Projekte bewältigt haben, können Sie problemlos eines der Projekte für FORTGESCHRITTENE in Angriff nehmen und dabei weitere Techniken wie SCHLAUFENMASCHEN oder Farbwechsel erlernen. Ich möchte betonen, dass alle in diesem Buch verwendeten Techniken ganz einfach sind. Das Einzige, was einige Anleitungen etwas schwieriger macht, ist die Disziplin, die Sie benötigen, da Sie beim Häkeln die Maschen ständig zählen sollten.

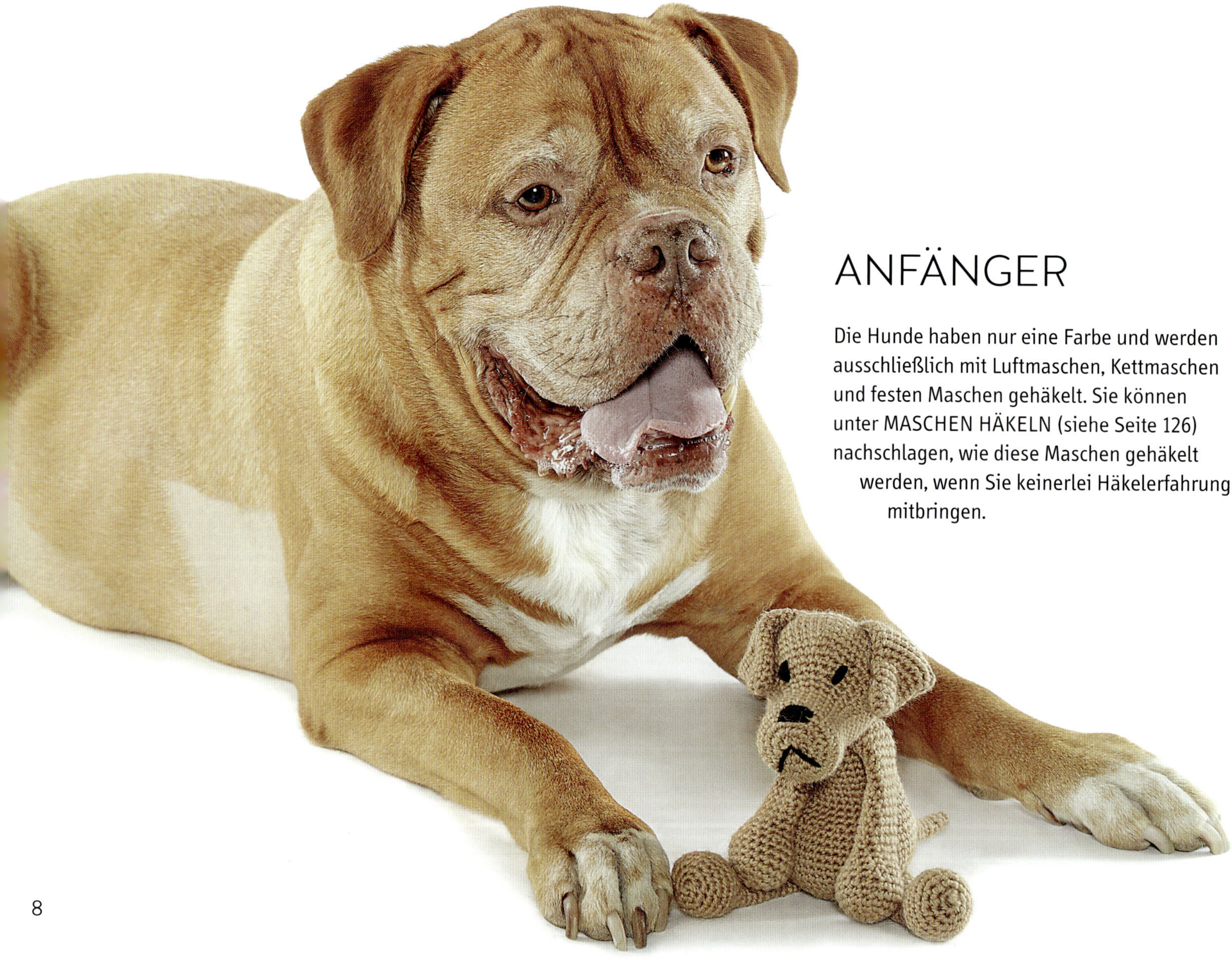

ANFÄNGER

Die Hunde haben nur eine Farbe und werden ausschließlich mit Luftmaschen, Kettmaschen und festen Maschen gehäkelt. Sie können unter MASCHEN HÄKELN (siehe Seite 126) nachschlagen, wie diese Maschen gehäkelt werden, wenn Sie keinerlei Häkelerfahrung mitbringen.

FORTGESCHRITTENE

Bei diesen Hunden häkeln Sie SCHLAUFENMASCHEN oder Farbwechsel und in den meisten Fällen beides. Bei Byron, dem Shar Pei (siehe Seite 106), ist eine ganz besondere Technik erforderlich, um die Falten zu arbeiten, was zunächst sehr zeitraubend erscheint, aber eigentlich ganz einfach ist, sobald Sie die Anleitung verinnerlicht haben.

Die Hunde aus Edwards freche Tierparade sind alle miteinander verwandt und haben daher die gleichen Körperformen. Schlagen Sie am besten die Seite mit den STANDARDTEILEN auf, während Sie eines der Projekte aus dem Buch nacharbeiten (siehe Seite 16). Diese Seite hat einen schwarzen Rand, damit sie leichter zu finden ist, während Sie nach einer Anleitung weiter hinten im Buch häkeln. Die Standardteile lassen sich schnell und einfach häkeln; sobald Sie einen der Hunde gehäkelt haben werden Sie erstaunt sein, wie gut Sie sich die Anleitung merken können!

Um die Anleitungen so kurz und präzise wie möglich zu halten, habe ich alle Hinweise zum Ausstopfen und Zusammennähen auf Seite 130 zusammengefasst, sofern sie nicht bei einer Rasse ganz speziell sind oder bei einem einzelnen Körperteil abweichen. Die allgemeinen Techniken zum Fertigstellen Ihres Projekts wie die Reihenfolge beim Zusammennähen, Tipps zum Aufsticken der Gesichtszüge und zum Annähen von Ohren und Schwanz finden Sie auf den Seiten 131 bis 134. Ich mag es nicht besonders gerne, Teile auszustopfen, während ich noch daran häkle, da mir immer wieder Füllmaterial in die Maschen gerät; daher häkle ich alle Teile erst einmal „platt“ zu Ende und stopfe sie aus, bevor ich sie zusammennähe.

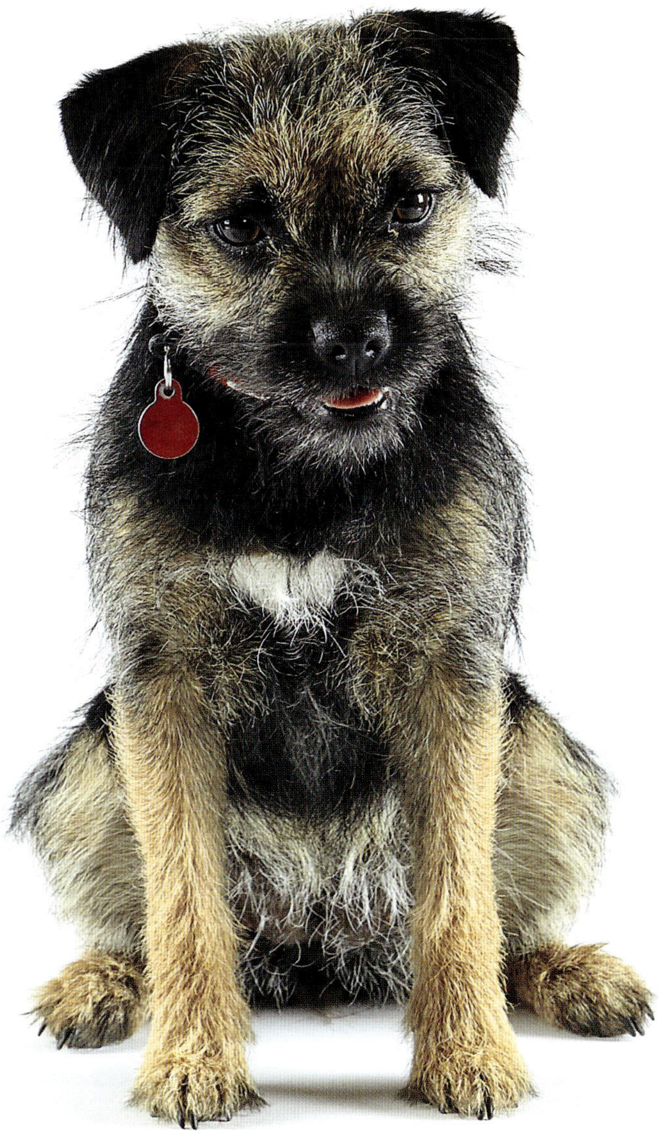

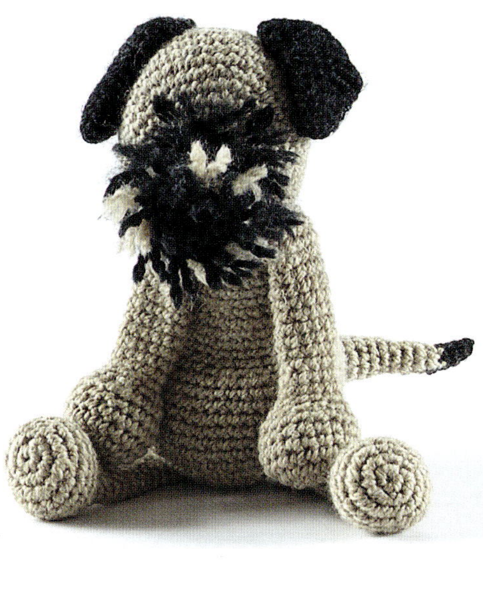

Das brauchen Sie

Unabhängig davon, ob Sie nur einen oder vielleicht doch alle Hunde aus diesem Buch häkeln möchten, benötigen Sie Folgendes:

- Garne in passenden Farben und Stärken (siehe GARNAUSWAHL, Seite 14, und GRÖSSEN, Seite 15)
- Eine zur verwendeten Wolle passende Häkelnadel (siehe GARNSTÄRKEN, Seite 12)
- Füllmaterial
- Schwarzes Kontrastgarn zum Aufsticken von Augen und Nase
- Stopfnadel zum Zusammennähen
- Schere

Garnfarben

Die Hunde in diesem Buch wurden in zwölf natürlichen Farbtönen gehäkelt. Die TOFT-Garne eignen sich perfekt zum Häkeln von Tieren, da sie das gesamte Spektrum von Naturtönen umfassen, die zu den meisten Hunden passen. Im vergangenen Jahr, in dem ich diese Hunde gehäkelt habe, habe ich festgestellt, dass es manchmal schwierig sein kann, sich auf eine Farbe festzulegen, wenn Sie einen lebendigen Vierbeiner häkeln möchten, den Sie kennen. Auf den Seiten 136 bis 139 finden Sie weitere Tipps zum Nachhäkeln von echten Hunden.

TOFT-Naturtöne, auf der gegenüberliegenden Seite von oben nach unten: Cream, Oatmeal, Silver, Shale, Camel, Stone, Fudge, Chestnut, Mushroom, Cocoa, Steel, Charcoal.

Material zum Ausstopfen

Ich habe mich dafür entschieden, meine Häkelarbeiten mit einer bauschigen Polyester-Füllung auszustopfen, auch wenn sie aus 100 Prozent Naturgarn gehäkelt sind. Dies ist jedoch kein Widerspruch, denn bei früheren Versuchen habe ich die Erfahrung gemacht, dass natürliches Füllmaterial aus Wolle im Laufe der Zeit klumpt und dann werden die Tiere schlaff und formlos.

Waschen

Mit einer bauschigen Polyester-Füllung können Sie Ihre Projekte problemlos im Schonwaschgang Ihrer Waschmaschine waschen. Mit anderen zusätzlichen Füllmaterialien wie Sand, Pellets oder Bohnen können Sie die Hunde nicht mehr in die Waschmaschine geben, sondern sie nur noch mit einem Schwamm abwischen.

Sicherheit

Ihr Hund ist nur so sicher, wie Sie ihn machen, also sparen Sie beim Zusammennähen keinesfalls an Stichen. Ich nähe immer an der gesamten Kante der Teile entlang, die ich gerade ansetze und ziehe den Faden gut fest, damit sich nichts mehr lösen kann. Wenn Sie Sicherheitsaugen, Knöpfe oder Perlen verwenden möchten, bedenken Sie bitte, dass die Tiere dann nicht für Kinder unter drei Jahren geeignet sind; für kleine Kinder sticken Sie die Augen am besten auf (siehe Seite 133). Das schimmernde überfärbte schwarze Garn der TOFT-Kollektion eignet sich perfekt zum Aufsticken der Augen.

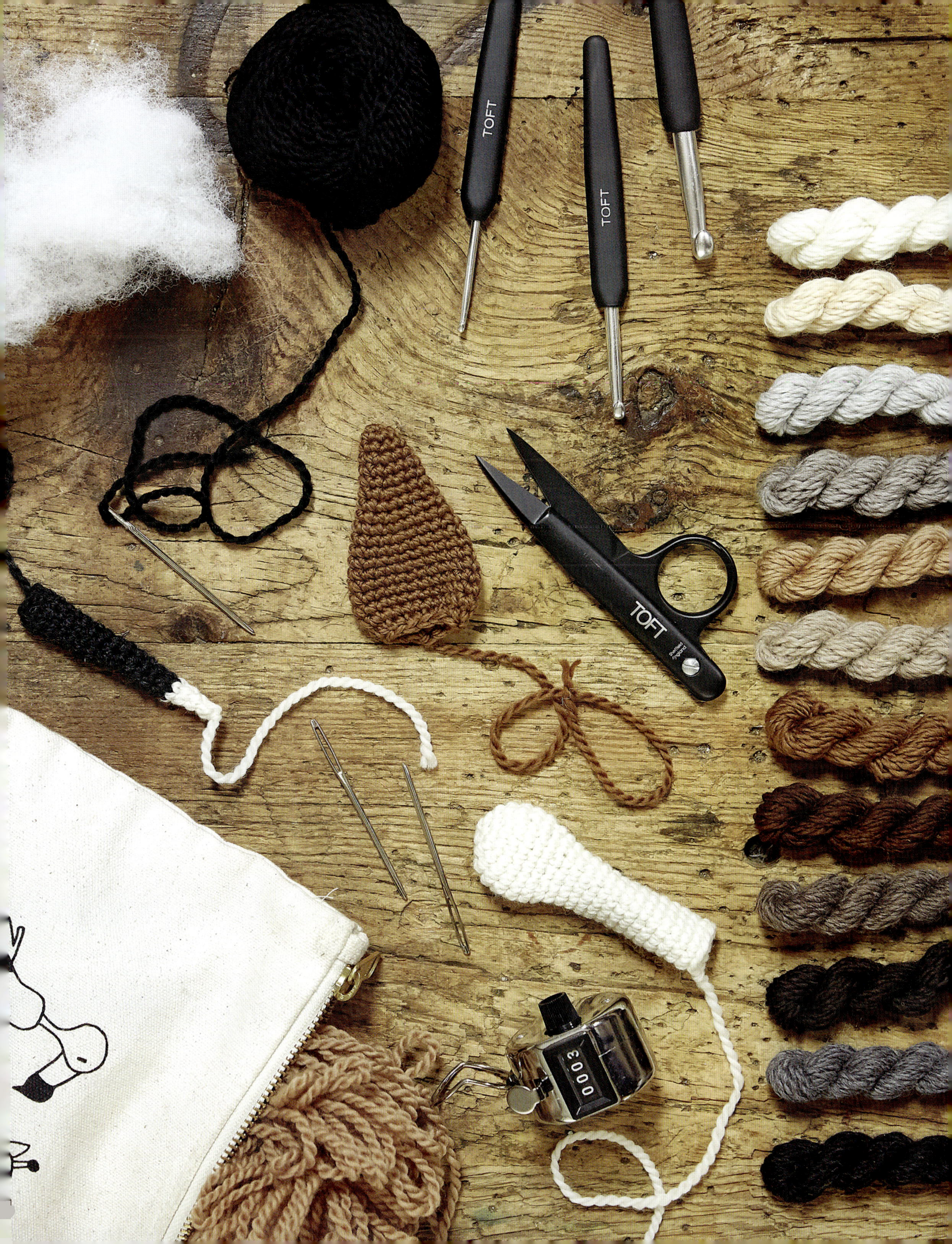
TOFT
TOFT
TOFT

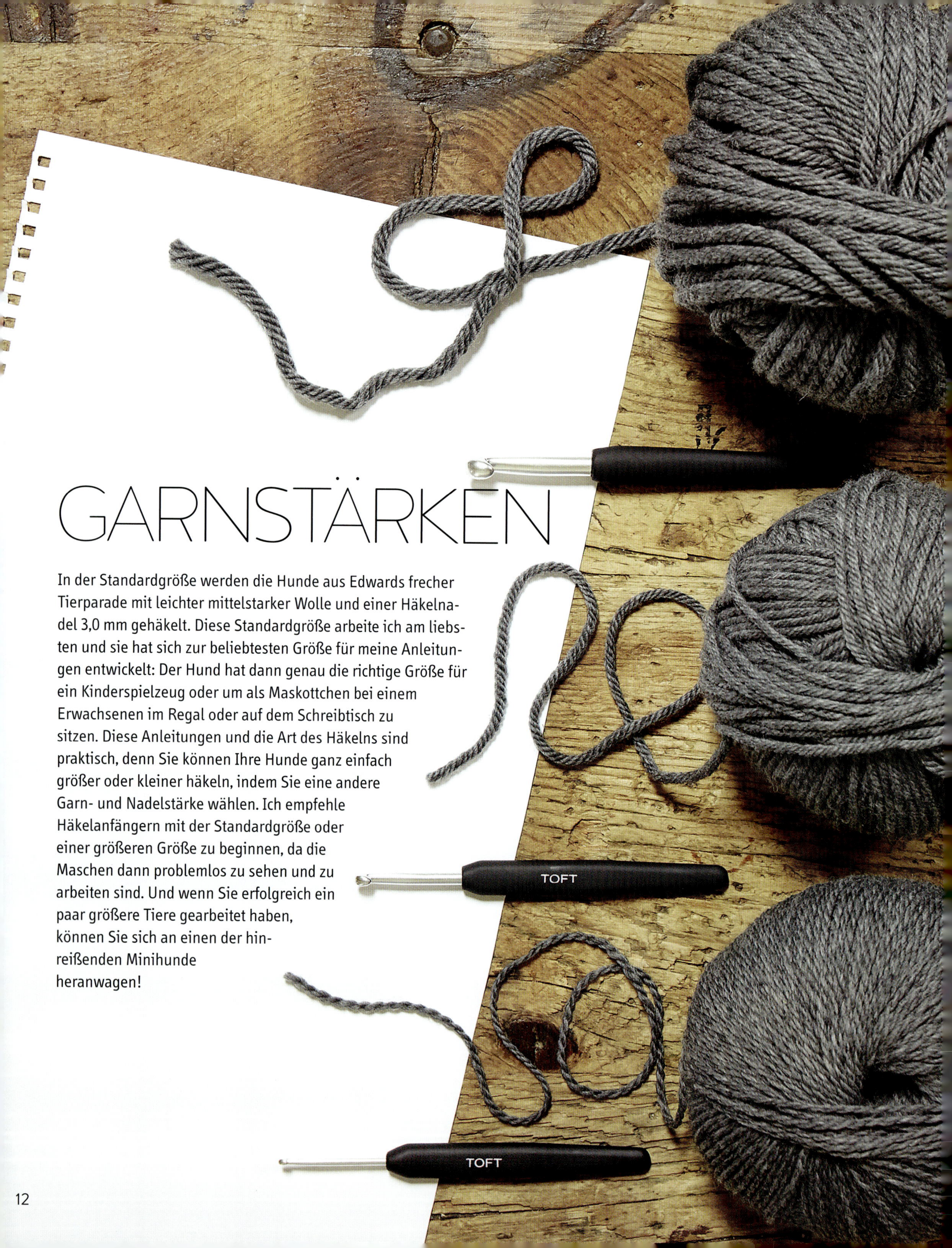

GARNSTÄRKEN

In der Standardgröße werden die Hunde aus Edwards frecher Tierparade mit leichter mittelstarker Wolle und einer Häkelnadel 3,0 mm gehäkelt. Diese Standardgröße arbeite ich am liebsten und sie hat sich zur beliebtesten Größe für meine Anleitungen entwickelt: Der Hund hat dann genau die richtige Größe für ein Kinderspielzeug oder um als Maskottchen bei einem Erwachsenen im Regal oder auf dem Schreibtisch zu sitzen. Diese Anleitungen und die Art des Häkelns sind praktisch, denn Sie können Ihre Hunde ganz einfach größer oder kleiner häkeln, indem Sie eine andere Garn- und Nadelstärke wählen. Ich empfehle Häkelanfängern mit der Standardgröße oder einer größeren Größe zu beginnen, da die Maschen dann problemlos zu sehen und zu arbeiten sind. Und wenn Sie erfolgreich ein paar größere Tiere gearbeitet haben, können Sie sich an einen der hinreißenden Minihunde heranwagen!

ÜBER TOFT-GARN

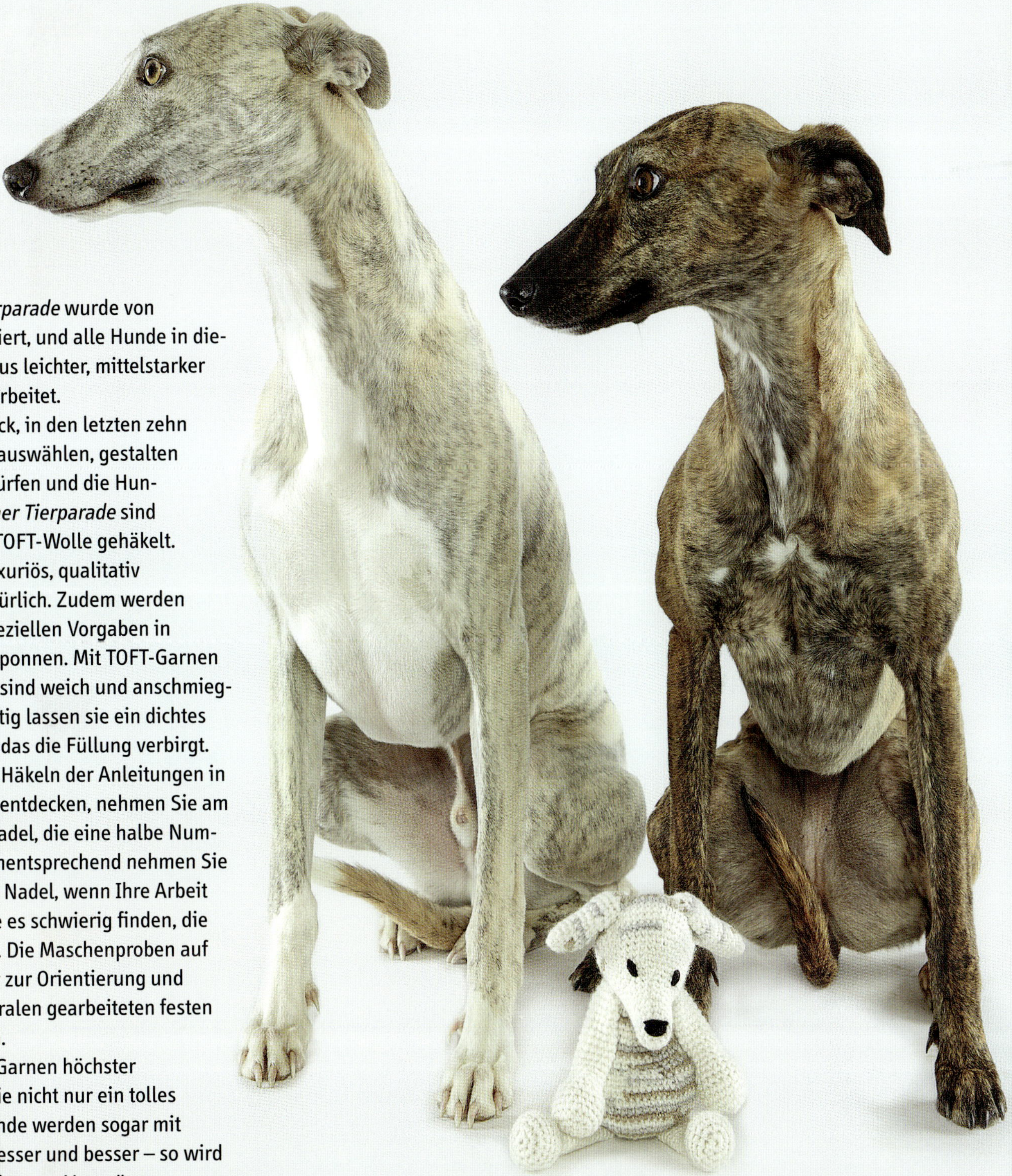

Edwards freche Tierparade wurde von TOFT-Garnen inspiriert, und alle Hunde in diesem Buch wurden aus leichter, mittelstarker Wolle von TOFT gearbeitet.

Ich hatte das Glück, in den letzten zehn Jahren Luxusgarne auswählen, gestalten und herstellen zu dürfen und die Hunde in *Edwards frecher Tierparade* sind ausschließlich aus TOFT-Wolle gehäkelt. TOFT-Garne sind luxuriös, qualitativ hochwertig und natürlich. Zudem werden sie nach meinen speziellen Vorgaben in Großbritannien gesponnen. Mit TOFT-Garnen gehäkelte Arbeiten sind weich und anschmiegsam, doch gleichzeitig lassen sie ein dichtes Gewebe entstehen, das die Füllung verbirgt.

Sollten Sie beim Häkeln der Anleitungen in Ihrer Arbeit Löcher entdecken, nehmen Sie am besten eine Häkelnadel, die eine halbe Nummer kleiner ist. Dementsprechend nehmen Sie eine etwas größere Nadel, wenn Ihre Arbeit zu fest wird und Sie es schwierig finden, die Maschen zu häkeln. Die Maschenproben auf Seite 15 dienen nur zur Orientierung und wurden über in Spiralen gearbeiteten festen Maschen gemessen.

Mit natürlichen Garnen höchster Qualität erhalten Sie nicht nur ein tolles Ergebnis, diese Hunde werden sogar mit jeder Umarmung besser und besser – so wird jede einzelne Masche zum Vergnügen.

GARNAUSWAHL

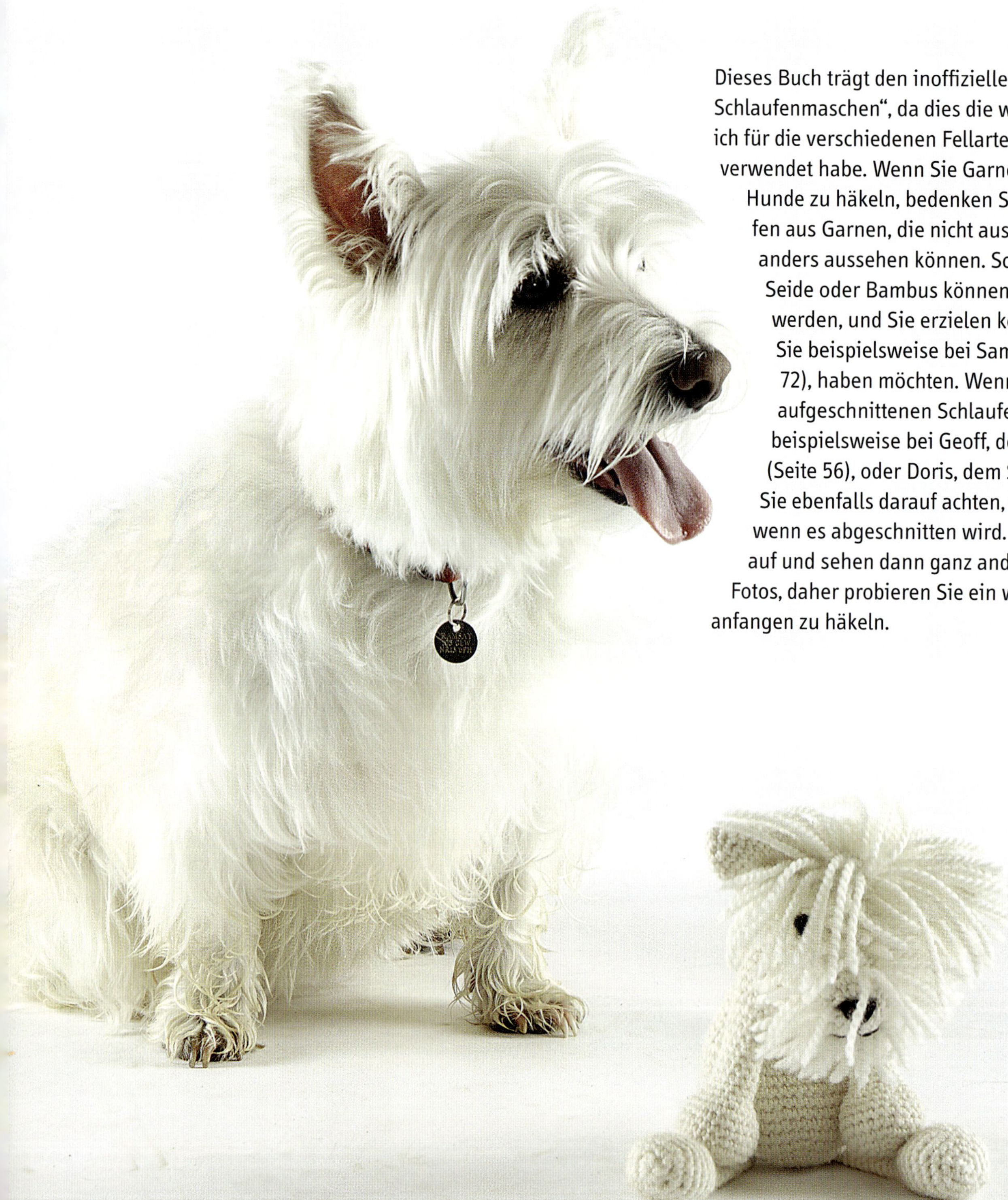

Dieses Buch trägt den inoffiziellen Untertitel „Studie in Schlaufenmaschen“, da dies die wichtigste Technik ist, die ich für die verschiedenen Fellarten und Gesichtsformen verwendet habe. Wenn Sie Garne aussuchen, um diese Hunde zu häkeln, bedenken Sie bitte, dass die Schlaufen aus Garnen, die nicht aus reiner Wolle sind, völlig anders aussehen können. Schlaufen aus Baumwolle, Seide oder Bambus können recht schwer und schlaff werden, und Sie erzielen keinen „Flausch-“Effekt, den Sie beispielsweise bei Samson, dem Bobtail (Seite 72), haben möchten. Wenn Sie Anleitungen mit aufgeschnittenen Schlaufenmaschen nacharbeiten, beispielsweise bei Geoff, dem West Highland Terrier (Seite 56), oder Doris, dem Shih Tzu (Seite 74), sollten Sie ebenfalls darauf achten, wie das Garn aussieht, wenn es abgeschnitten wird. Einige Garne drehen sich auf und sehen dann ganz anders aus als hier auf den Fotos, daher probieren Sie ein wenig herum, bevor Sie anfangen zu häkeln.

GRÖSSEN

Die für die einzelnen Hunde benötigten Garnmengen orientieren sich an TOFT-Garnen. Wenn Sie Wolle anderer Marken verwenden, können die benötigten Garnmengen deutlich variieren, je nach Zusammensetzung und Verarbeitung des jeweiligen Garns. So ist beispielsweise ein Baumwollgarn deutlich schwerer und daher sind größere Mengen davon erforderlich, während ein Acrylgarn leichter ist und weniger benötigt wird. Für Teile mit Schlaufenmaschen, Luftmaschenketten oder für Schnüre aus Luft- und Kettmaschen brauchen Sie deutlich mehr Garn als für andere Teile – sparen Sie nicht an Wolle, wenn sie beispielsweise Doris, den Shih Tzu, häkeln möchten!

Alle hier angegebenen Werte sind nur Schätzungen und basieren auf meinen Erfahrungen und darauf, wie fest ich mit TOFT-Garnen häkle. Wie fest Sie häkeln, kann sich sehr auf das Ergebnis Ihres Projekts auswirken. Wenn Sie eine Häkelnadel in einer anderen Größe verwenden, können Sie das leicht ändern. Ihre Häkelarbeit sollte fest und die Maschen klar erkennbar sein, jedoch darf die Arbeit nicht zu steif werden. Im Abschnitt „Über TOFT-Garn“ (Seite 13) finden Sie hierzu mehr Informationen.

Die angegebenen Maße gelten für die gesamte Länge des Hundes von der Spitze seines Kopfs (ohne Schlaufen) bis zur Fußsohle, wenn der Hund flach liegt.

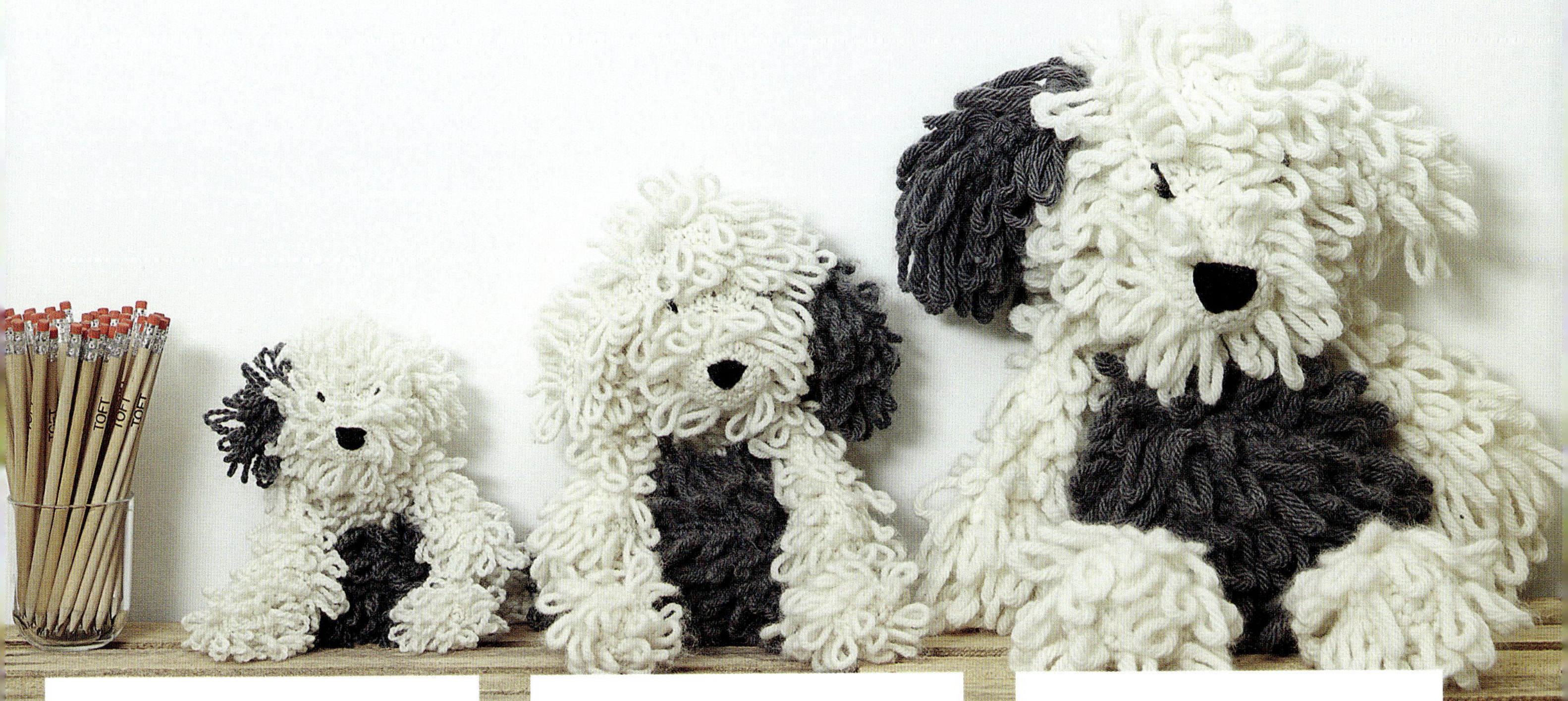

GRÖSSE: Standard
GARNSTÄRKE: DK
GARNMENGE: 60-100 g
NADELSTÄRKE: 3 mm
GRÖSSE DES FERTIGEN HUNDES: 18 cm
MASCHENPROBE: 3 x 3 cm = 6 M x 7 Rd

GRÖSSE: Groß
GARNSTÄRKE: Aran
GARNMENGE: 200-400 g
NADELSTÄRKE: 5 mm
GRÖSSE DES FERTIGEN HUNDES: 24 cm
MASCHENPROBE: 5 x 5 cm = 6 M x 7 Rd

GRÖSSE: Riesig
GARNSTÄRKE: Chunky
GARNMENGE: 500-1000 g
NADELSTÄRKE: 8 mm
GRÖSSE DES FERTIGEN HUNDES: 34 cm
MASCHENPROBE: 7 x 7cm = 6 M x 7 Rd

Standardteile

Die Tiere aus Edwards frecher Tierparade bilden eine Familie und haben daher alle die gleiche Form von Körper und Beinen mit einer Standardzunahme von sechs Maschen pro Runde. Mit dieser Standardzunahme, die aus festen Maschen in Spiralen von innen nach außen gearbeitet wird, entsteht eine flache Häkelarbeit, die entweder von unten nach oben (Körper und Beine) oder von hinten nach vorne (Kopf) gearbeitet wird. Ich empfehle Ihnen, die Teile auszustopfen, sobald Sie alle Teile fertig gehäkelt haben.

Bei allen Teilen rate ich Ihnen, jeweils am Anfang und am Ende einen etwa 20 cm langen Faden hängen zu lassen: Damit lässt sich jedes Teil einfach beenden und die Teile können ganz einfach damit zusammengenäht werden. Stopfen Sie die Teile aus, falls es nötig ist (Kopf, Körper und Beine und vielleicht ein wenig Füllmaterial in den Schwanz). Mit einer Stopfnadel fädeln Sie den Faden durch die restlichen Maschen und vernähen diesen innen im jeweiligen Teil durch eine Masche.

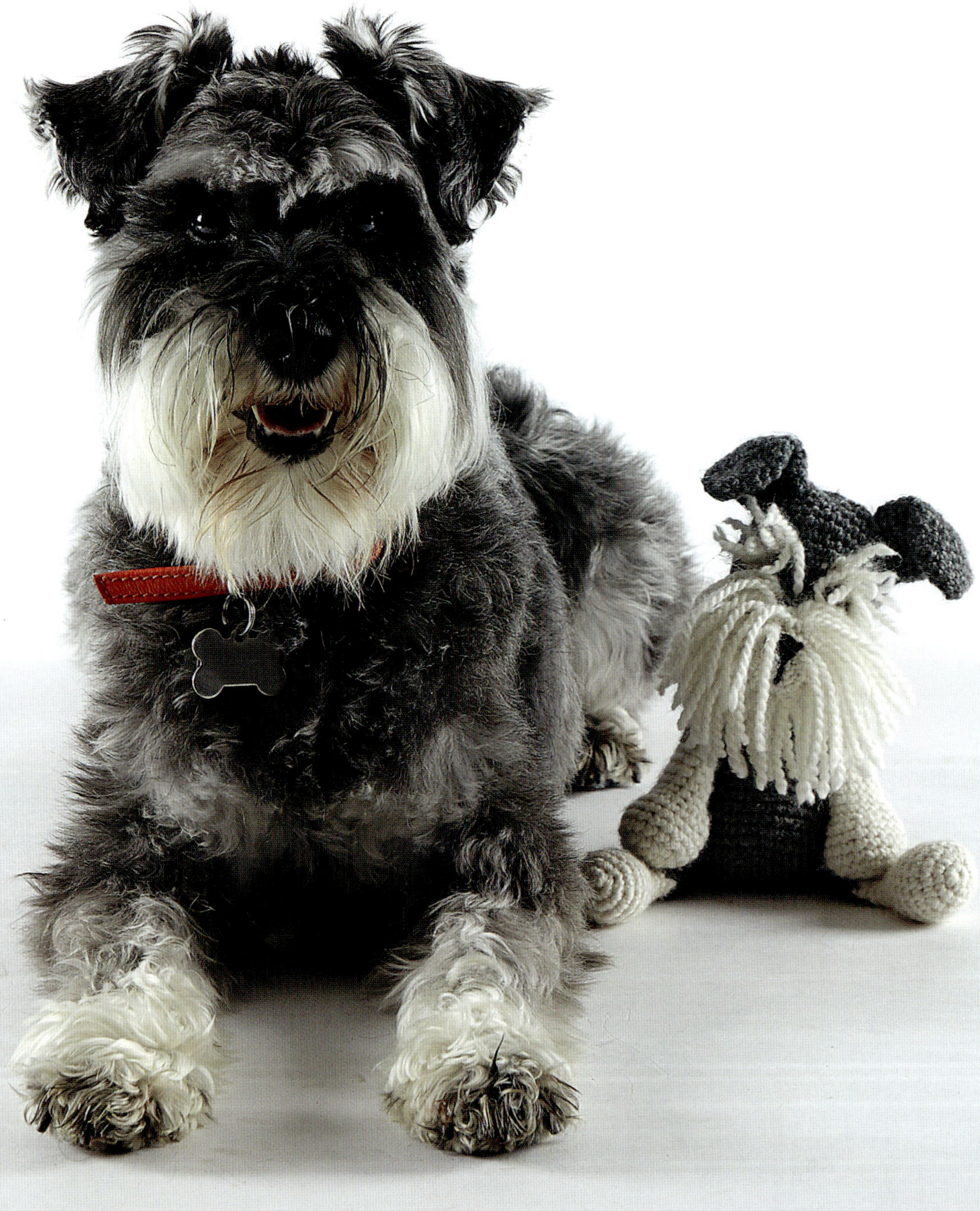

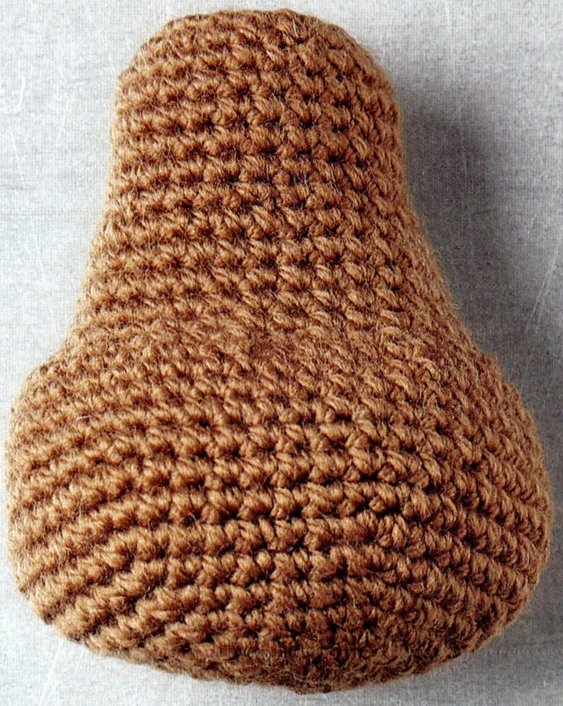

KÖRPER

Beginnen Sie mit 6 fM in den Anfangsring (siehe Techniken).
1. Rd: (2 fM in die nächste M) 6x (12).
2. Rd: (1 fM, 2 fM in die nächste M) 6x (18).
3. Rd: (2 fM, 2 fM in die nächste M) 6x (24).
4. Rd: (3 fM, 2 fM in die nächste M) 6x (30).
5. Rd: (4 fM, 2 fM in die nächste M) 6x (36).
6. Rd: (5 fM, 2 fM in die nächste M) 6x (42).
7. Rd: (6 fM, 2 fM in die nächste M) 6x (48).
8.-12. Rd: fM (5 Rd).
13. Rd: 30 fM (4 fM, 2 fM zus) 3x (45).
14. Rd: fM.
15. Rd: (1 fM, 2 fM zus) 15x (30).
16.-20. Rd: fM (5 Rd).
21. Rd: (3 fM, 2 fM zus) 6x (24).
22.-26. Rd: fM (5 Rd).
27. Rd: (2 fM, 2 fM zus) 6x (18).
28. Rd: fM
29. Rd: (2 fM zus) 9x (9).

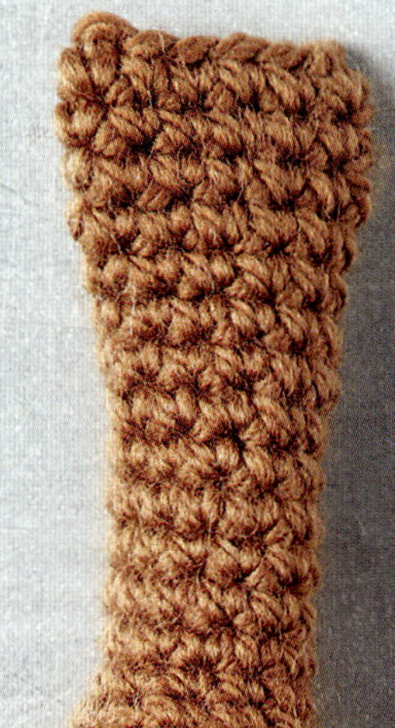

BEINE (4x arbeiten)

Beginnen Sie mit 6 fM in den Anfangsring (siehe Techniken).
1. Rd: (2 fM in die nächste M) 6x (12).
2. Rd: (1 fM, 2 fM in die nächste M) 6x (18).
3.-6. Rd: fM (4 Rd).
7. Rd: (1 fM, 2 fM zus) 6x (12).
8.-22. Rd: fM (15 Rd).

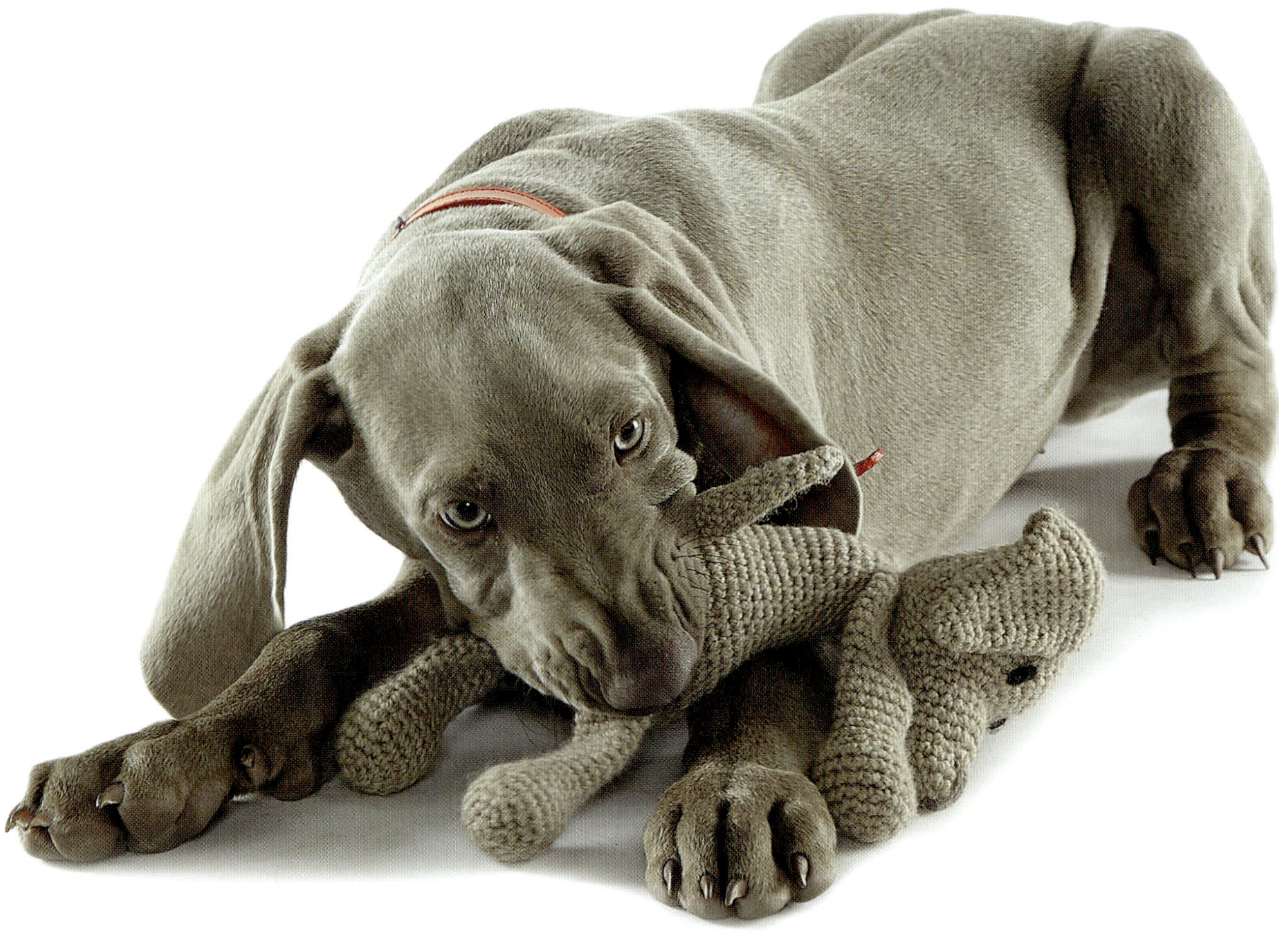

Anfänger

Für die Hunde im Abschnitt ANFÄNGER müssen Sie nur grundlegende Häkeltechniken beherrschen, die dazu dienen, die Techniken dieses Buches zu erlernen. Wenn dies Ihr erstes Häkelprojekt ist, empfehle ich Ihnen, zunächst mit einem helleren Garn zu arbeiten, damit Sie die Maschen besser erkennen können – ein schwarzer Labrador wäre wirklich eine große Herausforderung, wenn Sie noch damit kämpfen, zwei feste Maschen hintereinander zu häkeln!

GARNFARBE: Chestnut
Empfohlene Alternativen: Oatmeal, Black

KÖRPER
Nach der Standardanleitung arbeiten (siehe Seite 16)

KOPF
Beginnen Sie mit 6 fM in den Anfangsring (siehe Techniken).
1. Rd: (2 fM in die nächste M) 6x (12).
2. Rd: (1 fM, 2 fM in die nächste M) 6x (18).
3. Rd: (2 fM, 2 fM in die nächste M) 6x (24).
4. Rd: (3 fM, 2 fM in die nächste M) 6x (30).
5. Rd: (4 fM, 2 fM in die nächste M) 6x (36).
6. Rd: (5 fM, 2 fM in die nächste M) 6x (42).
7.-11. Rd: fM (5 Rd).
12. Rd: (5 fM, 2 fM zus) 3x, 21 fM (39).
13. Rd: (4 fM, 2 fM zus) 3x, 21 fM (36).
14. Rd: (4 fM, 2 fM zus) 6x (30).
15. Rd: fM
16. Rd: (1 fM, 2 fM zus) 6x, 12 fM (24).
17. Rd: 2 fM, (2 fM in die nächste M) 2x, (2 fM zus) 2x, (2 fM in die nächste M) 2x, (2 fM zus) 2x, (2 fM in die nächste M) 2x, (2 fM zus) 2x, (2 fM in die nächste M) 2x, 2 fM zus (25).
18. Rd: 2 fM zus, 23 fM (24).
19.-22. Rd: fM (4 Rd).
23. Rd: 1 fM, 2 fM zus, 2 fM in die nächste M, (2 fM zus) 2x, 2 fM in die nächste M, (2 fM zus) 3x, 2 fM in die nächste M, (2 fM zus) 2x, 2 fM in die nächste M, 2 fM zus, 2 fM zus über die gesamte Rd (18).
24. Rd: fM
25. Rd: 10 fM, (2 fM zus) 4x (14).
26. Rd: 2 fM zus, 6 fM, (2 fM zus) 3x (10).

OHREN (2x arbeiten)
Beginnen Sie mit 6 fM in den Anfangsring (siehe Techniken).
1. Rd: (1 fM, 2 fM in die nächste M) 3x (9).
2. Rd: (2 fM, 2 fM in die nächste M) 3x (12).
3.-4. Rd: fM (2 Rd).
5. Rd: (3 fM, 2 fM in die nächste M) 3x (15).
6. Rd: fM.
7. Rd: (4 fM, 2 fM in die nächste M) 3x (18).
8. Rd: fM.
9. Rd: (5 fM, 2 fM in die nächste M) 3x (21).
10.-11. Rd: fM (2 Rd).
12. Rd: (6 fM, 2 fM in die nächste M) 3x (24).
13.-16. Rd: fM (4 Rd).
17. Rd: (2 fM zus) 12x (12).
18. Rd: (2 fM zus) 6x (6).

BEINE (4x arbeiten)
Nach der Standardanleitung arbeiten (siehe Seite 16).

SCHWANZ
8 Lm mit 1 Km zum Ring schließen.
1.-8. Rd: fM (8 Rd).
9. Rd: 2 fM zus, 6 fM (7).
10. Rd: fM.
11. Rd: 2 fM zus, 5 fM (6).
12.-13. Rd: fM (2 Rd).
14. Rd: 2 fM zus, 4 fM (5).
15. Rd: fM.
16. Rd: 2 fM zus, 3 fM (4).
17. Rd: fM.
18. Rd: (2 fM zus) 2x (2).

Eleanor,
der Labrador

Eleanor möchte mit allen auf der Welt befreundet sein. Sie ist ernsthaft daran interessiert, so viele Leute wie möglich zu treffen und kennenzulernen, während sie ein spannendes und buntes Leben führt. Auch wenn sie auf einer anderen kulturellen Ebene tätig ist, hat sie ihre Nase ständig in einem Buch stecken oder schnüffelt nach der aktuellsten Theaterperformance.

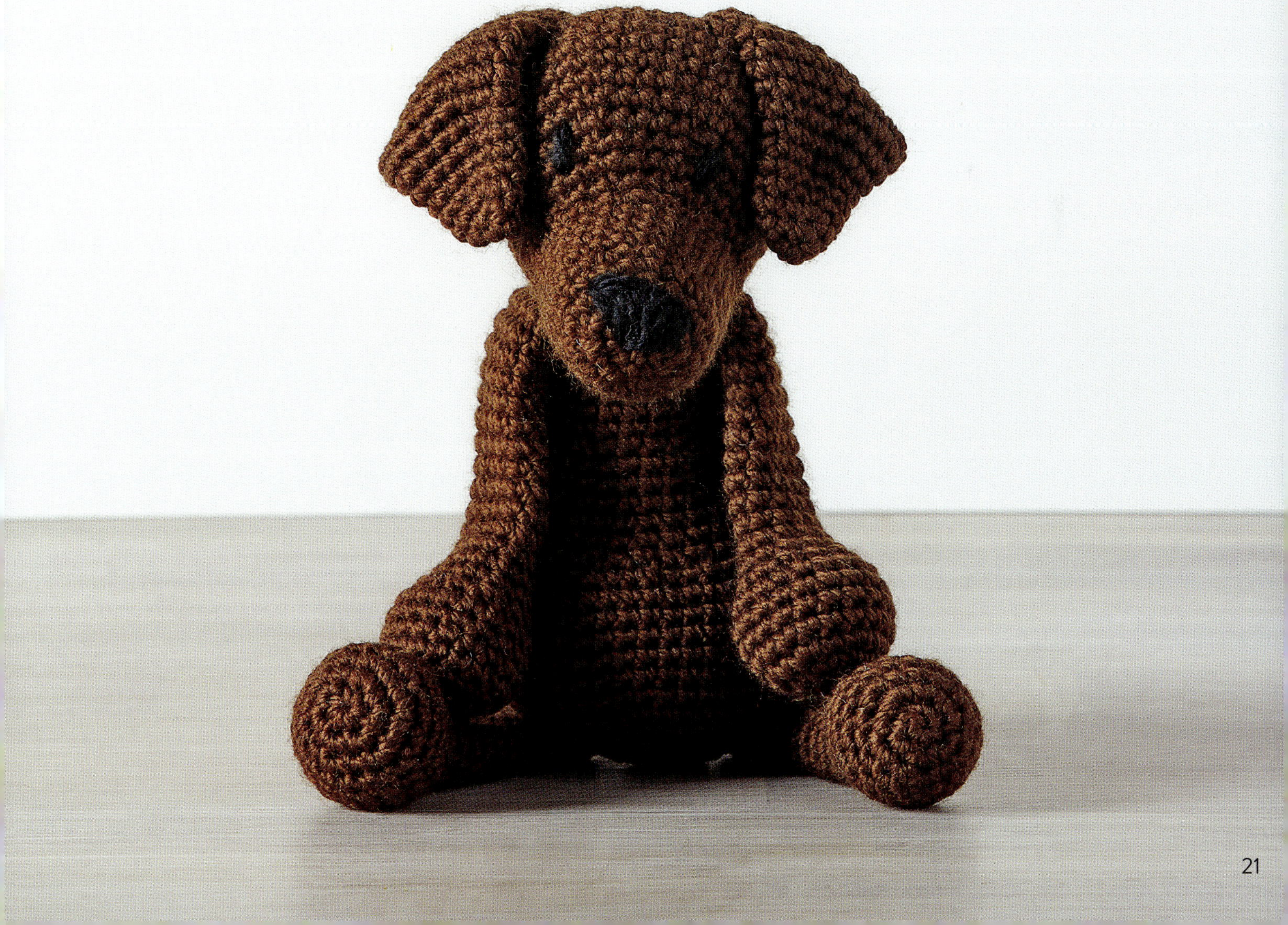

GARNFARBE: Shale
Empfohlene Alternativen: Camel, Black, Cream

KÖRPER
Nach der Standardanleitung arbeiten (siehe Seite 16).

KOPF
Beginnen Sie mit 6 fM in den Anfangsring (siehe Techniken).
1. Rd: (2 fM in die nächste M) 6x (12).
2. Rd: (1 fM, 2 fM in die nächste M) 6x (18).
3. Rd: (2 fM, 2 fM in die nächste M) 6x (24).
4. Rd: (3 fM, 2 fM in die nächste M) 6x (30).
5. Rd: (4 fM, 2 fM in die nächste M) 6x (36).
6. Rd: (5 fM, 2 fM in die nächste M) 6x (42).
7.-11. Rd: fM (5 Rd).
12. Rd: (5 fM, 2 fM zus) 6x (36).
13. Rd: (1 fM, 2 fM zus) 6x, 18 fM (30).
14. Rd: fM.
15. Rd: (2 fM zus) 6x, 18 fM (24).
16.-19. Rd: fM (4 Rd).
20. Rd: 12 fM, (2 fM zus) 6x (12).
21. Rd: (1 fM, 2 fM zus) 4x (8).

OHREN (2x arbeiten)
Beginnen Sie mit 6 fM in den Anfangsring (siehe Techniken).
1. Rd: (2 fM, 2 fM in die nächste M) 2x (8).
2. Rd: (3 fM, 2 fM in die nächste M) 2x (10).
3. Rd: (4 fM, 2 fM in die nächste M) 2x (12).
4.-5. Rd: fM (2 Rd).
6. Rd: (5 fM, 2 fM in die nächste M) 2x (14).
7.-8. Rd: fM (2 Rd).
9. Rd: (6 fM, 2 fM in die nächste M) 2x (16).
10. Rd: fM.

BEINE (4x arbeiten)
Nach der Standardanleitung arbeiten (siehe Seite 16).

SCHWANZ
Nach der Methode für Schnüre aus Luft- und Kettmaschen aus Luft- und Kettmaschen (siehe Seite 129) 5 Lm arbeiten und mit Km daran zurückhäkeln.

Enzo,
die französische Bulldogge

Enzo ist fest davon uberzeugt eine Katze zu sein. Er hofft inständig in seinem nächsten Leben die größte und flauschigste Katze zu werden, die man sich nur vorstellen kann. Seine Tage verbringt er damit, mit Katzenminze zu spielen und seinem Goldfisch beim Herumschwimmen im Glas zuzusehen.

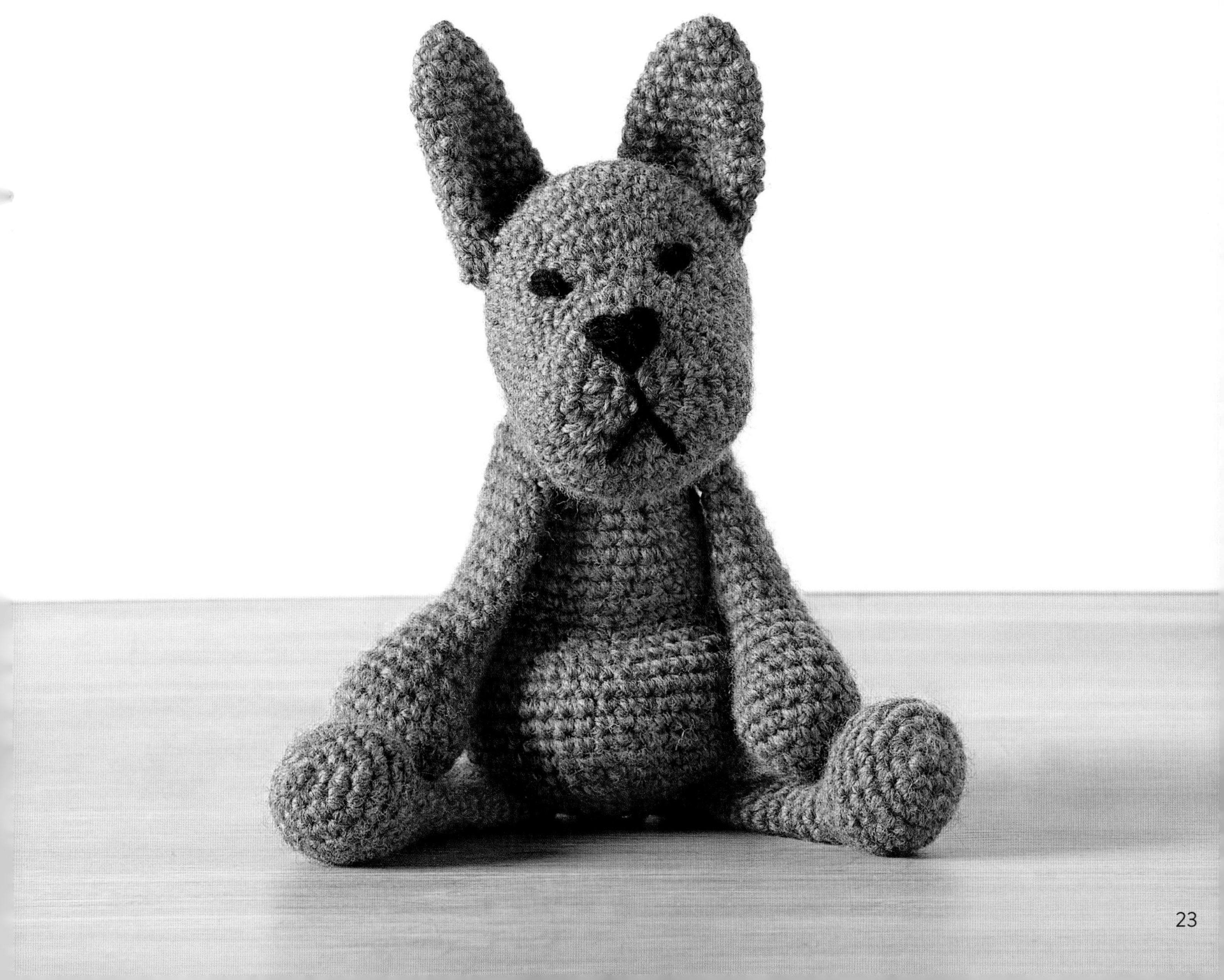

GARNFARBE: Stone
Empfohlene Alternative: Mushroom

KÖRPER

Nach der Standardanleitung arbeiten (siehe Seite 16).

KOPF

Beginnen Sie mit 6 fM in den Anfangsring (siehe Techniken).
1. Rd: (2 fM in die nächste M) 6x (12).
2. Rd: (1 fM, 2 fM in die nächste M) 6x (18).
3. Rd: (2 fM, 2 fM in die nächste M) 6x (24).
4. Rd: (3 fM, 2 fM in die nächste M) 6x (30).
5. Rd: (4 fM, 2 fM in die nächste M) 6x (36).
6. Rd: (5 fM, 2 fM in die nächste M) 6x (42).
7.-11. Rd: fM (5 Rd).
12. Rd: (5 fM, 2 fM zus) 3x, 21 fM (39).
13. Rd: (4 fM, 2 fM zus) 3x, 21 fM (36).
14. Rd: (4 fM, 2 fM zus) 6x (30).
15. Rd: fM.
16. Rd: (1 fM, 2 fM zus) 6x, 12 fM (24).
17. Rd: 2 fM, (2 fM in die nächste M) 2x, (2 fM zus) 2x, (2 fM in die nächste M) 2x, (2 fM zus) 2x, (2 fM in die nächste M) 2x, (2 fM zus) 2x, (2 fM in die nächste M) 2x, 2 fM zus (25).
18. Rd: 2 fM zus, 23 fM (24).
19.-22. Rd: fM (4 Rd).
23. Rd: 1 fM, 2 fM zus, 2 fM in die nächste M, (2 fM zus) 2x, 2 fM in die nächste M, (2 fM zus) 3x, 2 fM in die nächste M, (2 fM zus) 2x, 2 fM in die nächste M, 2 fM zus, 2 fM zus über die gesamte Rd (18).
24. Rd: fM.
25. Rd: 10 fM, (2 fM zus) 4x (14).
26. Rd: 2 fM zus, 6 fM, (2 fM zus) 3x (10).

OHREN (2x arbeiten)

Beginnen Sie mit 6 fM in den Anfangsring (siehe Techniken).
1. Rd: (1 fM, 2 fM in die nächste M) 3x (9).
2. Rd: fM.
3. Rd: (2 fM, 2 fM in die nächste M) 3x (12).
4.-5. Rd: fM (2 Rd).
6. Rd: (3 fM, 2 fM in die nächste M) 3x (15).
7. Rd: fM.
8. Rd: (4 fM, 2 fM in die nächste M) 3x (18).
9. Rd: fM.
10. Rd: (5 fM, 2 fM in die nächste M) 3x (21).
11.-12. Rd: fM (2 Rd).
13. Rd: (6 fM, 2 fM in die nächste M) 3x (24).
14.-17. Rd: fM (4 Rd).
18. Rd: 6 fM, (2 fM zus) 6x, 6 fM (18).
19.-20. Rd: fM (2 Rd).
21. Rd: (1 fM, 2 fM zus) 6x (12).
22. Rd: fM.

BEINE (4x arbeiten)

Nach der Standardanleitung arbeiten (siehe Seite 16).

SCHWANZ

8 Lm mit 1 Km zum Ring schließen.
1.-8. Rd: fM (8 Rd).
9. Rd: 2 fM zus, 6 fM (7).
10. Rd: fM.
11. Rd: 2 fM zus, 5 fM (6).
12.-13. Rd: fM (2 Rd).
14. Rd: 2 fM zus, 4 fM (5).
15. Rd: fM.
16. Rd: 2 fM zus, 3 fM (4).
17. Rd: fM.
18. Rd: (2 fM zus) 2x (2).

HINWEIS

Beachten Sie die Hinweise auf Seite 132 zum Annähen der Ohren.

Maximillian,
der Weimaraner

Max ist Dirigent eines Symphonieorchesters, das mit seiner neuartigen und faszinierenden Interpretationsrichtung auf der ganzen Welt für Aufsehen sorgt. Obwohl dies durchaus umstritten ist, verwendet Maestro Max keinen gewöhnlichen Taktstock, sondern dirigiert seine Musiker mit seinen enorm beweglichen Ohren und einem gelegentlichen Schwanzwedeln.

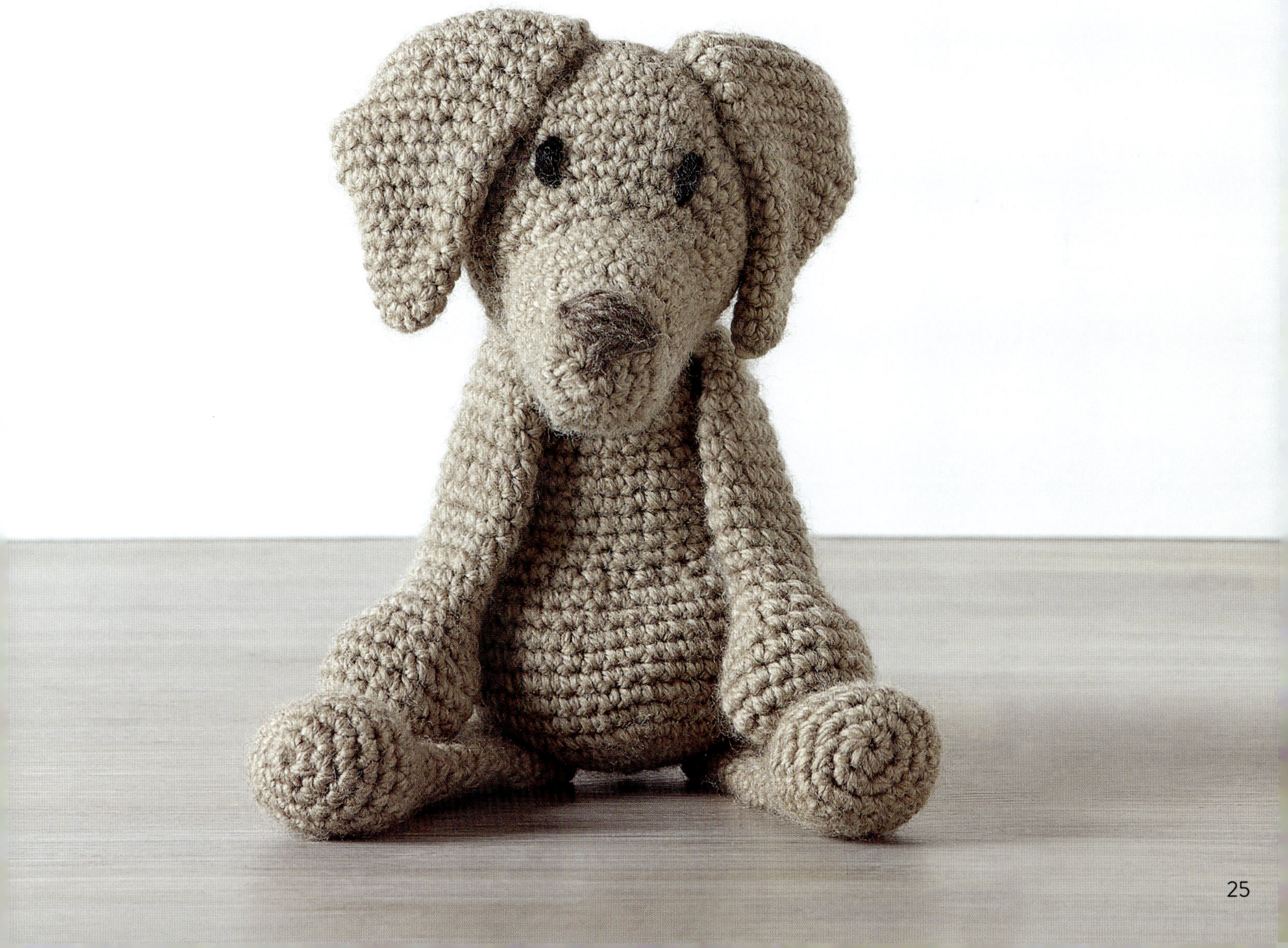

GARNFARBE: Oatmeal
Empfohlene Alternativen: Cream mit Ohren in Camel

KÖRPER
Nach der Standardanleitung arbeiten (siehe Seite 16).

KOPF
Beginnen Sie mit 6 fM in den Anfangsring (siehe Techniken).
1. Rd: (2 fM in die nächste M) 6x (12).
2. Rd: (1 fM, 2 fM in die nächste M) 6x (18).
3. Rd: (2 fM, 2 fM in die nächste M) 6x (24).
4. Rd: (3 fM, 2 fM in die nächste M) 6x (30).
5. Rd: (4 fM, 2 fM in die nächste M) 6x (36).
6. Rd: (5 fM, 2 fM in die nächste M) 6x (42).
7.-11. Rd: fM (5 Rd).
12. Rd: (5 fM, 2 fM zus) 3x, 21 fM (39).
13. Rd: (4 fM, 2 fM zus) 3x, 21 fM (36).
14. Rd: (4 fM, 2 fM zus) 6x (30).
15. Rd: fM.
16. Rd: (1 fM, 2 fM zus) 6x, 12 fM (24).
17. Rd: 2 fM, (2 fM in die nächste M) 2x, (2 fM zus) 2x, (2 fM in die nächste M) 2x, (2 fM zus) 2x, (2 fM in die nächste M) 2x, (2 fM zus) 2x, (2 fM in die nächste M) 2x, 2 fM zus (25).
18. Rd: 2 fM zus, 23 fM (24).
19.-22. Rd: fM (4 Rd).
23. Rd: 1 fM, 2 fM zus, 2 fM in die nächste M, (2 fM zus) 2x, 2 fM in die nächste M, (2 fM zus) 3x, 2 fM in die nächste M, (2 fM zus) 2x, 2 fM in die nächste M, 2 fM zus, 2 fM zus über die gesamte Rd (18).
24. Rd: fM.
25. Rd: 10 fM, (2 fM zus) 4x (14).
26. Rd: 2 fM zus, 6 fM, (2 fM zus) 3x (10).

OHREN (2x arbeiten)
Beginnen Sie mit 6 fM in den Anfangsring (siehe Techniken).
1. Rd: (2 fM in die nächste M) 6x (12).
2. Rd: fM.
3. Rd: 11 fM, 2 fM in die nächste M (13).
4. Rd: 2 fM in die nächste M, 11 fM, 2 fM in die nächste M (15).
5. Rd: (2 fM, 2 fM in die nächste M) 5x (20).
6. Rd: (3 fM, 2 fM in die nächste M) 5x (25).
7. Rd: 2 fM in die nächste M, 23 fM, 2 fM in die nächste M (27).
8.-13. Rd: fM (6 Rd).
14. Rd: 25 fM, 2 fM zus (26).
15. Rd: 24 fM, 2 fM zus (25).
16. Rd: 23 fM, 2 fM zus (24).
17. Rd: 22 fM, 2 fM zus (23).
18. Rd: 21 fM, 2 fM zus (22).
19. Rd: 20 fM, 2 fM zus (21).
20. Rd: 19 fM, 2 fM zus (20).
21. Rd: 18 fM, 2 fM zus (19).
22. Rd: 17 fM, 2 fM zus (18).
23. Rd: 16 fM, 2 fM zus (17).
24. Rd: 15 fM, 2 fM zus (16).
25. Rd: 14 fM, 2 fM zus (15).
26. Rd: (1 fM, 2 fM zus) 5x (10).
27. Rd: fM.

BEINE (4x arbeiten)
Nach der Standardanleitung arbeiten (siehe Seite 16).

SCHWANZ
8 Lm mit 1 Km zum Ring schließen.
1.-8. Rd: fM (8 Rd).
9. Rd: 2 fM zus, 6 fM (7).
10. Rd: fM.
11. Rd: 2 fM zus, 5 fM (6).
12.-13. Rd: fM (2 Rd).
14. Rd: 2 fM zus, 4 fM (5).
15. Rd: fM.
16. Rd: 2 fM zus, 3 fM (4).
17. Rd: fM.
18. Rd: (2 fM zus) 2x (2).

Constance,
der Porcelaine

Constance ist eine Weinfachfrau mit untrüglichem Geruchssinn und sehr trockenem Humor. Ihre Karriere als Sommelier begann als sehr talentierter Teenie, der zur Schlafenszeit niemals ins Bett gehen wollte. Später zeigte sich, dass sie beim nächtlichen Studium der Etiketten in Papas Weinkeller weit mehr gelernt hatte, als bei den Kursen für das offizielle Zeugnis, dem sie ihren ersten Job verdankte.

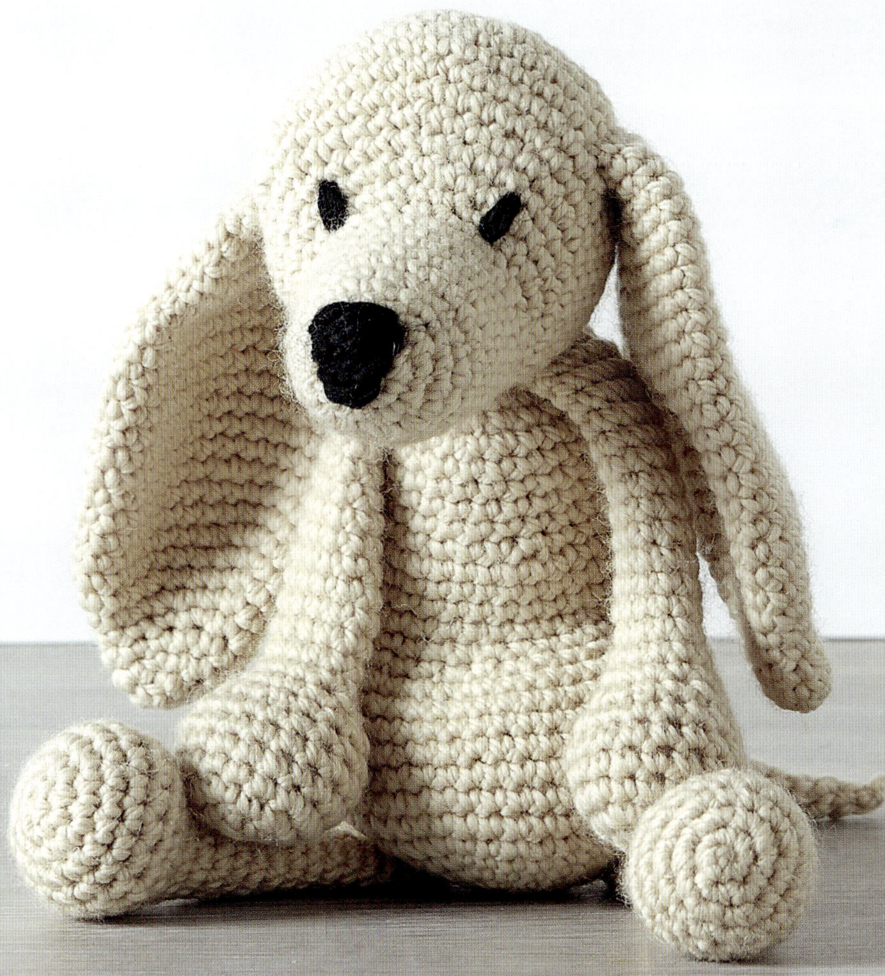

GARNFARBE: Charcoal
Empfohlene Alternativen: Cream, Cocoa, Camel

KÖRPER
Nach der Standardanleitung arbeiten (siehe Seite 16).

KOPF
Beginnen Sie mit 6 fM in den Anfangsring (siehe Techniken).
1. Rd: (2 fM in die nächste M) 6x (12).
2. Rd: (1 fM, 2 fM in die nächste M) 6x (18).
3. Rd: (2 fM, 2 fM in die nächste M) 6x (24).
4. Rd: (3 fM, 2 fM in die nächste M) 6x (30).
5. Rd: (4 fM, 2 fM in die nächste M) 6x (36).
6. Rd: (5 fM, 2 fM in die nächste M) 6x (42).
7.-11. Rd: fM (5 Rd).
12. Rd: (5 fM, 2 fM zus) 3x, 21 fM (39).
13. Rd: (4 fM, 2 fM zus) 3x, 21 fM (36).
14. Rd: (4 fM, 2 fM zus) 6x (30).
15. Rd: (1 fM, 2 fM zus) 6x, 12 fM (24).
16. Rd: (2 fM, 2 fM zus) 6x (18).
17.-20. Rd: fM (4 Rd).
21. Rd: (1 fM, 2 fM zus) 6x (12).
22. Rd: 6 fM, (2 fM zus) 3x (9).

OHREN (2x arbeiten)
Beginnen Sie mit 6 fM in den Anfangsring (siehe Techniken).
1. Rd: (2 fM in die nächste M) 6x (12).
2. Rd: (1 fM, 2 fM in die nächste M) 6x (18).
3. Rd: (2 fM, 2 fM in die nächste M) 6x (24).
4.-5. Rd: fM (2 Rd).
6. Rd: (2 fM zus, 10 fM) 2x (22).
7. Rd: fM.
8. Rd: (2 fM zus, 9 fM) 2x (20).
9. Rd: (2 fM zus, 8 fM) 2x (18).
10.-14. Rd: fM (5 Rd).
15. Rd: (1 fM, 2 fM zus) 6x (12).

BEINE (4x arbeiten)
Nach der Standardanleitung arbeiten (siehe Seite 16).

SCHWANZ
6 Lm mit 1 Km zum Ring schließen.
1.-16. Rd: fM (16 Rd).
Zum Abschluss 12 Schlaufen aus jeweils 10 Lm (siehe Seite 129) an die Spitze häkeln.

HINWEIS
Nachdem der Pudel ausgestopft und zusammengenäht ist, häkeln Sie Schlaufen aus jeweils 10 Lm oben an die Ohren und auf den Kopf und da, wo Ihr Lieblingspudel sonst noch längere Haare hat. So ähnelt er seinem lebendigen Vorbild noch genauer.

Millie,
der Pudel

Millie spielt Bassgitarre in einer Rockband. Jeden Mittwochabend eilt sie von der Arbeit direkt nach Hause und weiter in die Garage ihres besten Freunds, um Bassläufe zu üben. Ihre aktuellen neuen Songs klingen brillant und mit noch mehr Übung wird sie beim anstehenden Band-Wettkampf im nächsten Monat sicherlich ganz vorne dabei sein.

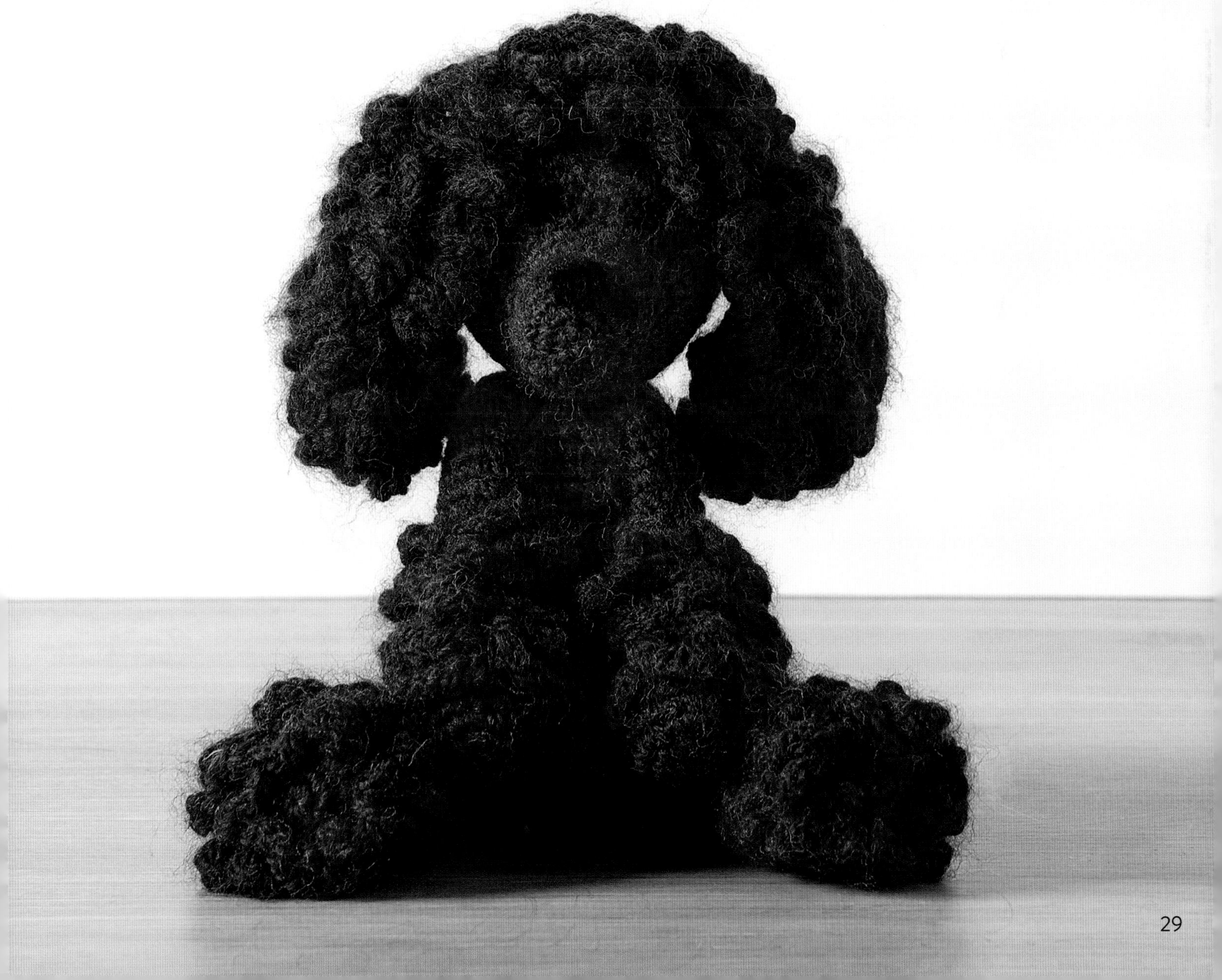

GARNFARBE: Chestnut
Empfohlene Alternative: Cocoa

KÖRPER

Nach der Standardanleitung arbeiten (siehe Seite 16).

KOPF

Beginnen Sie mit 6 fM in den Anfangsring (siehe Techniken).
1. Rd: (2 fM in die nächste M) 6x (12).
2. Rd: (1 fM, 2 fM in die nächste M) 6x (18).
3. Rd: (2 fM, 2 fM in die nächste M) 6x (24).
4. Rd: (3 fM, 2 fM in die nächste M) 6x (30).
5. Rd: (4 fM, 2 fM in die nächste M) 6x (36).
6. Rd: (5 fM, 2 fM in die nächste M) 6x (42).
7.-11. Rd: fM (5 Rd).
12. Rd: (5 fM, 2 fM zus) 3x, 21 fM (39).
13. Rd: (4 fM, 2 fM zus) 3x, 21 fM (36).
14. Rd: (2 fM zus) 8x, 20 fM (28).
15. Rd: (5 fM, 2 fM zus) 4x (24).
16.-17. Rd: fM (2 Rd).
18. Rd: (4 fM, 2 fM zus) 4x (20).
19.-20. Rd: fM (2 Rd).
21. Rd: 12 fM, (2 fM zus) 4x (16).
22. Rd: (2 fM zus) 2x, 6 fM, (2 fM zus) 3x (11).

OHREN (2x arbeiten)

Beginnen Sie mit 6 fM in den Anfangsring (siehe Techniken).
1. Rd: (2 fM in die nächste M) 6x (12).
2. Rd: (1 fM, 2 fM in die nächste M) 6x (18).
3. Rd: (2 fM, 2 fM in die nächste M) 6x (24).
4.-5. Rd: fM (2 Rd).
6. Rd: (2 fM zus, 10 fM) 2x (22).
7. Rd: fM.
8. Rd: (2 fM zus, 9 fM) 2x (20).
9. Rd: (2 fM zus, 8 fM) 2x (18).
10.-14. Rd: fM (5 Rd).
15. Rd: (1 fM, 2 fM zus) 6x (12).

BEINE (4x arbeiten)

Nach der Standardanleitung arbeiten (siehe Seite 16).

SCHWANZ

8 Lm mit 1 Km zum Ring schließen.
1.-8. Rd: fM (8 Rd).
9. Rd: 2 fM zus, 6 fM (7).
10. Rd: fM.
11. Rd: 2 fM zus, 5 fM (6).
12.-13. Rd: fM (2 Rd).
14. Rd: 2 fM zus, 4 fM (5).
15. Rd: fM.
16. Rd: 2 fM zus, 3 fM (4).
17. Rd: fM.
18. Rd: (2 fM zus) 2x (2).

HINWEIS

Nach dem Ausstopfen und Zusammennähen arbeiten Sie ganz nach Geschmack Schlaufen aus 5 Lm (siehe Seite 129) oben an die Ohren, auf den Körper und den Kopf.

Chad,
der Amerikanische Wasserspaniel

Chad jagt mit Begeisterung nach Hühnern, er möchte immer und überall nur Spaß haben. Mit seiner kurzen Aufmerksamkeitsspanne schwirrt ihm ständig alles Mögliche im Kopf herum und er hat bereits mehr als nur einmal versehentlich seinen Schwanz gejagt. Diesen ausgelassenen fröhlichen Kerl möchten Sie vielleicht auf Ihrer Party haben, aber wenn er dann anfängt aus dem Pool zu trinken, werden Sie sofort bereuen, ihn eingeladen zu haben.

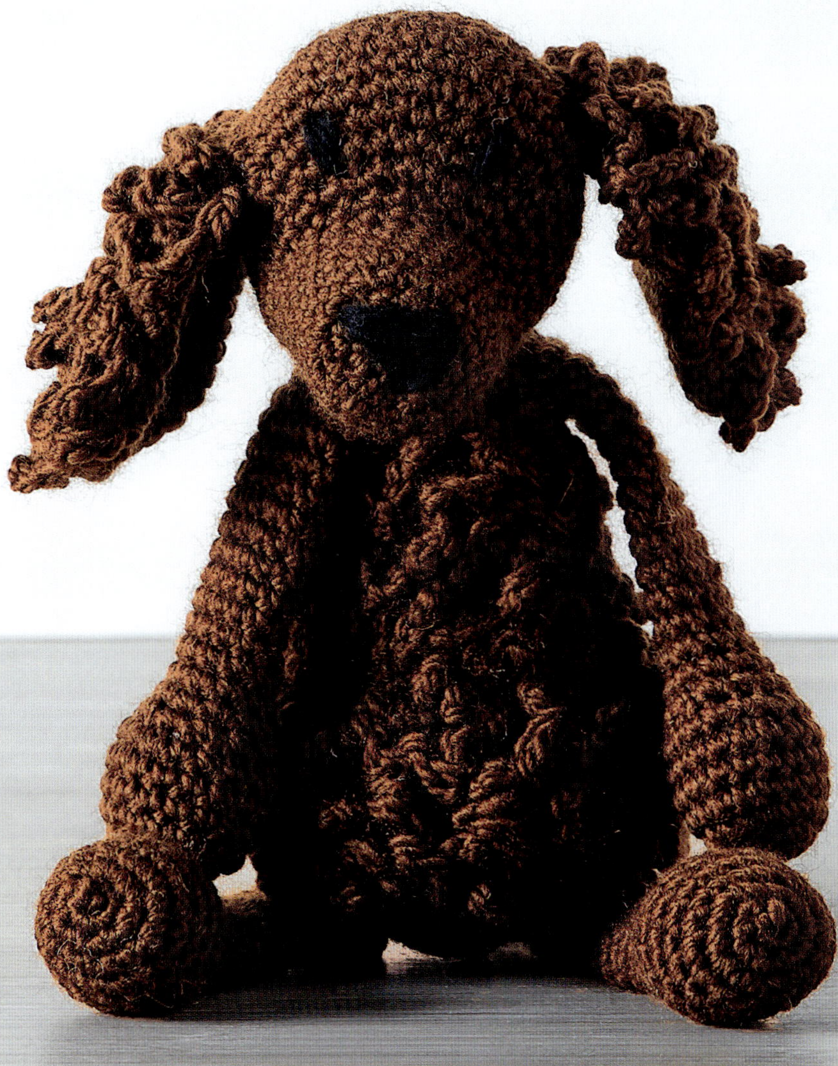

GARNFARBE: Camel
Empfohlene Alternative: Fudge

KÖRPER
Nach der Standardanleitung arbeiten (siehe Seite 16).

KOPF
Beginnen Sie mit 6 fM in den Anfangsring (siehe Techniken).
1. Rd: (2 fM in die nächste M) 6x (12).
2. Rd: (1 fM, 2 fM in die nächste M) 6x (18).
3. Rd: (2 fM, 2 fM in die nächste M) 6x (24).
4. Rd: (3 fM, 2 fM in die nächste M) 6x (30).
5. Rd: (4 fM, 2 fM in die nächste M) 6x (36).
6. Rd: (5 fM, 2 fM in die nächste M) 6x (42).
7.-11. Rd: fM (5 Rd).
12. Rd: (5 fM, 2 fM zus) 3x, 21 fM (39).
13. Rd: (4 fM, 2 fM zus) 3x, 21 fM (36).
14. Rd: (3 fM, 2 fM zus) 3x, 21 fM (33).
15. Rd: (2 fM, 2 fM zus) 3x, 21 fM (30).
16. Rd: (1 fM, 2 fM zus) 5x, 15 fM (25).
17.-18. Rd: fM (2 Rd).
19. Rd: 12 fM, (3 fM, 3 fM in die nächste M) 3x (31).
20.-21. Rd: fM (2 Rd).
22. Rd: 20 fM, 2 fM zus, 9 fM (30).
23. Rd: (3 fM, 2 fM zus) 6x (24).
24. Rd: 12 fM, (2 fM zus) 6x (18).
25. Rd: (2 fM zus) 2x, 4 fM, (2 fM zus) 5x (11).

OHREN (2x arbeiten)
Beginnen Sie mit 6 fM in den Anfangsring (siehe Techniken).
1. Rd: (1 fM, 2 fM in die nächste M) 3x (9).
2. Rd: fM.
3. Rd: (2 fM, 2 fM in die nächste M) 3x (12).
4.-5. Rd: fM (2 Rd).
6. Rd: (3 fM, 2 fM in die nächste M) 3x (15).
7. Rd: fM.
8. Rd: (4 fM, 2 fM in die nächste M) 3x (18).
9. Rd: fM.
10. Rd: (5 fM, 2 fM in die nächste M) 3x (21).
11.-12. Rd: fM (2 Rd).
13. Rd: (6 fM, 2 fM in die nächste M) 3x (24).
4.-17. Rd: fM (4 Rd).
18. Rd: 6 fM, (2 fM zus) 6x, 6 fM (18).
19.-20. Rd: fM (2 Rd).
21. Rd: (1 fM, 2 fM zus) 6x (12).
22. Rd: fM.

BEINE (4x arbeiten)
Nach der Standardanleitung arbeiten (siehe Seite 16).

SCHWANZ
8 Lm mit 1 Km zum Ring schließen.
1.-8. Rd: fM (8 Rd).
9. Rd: 2 fM zus, 6 fM (7).
10. Rd: fM.
11. Rd: 2 fM zus, 5 fM (6).
12.-13. Rd: fM (2 Rd).
14. Rd: 2 fM zus, 4 fM (5).
15. Rd: fM.
16. Rd: 2 fM zus, 3 fM (4).
17. Rd: fM.
18. Rd: (2 fM zus) 2x (2).

Lyon,
die Bordeauxdogge

Lyon ist Amateurboxer im Schwergewicht mit zwei Paar sehr großen Handschuhen und überraschend schnellen Füßen. Wenn er nicht im Boxring oder bei der Arbeit ist, trifft man ihn sicherlich auf dem Spielplatz, wo er die nächste Eltern-Spenden-aktion für die Schule seines Sohnes plant. Ob Kuchenverkäufe, Quiz-Abende oder Laufveranstaltungen für einen guten Zweck – er ist ein hingebungsvoller Vater und einer der besten Elternsprecher, den die Schule jemals hatte.

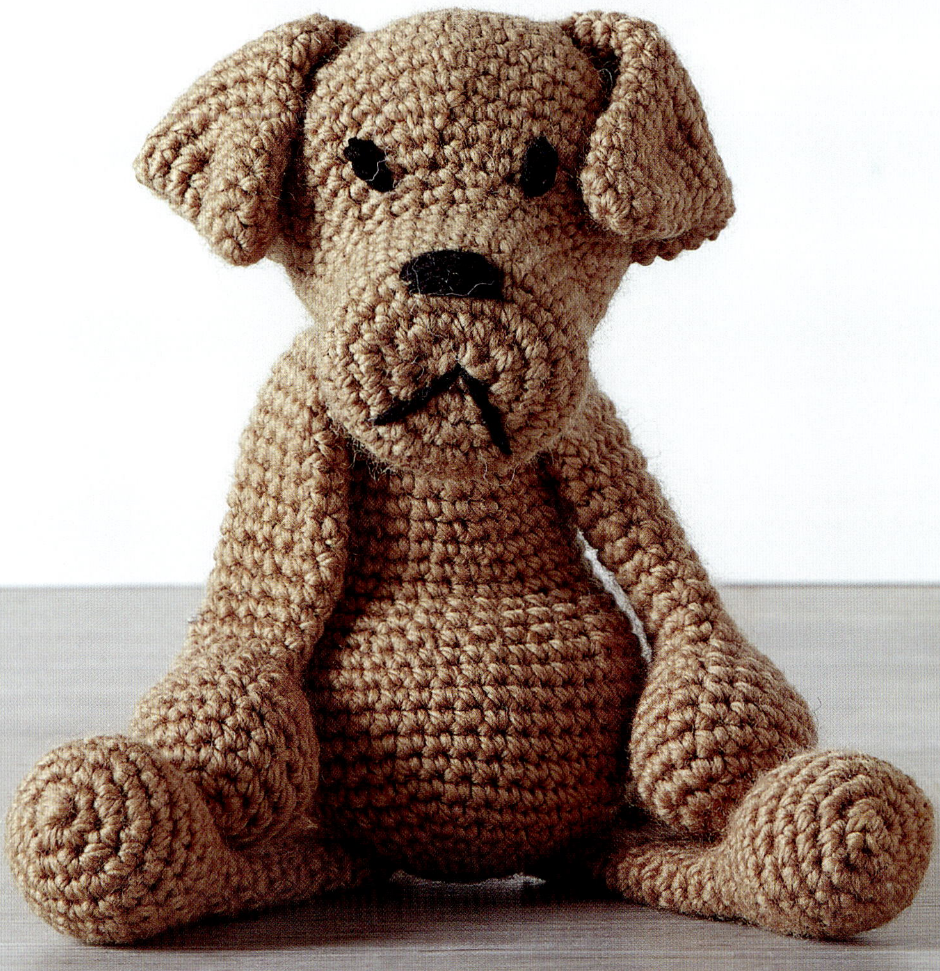

GARNFARBE: Cocoa
Empfohlene Alternativen: Cream, Charcoal

KÖRPER
Nach der Standardanleitung arbeiten (siehe Seite 16).

KOPF
Beginnen Sie mit 6 fM in den Anfangsring (siehe Techniken).
1. Rd: (2 fM in die nächste M) 6x (12).
2. Rd: (1 fM, 2 fM in die nächste M) 6x (18).
3. Rd: (2 fM, 2 fM in die nächste M) 6x (24).
4. Rd: (3 fM, 2 fM in die nächste M) 6x (30).
5. Rd: (4 fM, 2 fM in die nächste M) 6x (36).
6. Rd: (5 fM, 2 fM in die nächste M) 6x (42).
7.-11. Rd: fM (5 Rd).
12. Rd: (5 fM, 2 fM zus) 3x, 21 fM (39).
13. Rd: (4 fM, 2 fM zus) 3x, 21 fM (36).
14. Rd: (2 fM zus) 8x, 20 fM (28).
15. Rd: (5 fM, 2 fM zus) 4x (24).
16.-17. Rd: fM (2 Rd).
18. Rd: (4 fM, 2 fM zus) 4x (20).
19.-20. Rd: fM (2 Rd).
21. Rd: 12 fM, (2 fM zus) 4x (16).
22. Rd: (2 fM zus) 2x, 6 fM, (2 fM zus) 3x (11).

OHREN (2x arbeiten)
Beginnen Sie mit 6 fM in den Anfangsring (siehe Techniken).
1. Rd: (2 fM in die nächste M) 6x (12).
2. Rd: (1 fM, 2 fM in die nächste M) 6x (18).
3. Rd: (2 fM, 2 fM in die nächste M) 6x (24).
4.-5. Rd: fM (2 Rd).
6. Rd: (2 fM zus, 10 fM) 2x (22).
7. Rd: fM.
8. Rd: (2 fM zus, 9 fM) 2x (20).
9. Rd: (2 fM zus, 8 fM) 2x (18).
10.-14. Rd: fM (5 Rd).
15. Rd: (1 fM, 2 fM zus) 6x (12).

BEINE (4x arbeiten)
Nach der Standardanleitung arbeiten (siehe Seite 16).

SCHWANZ
8 Lm mit 1 Km zum Ring schließen.
1.-12. Rd: fM (12 Rd).
13. Rd: (2 fM zus) 4x (4).

HINWEISE
Nach dem Ausstopfen und Zusammennähen arbeiten Sie Schnüre aus 30 Luft- und Kettmaschen (siehe Seite 129) oben auf den Kopf und aus 20 Luft- und Kettmaschen praktisch überall an den Körper. An die Unterseite des Körpers, an den Schwanz und die Ohren häkeln Sie Schnüre aus 12 Luft- und Kettmaschen.

Babel,
der Puli

Babel ist eine erfolgreiche und inspirierende Frau mit beneidenswerten Locken, einem bemerkenswerten Geschmack und genau dem Wollgeschäft, von dem Strickfans träumen. Sobald Babel ihren Strickbeutel öffnet und ihr nächstes Strickprojekt hervorzeigt, wissen Sie, dass diese talentierte Designerin mit ihrem ausgezeichneten Sinn für Garne auch dieses Mal wieder ein wahres Wunderwerk hervorzaubern wird.

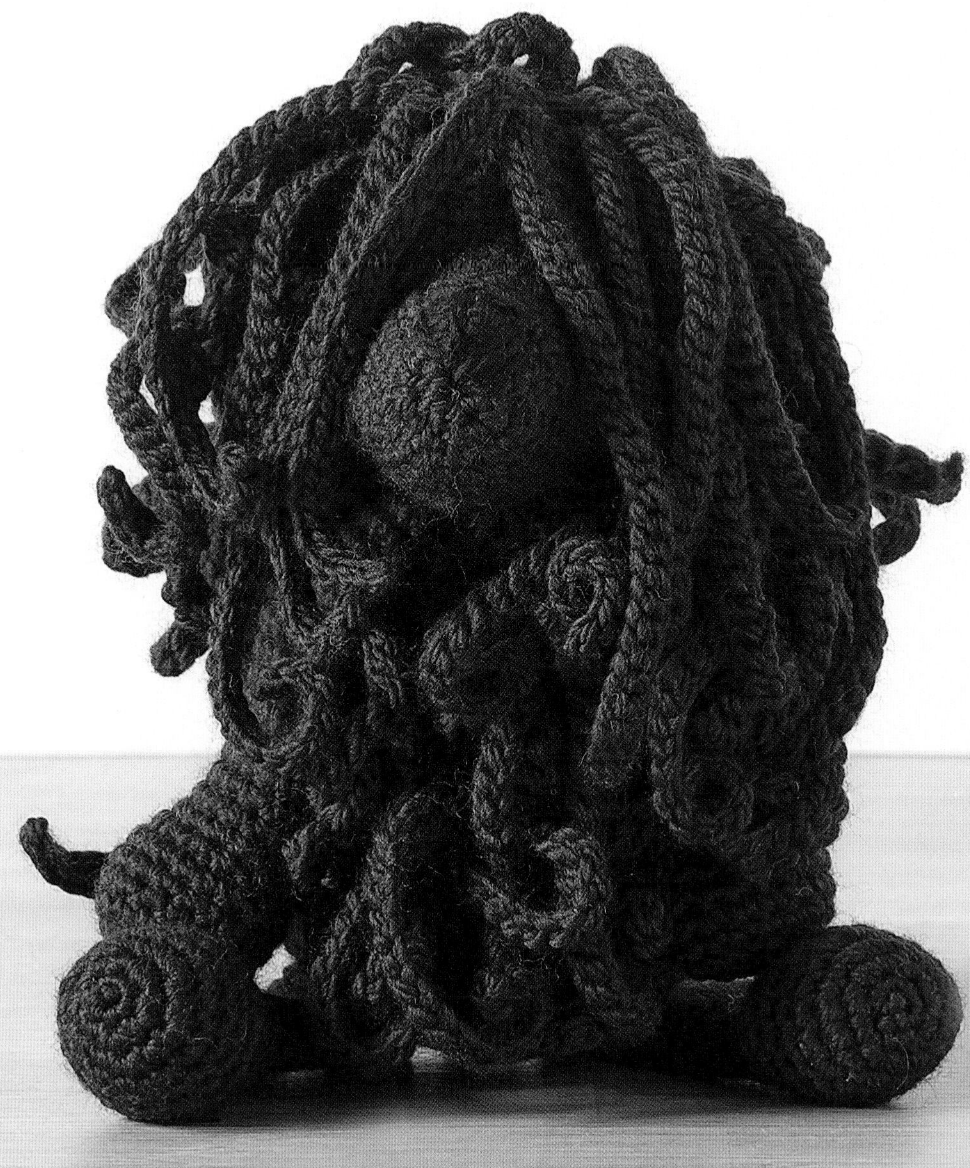

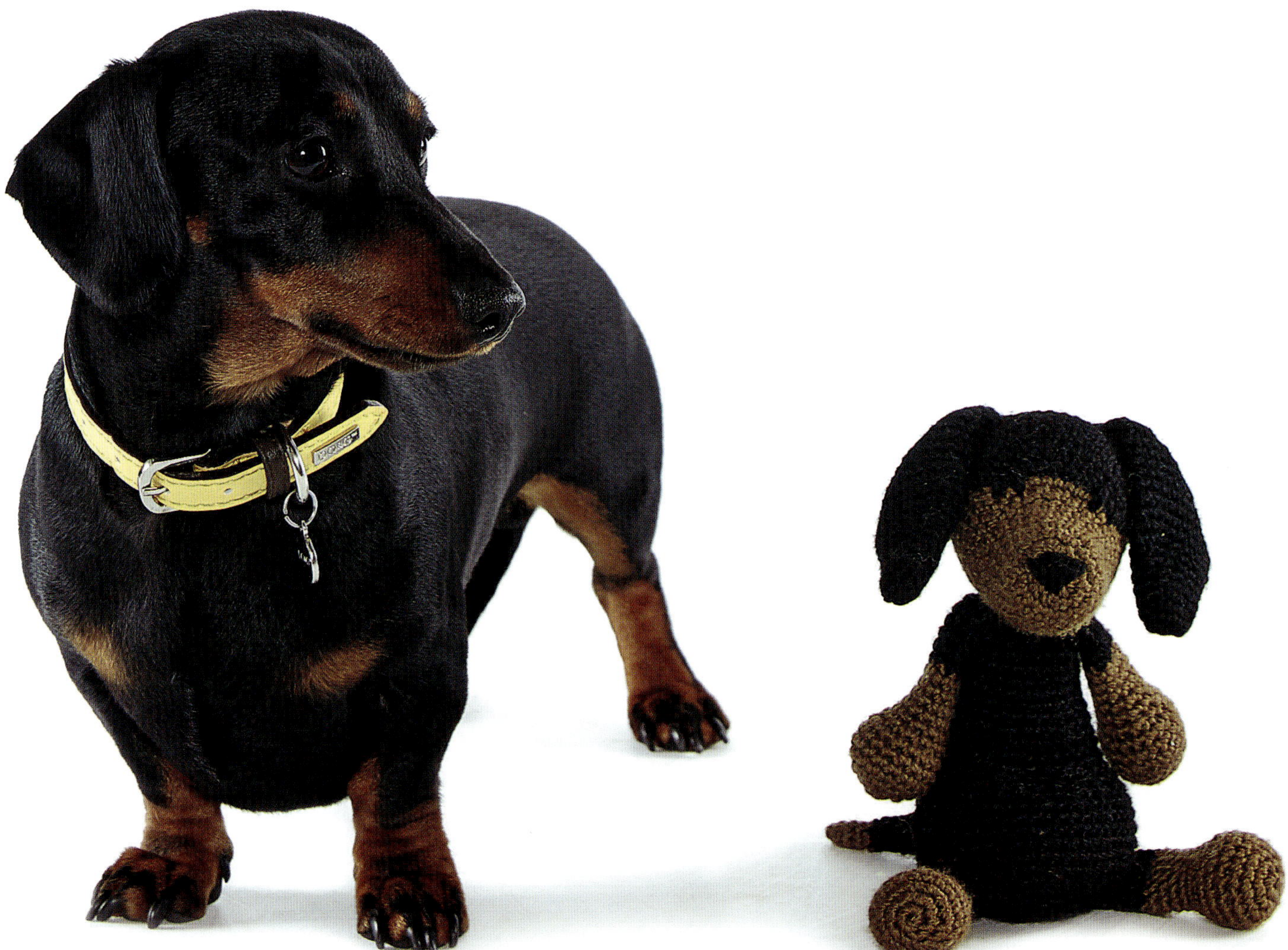

Fortgeschrittene

Auch wenn sich die folgenden Anleitungen um Ihre ersten Häkelprojekte handeln, sollten Sie eigentlich keine Probleme damit haben, wenn Sie bereits alle Häkelmaschen kennen und schon einmal nach einer Anleitung gehäkelt haben. Bei der Mehrzahl dieser Anleitungen für FORTGESCHRITTENE wird in unregelmäßigen Abständen die Garnfarbe gewechselt, wobei Sie das nicht benutzte Garn auf der Rückseite Ihrer Häkelarbeit mitführen. Achten Sie darauf, diese Fäden nicht zu fest zu ziehen, da die Arbeit Falten ziehen kann, sobald Sie mit dem Ausstopfen beginnen.

Bei vielen Anleitungen müssen Sie zudem Schlaufenmaschen häkeln und bei einigen Anleitungen werden Schlaufenmaschen mit Farbwechseln kombiniert. Keine Angst vor den Schlaufenmaschen: Zunächst werden Sie sich vielleicht noch unsicher fühlen, doch es wird Ihnen immer leichter fallen, je mehr Maschen Sie häkeln (und Sie werden viele Maschen häkeln, wenn Sie sich durch dieses Buch arbeiten!)

GARNFARBE: Oatmeal als Hauptfarbe mit Charcoal als Kontrastfarbe
Empfohlene Alternativen: Stone mit Black als Kontrastfarbe, Black

KÖRPER
Nach der Standardanleitung in Oatmeal arbeiten (siehe Seite 16).

KOPF
In Oatmeal arbeiten.
Beginnen Sie mit 6 fM in den Anfangsring (siehe Techniken).
1. Rd: (2 fM in die nächste M) 6x (12).
2. Rd: (1 fM, 2 fM in die nächste M) 6x (18).
3. Rd: (2 fM, 2 fM in die nächste M) 6x (24).
4. Rd: (3 fM, 2 fM in die nächste M) 6x (30).
5. Rd: (4 fM, 2 fM in die nächste M) 6x (36).
6. Rd: (5 fM, 2 fM in die nächste M) 6x (42).
7.-11. Rd: fM (5 Rd).
12. Rd: (5 fM, 2 fM zus) 6x (36).
13. Rd: fM.
14. Rd: (4 fM, 2 fM zus) 3x, 18 fM (33).
15. Rd: (3 fM, 2 fM zus) 3x, 18 fM (30).
16. Rd: fM.
Zu Charcoal wechseln.
17. Rd: fM.
18. Rd: (3 fM, 2 fM zus) 6x (24).
19. Rd: fM.
20. Rd: (1 fM, 2 fM zus) 6x, 6 fM (18).
21. Rd: (2 fM zus) 9x (9).

OHREN (2x arbeiten)
In Charcoal arbeiten.
Beginnen Sie mit 6 fM in den Anfangsring (siehe Techniken).
1. Rd: (1 fM, 2 fM in die nächste M) 3x (9).
2. Rd: (2 fM, 2 fM in die nächste M) 3x (12).
3.-4. Rd: fM (2 Rd).
5. Rd: (3 fM, 2 fM in die nächste M) 3x (15).
6. Rd: fM.
7. Rd: (4 fM, 2 fM in die nächste M) 3x (18).
8. Rd: fM.
9. Rd: (5 fM, 2 fM in die nächste M) 3x (21).
10.-11. Rd: fM (2 Rd).
12. Rd: (1 fM, 2 fM zus) 7x (14).
13. Rd: (2 fM zus) 7x (7).

FLECKEN UM DIE AUGEN (2x arbeiten)
In Charcoal arbeiten.
Beginnen Sie mit 6 fM in den Anfangsring (siehe Techniken).
1. Rd: (2 fM in die nächste M) 6x (12).

BEINE (4x arbeiten)
Nach der Standardanleitung arbeiten (siehe Seite 16). Mit Charcoal beginnen und am Ende der 3. Rd zu Oatmeal wechseln.

SCHWANZ
6 Lm mit 1 Km zum Ring schließen.
1.-20. Rd: fM.
21. Rd: (2 fM zus) 3x (3).

HINWEISE
Die Flecken um die Augen aufnähen.
Den Schwanz annähen und zu einem Knoten binden, sodass er sich kringelt.

Spencer,
der Mops

Spencer ist ein hingebungsvoller Pfleger, der alles daran setzt, andere zum Lächeln zu bringen - dabei übernimmt er besonders gerne Nachtschichten. Es ist wirklich ein Glück, dass er mitten in der Nacht zu Bestform aufläuft, denn so kann er seinen Patienten in ihren dunkelsten Stunden mit seiner Lebenserfahrung tröstend zur Seite stehen. Lassen Sie uns hoffen, dass er auch an Ihrem Bett steht, sollten Sie ihn einmal brauchen.

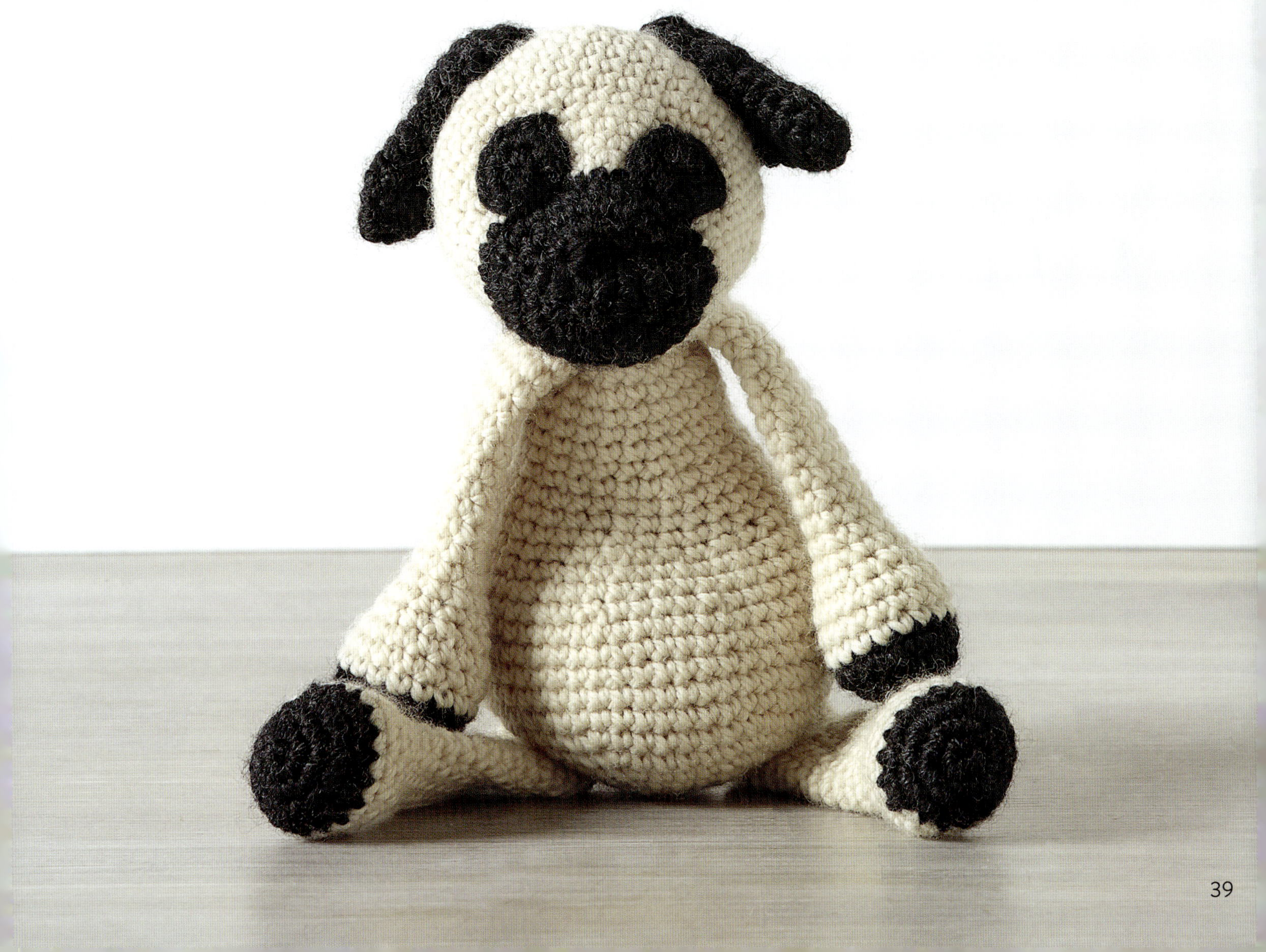

GARNFARBE: Steel
Empfohlene Alternativen: Cream, Camel

KÖRPER
Nach der Standardanleitung arbeiten (siehe Seite 16).

KOPF
Beginnen Sie mit 6 fM in den Anfangsring (siehe Techniken).
1. Rd: (2 fM in die nächste M) 6x (12).
2. Rd: (1 fM, 2 fM in die nächste M) 6x (18).
3. Rd: (2 fM, 2 fM in die nächste M) 6x (24).
4. Rd: (3 fM, 2 fM in die nächste M) 6x (30).
5. Rd: (4 fM, 2 fM in die nächste M) 6x (36).
6. Rd: (5 fM, 2 fM in die nächste M) 6x (42).
7.-11. Rd: fM (5 Rd).
12. Rd: (5 fM, 2 fM zus) 6x (36).
13. Rd: fM.
14. Rd: (4 fM, 2 fM zus) 3x, 18 fM (33).
15. Rd: (3 fM, 2 fM zus) 3x, 18 fM (30).
16. Rd + 17. Rd: fM (2 Rd).
18. Rd: (3 fM, 2 fM zus) 6x (24).
19. Rd: fM.
20. Rd: (1 fM, 2 fM zus) 6x, 6 fM (18).
21. Rd: (2 fM zus) 9x (9).

OHREN (2x arbeiten)
3 cm große Schlaufenmaschen (siehe Seite 128) in jede 2. M arbeiten.
Beginnen Sie mit 6 fM in den Anfangsring (siehe Techniken).
1. Rd: (1 fM, 2 fM in die nächste M) 3x (9).
2. Rd: (2 fM, 2 fM in die nächste M) 3x (12).
3.-4. Rd: fM (2 Rd).
5. Rd: (3 fM, 2 fM in die nächste M) 3x (15).
6. Rd: fM.
7. Rd: (4 fM, 2 fM in die nächste M) 3x (18).
8. Rd: fM.
9. Rd: (5 fM, 2 fM in die nächste M) 3x (21).
10.-11. Rd: fM (2 Rd).
12. Rd: (1 fM, 2 fM zus) 7x (14).
13. Rd: (2 fM zus) 7x (7).

BEINE (4x arbeiten)
Nach der Standardanleitung arbeiten (siehe Seite 16).

SCHWANZ
3 cm große Schlaufenmaschen in jede 2. M arbeiten.
8 Lm mit 1 Km zum Ring schließen.
1.-12. Rd: fM (12 Rd).
13. Rd: (2 fM zus) 4x (4).

Zoe,
der Pumi

Zoe ist begeisterte Cheerleaderin und liebt Pop-Tarts über alles – und natürlich den Kapitän der Football-Mannschaft mit seinen himmelblauen Augen. Sie turnt sich fleißig durch die Highschool und nicht nur ihre Cheerleading-Motions sind einfach perfekt, sondern auch ihre schulischen Leistungen. Mit ihrem glatten Einser-Schnitt wird sie bestimmt an jeder Universität aufgenommen, wo sie sicherlich wieder die Top einer bonbonfarbigen Pyramide sein wird.

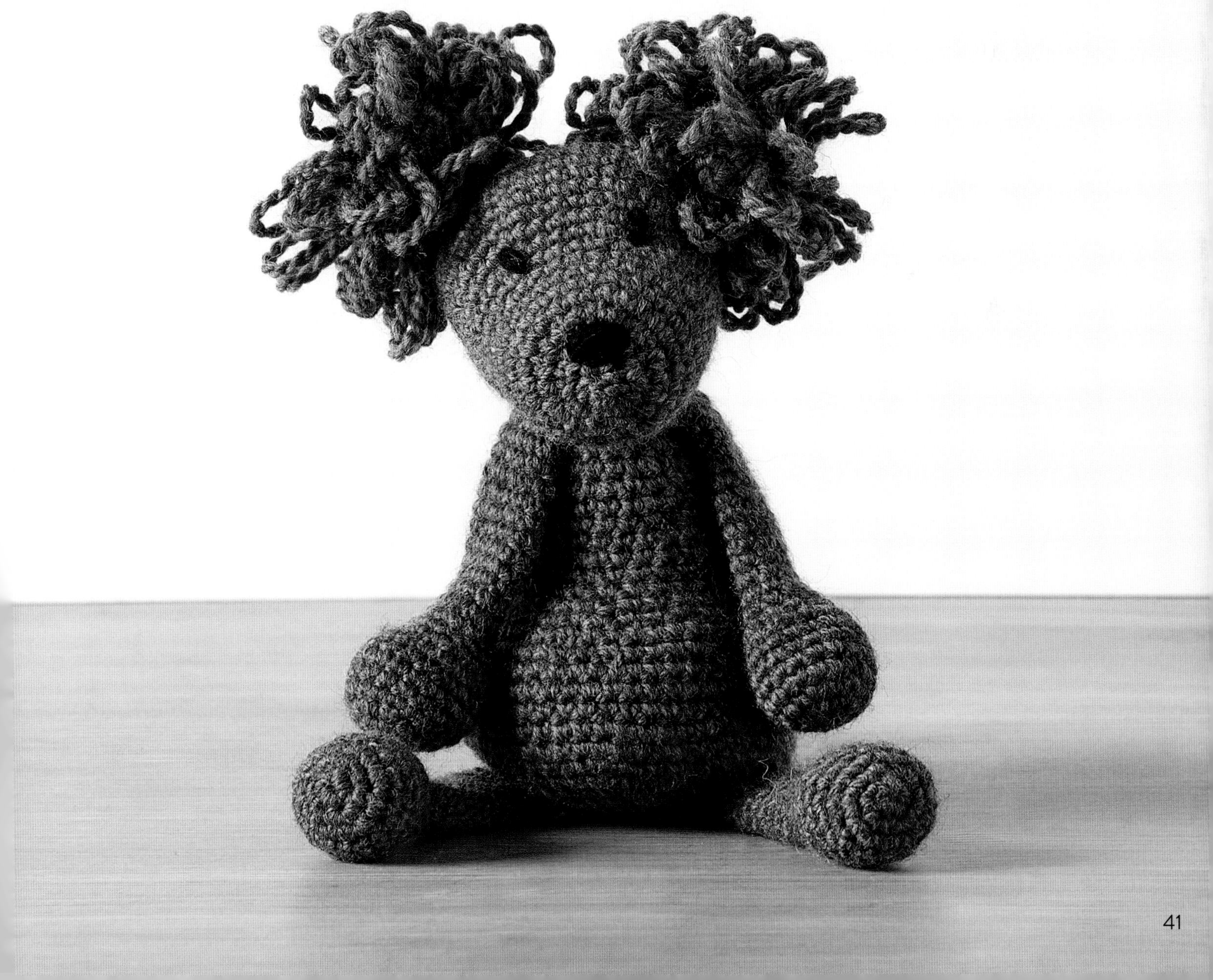

GARNFARBE: Silver
Empfohlene Alternative: Steel

KÖRPER

Nach der Standardanleitung arbeiten (siehe Seite 16).

KOPF

Beginnen Sie mit 6 fM in den Anfangsring (siehe Techniken).
1. Rd: (2 fM in die nächste M) 6x (12).
2. Rd: (1 fM, 2 fM in die nächste M) 6x (18).
3. Rd: (2 fM, 2 fM in die nächste M) 6x (24).
4. Rd: (3 fM, 2 fM in die nächste M) 6x (30).
5. Rd: (4 fM, 2 fM in die nächste M) 6x (36).
6. Rd: (5 fM, 2 fM in die nächste M) 6x (42).
Nach Anleitung 2 cm große Schlaufenmaschen arbeiten.
7. Rd: 7 fM, (1 fM mit Schlaufe, 1 fM) 4x, 27 fM.
8.-9. Rd: 7 fM, (1 fM mit Schlaufe, 1 fM) 5x, 25 fM (2 Rd).
10.-11. Rd: 7 fM, (1 fM mit Schlaufe, 1 fM) 6x, 23 fM (2 Rd).
12. Rd: 5 fM, 2 fM zus, (1 fM mit Schlaufe, 1 fM) 7x, (5 fM, 2 fM zus) 3x (38).
13. Rd: 4 fM, 2 fM zus, (1 fM mit Schlaufe, 1 fM) 7x, (4 fM, 2 fM zus) 3x (34).
14. Rd: fM.
15. Rd: 3 fM, 2 fM zus, (1 fM mit Schlaufe, 1 fM) 7x, (3 fM, 2 fM zus) 3x (30).
16. Rd: 3 fM, 2 fM zus, (1 fM mit Schlaufe, 1 fM, 1 fM mit Schlaufe, 2 fM zus) 2x, 1 fM mit Schlaufe, 2 fM, 2 fM zus, (3 fM, 2 fM zus) 2x (24).
17.-18. Rd: 5 fM, (1 fM mit Schlaufe, 1 fM) 3x, 13 fM (2 Rd).
19. Rd: 2 fM, 2 fM zus, 1 fM, 1 fM mit Schlaufe, 2 fM zus, 1 fM mit Schlaufe, 1 fM, 2 fM zus mit Schlaufe (2 fM, 2 fM zus) 3x (18).
20.-21. Rd: 5 fM, 1 fM mit Schlaufe, 1 fM, 1 fM mit Schlaufe, 10 fM (2 Rd).
22.-23. Rd: 6 fM, 1 fM mit Schlaufe, 1 fM, 1 fM mit Schlaufe, 9 fM (2 Rd).
24. Rd: (2 fM zus) 9x (9).

OHREN (2x arbeiten)

2 cm große Schlaufenmaschen in jede 2. M arbeiten.
Beginnen Sie mit 6 fM in den Anfangsring (siehe Techniken).
1. Rd: (2 fM in die nächste M) 6x (12).
Schlaufenmaschen in jede M arbeiten.
2. Rd: fM.
In jede 2. M Schlaufenmaschen arbeiten.
3. Rd: (3 fM, 2 fM in die nächste M) 3x (15).
Weiter ohne Schlaufenmaschen.
4.-5. Rd: fM (2 Rd).
6. Rd: (4 fM, 2 fM in die nächste M) 3x (18).
7.-14. Rd: fM (8 Rd).
15. Rd: (4 fM, 2 fM zus) 3x (15).
16. Rd: (3 fM, 2 fM zus) 3x (12).

BEINE (4x arbeiten)

Nach der Standardanleitung arbeiten (siehe Seite 16).

SCHWANZ

8 Lm mit 1 Km zum Ring schließen.
1.-3. Rd: fM (3 Rd).
4. Rd: (2 fM, 2 fM zus) 2x (6).
5.-7. Rd: fM (3 Rd).
8. Rd: 2 fM zus, 4 fM (5).
9.-11. Rd: fM (3 Rd).
12. Rd: 2 fM zus, 3 fM (4).
13.-15. Rd: fM (3 Rd).

Rachel,
der Bedlington Terrier

Rachel ist eine praktisch veranlagte junge Hündin mit einem eigenen Kopf und genauso bellt sie auch. Zuverlässig und höchst sarkastisch mit einem starken Bedürfnis nach gutem Wein ist sie die beste Freundin für alle hart arbeitenden Frauen und genau die Richtige, die man bis spät in die Nacht bei sich haben möchte, wenn wieder einmal ein Abgabetermin bedenklich näher rückt.

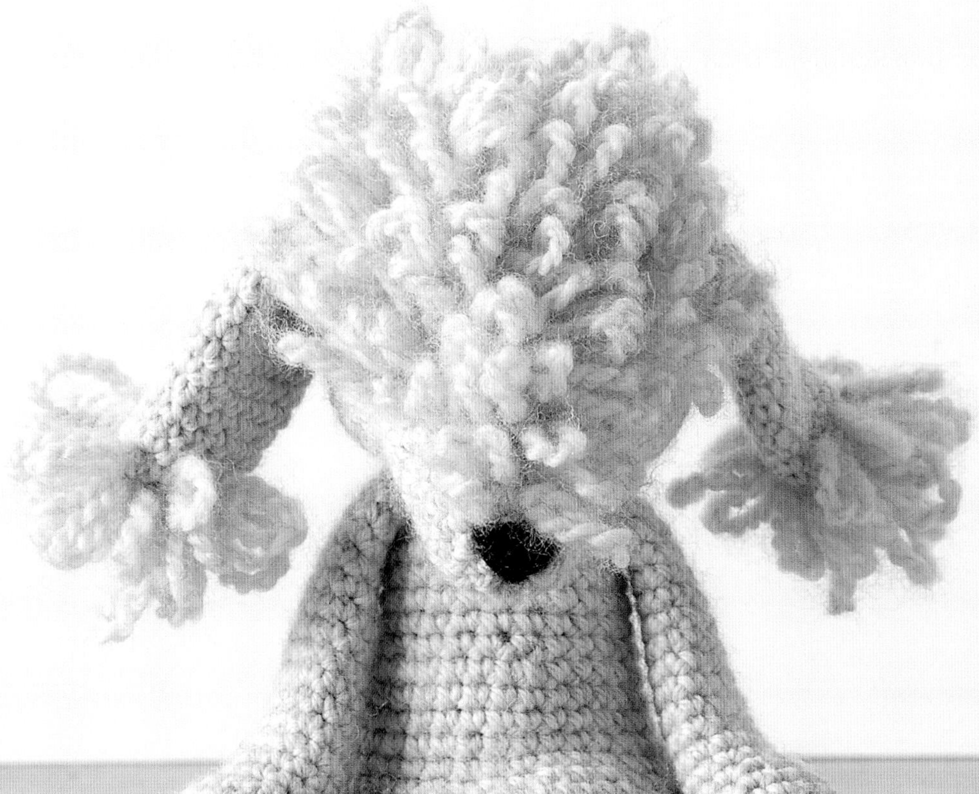

GARNFARBE: Camel
Empfohlene Alternativen: Black, Cocoa

KÖRPER
Nach der Standardanleitung arbeiten (siehe Seite 16).

KOPF
Beginnen Sie mit 6 fM in den Anfangsring (siehe Techniken).
1. Rd: (2 fM in die nächste M) 6x (12).
2. Rd: (1 fM, 2 fM in die nächste M) 6x (18).
3. Rd: (2 fM, 2 fM in die nächste M) 6x (24).
4. Rd: (3 fM, 2 fM in die nächste M) 6x (30).
5. Rd: (4 fM, 2 fM in die nächste M) 6x (36).
6. Rd: (5 fM, 2 fM in die nächste M) 6x (42).
7.-11. Rd: fM (5 Rd).
12. Rd: (5 fM, 2 fM zus) 3x, 21 fM (39).
13. Rd: (4 fM, 2 fM zus) 3x, 21 fM (36).
14. Rd: (2 fM zus) 8x, 20 fM (28).
15. Rd: (5 fM, 2 fM zus) 4x (24).
16.-17. Rd: fM (2 Rd).
18. Rd: (4 fM, 2 fM zus) 4x (20).
19.-20. Rd: fM (2 Rd).
21. Rd: 12 fM, (2 fM zus) 4x (16).
22. Rd: (2 fM zus) 2x, 6 fM, (2 fM zus) 3x (11).

OHREN (2x arbeiten)
3 cm große Schlaufenmaschen in jede 3. M in ungeraden Rd und in jede gerade M in geraden Rd (siehe Seite 128) arbeiten.
Beginnen Sie mit 6 fM in den Anfangsring (siehe Techniken).
1. Rd: (2 fM in die nächste M) 6x (12).
2. Rd: (1 fM, 2 fM in die nächste M) 6x (18).
3. Rd: (2 fM, 2 fM in die nächste M) 6x (24).
4.-5. Rd: fM (2 Rd).
6. Rd: (2 fM zus, 10 fM) 2x (22).
7. Rd: fM.
8. Rd: (2 fM zus, 9 fM) 2x (20).
9. Rd: (2 fM zus, 8 fM) 2x (18).
10.-14. Rd: fM (5 Rd).
15. Rd: (1 fM, 2 fM zus) 6x (12).

BEINE (4x arbeiten)
Nach der Standardanleitung arbeiten (siehe Seite 16).

SCHWANZ
Nach Anleitung 3 cm Schlaufenmaschen arbeiten.
8 Lm mit 1 Km zum Ring schließen.
1. Rd: 1 fM, 1 fM mit Schlaufe, 1 fM, 1 fM mit Schlaufe, 4 fM.
2. Rd: 1 fM mit Schlaufe, 1 fM, 1 fM mit Schlaufe, 5 fM.
3.-4. Rd: 2 fM, 1 fM mit Schlaufe, 1 fM, 1 fM mit Schlaufe, 3 fM (2 Rd).
5.-7. Rd: 3 fM, 1 fM mit Schlaufe, 1 fM, 1 fM mit Schlaufe, 2 fM (3 Rd).
8. Rd: 4 fM, 1 fM mit Schlaufe, 1 fM, 1 fM mit Schlaufe, 1 fM.
In jeder ungeraden M in ungeraden Rd und in jeder gerade M in geraden Rd Schlaufen arbeiten.
9. Rd: 2 fM zus, 6 fM (7).
10. Rd: fM.
11. Rd: 2 fM zus, 5 fM (6).
12.-13. Rd: fM (2 Rd).
14. Rd: 2 fM zus, 4 fM (5).
15. Rd: fM.
16. Rd: 2 fM zus, 3 fM (4).
17. Rd: fM.
18. Rd: (2 fM zus) 2x (2).

Saxon,
der Cocker Spaniel

Saxon ist ein wunderschöner Hund mit fantastischen Ohren, die unablässig zucken, während er aufmerksam auf den Briefträger wartet. Seine Liebesbeziehung zu diesem Briefträger begann schon als kleiner Welpe, als er seine ersten Leckerlis für die Hundeschule geschickt bekam. Seitdem freut er sich über nichts mehr als über ein Überraschungspaket einer bekannten Marke, indem er praktisch täglich vor Freude jault und heftig mit dem Schwanz wedelt.

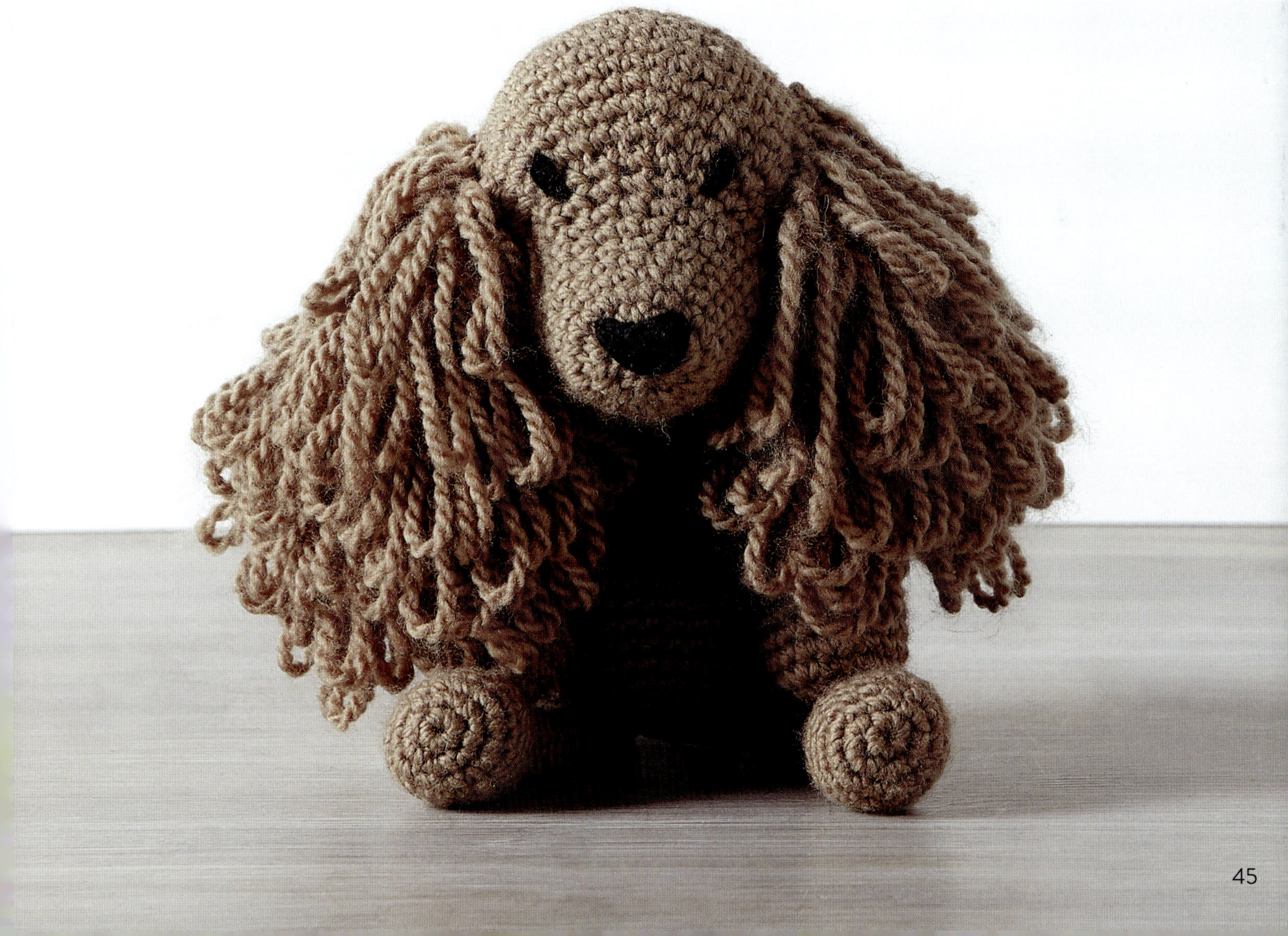

GARNFARBE: Cream mit Silver als Kontrastfarbe
Empfohlene Alternativen: Cream mit Steel, Cream mit Charcoal

KÖRPER
In Silver arbeiten.
Beginnen Sie mit 6 fM in den Anfangsring (siehe Techniken).
1. Rd: (2 fM in die nächste M) 6x (12).
2. Rd: (1 fM, 2 fM in die nächste M) 6x (18).
3. Rd: (2 fM, 2 fM in die nächste M) 6x (24).
4. Rd: (3 fM, 2 fM in die nächste M) 6x (30).
5. Rd: (4 fM, 2 fM in die nächste M) 6x (36).
6. Rd: (5 fM, 2 fM in die nächste M) 6x (42).
7. Rd: (6 fM, 2 fM in die nächste M) 6x (48).
8.-12. Rd: fM (5 Rd).
13. Rd: 30 fM (4 fM, 2 fM zus) 3x (45).
14. Rd: fM.
15. Rd: (1 fM, 2 fM zus) 15x (30).
16.-17. Rd: 22 fM in Silver, 8 fM in Cream (2 Rd).
18.-19. Rd: 23 fM in Silver, 7 fM in Cream (2 Rd).
20. Rd: 24 fM in Silver, 6 fM in Cream.
21. Rd: 1 fM in Cream, 2 fM, 2 fM zus, (3 fM, 2 fM zus) 3x, 4 fM in Silver, 4 fM, 2 fM zus in Cream (25).
22.-23. Rd: 1 fM in Cream, 20 fM in Silver, 4 fM in Cream (2 Rd).
24.-25. Rd: 2 fM in Cream, 20 fM in Silver, 3 fM in Cream (2 Rd).
26. Rd: 2 fM in Cream, 21 fM in Silver, 2 fM in Cream.
27. Rd: 2 fM in Cream, 2 fM zus, (2 fM, 2 fM zus) 4x, 3 fM in Silver, 2 fM in Cream (20).
28. Rd: 2 fM in Cream, 17 fM in Silver, 1 fM in Cream.
29. Rd: (2 fM zus) 10x in Silver (10).

KOPF
In Silver arbeiten.
Beginnen Sie mit 6 fM in den Anfangsring (siehe Techniken).
1. Rd: (2 fM in die nächste M) 6x (12).
2. Rd: (1 fM, 2 fM in die nächste M) 6x (18).
3. Rd: (2 fM, 2 fM in die nächste M) 6x (24).
4. Rd: (3 fM, 2 fM in die nächste M) 6x (30).
5. Rd: (4 fM, 2 fM in die nächste M) 6x (36).
6. Rd: (5 fM, 2 fM in die nächste M) 6x (42).
7.-11. Rd: fM (5 Rd).
12. Rd: 9 fM in Cream, 3 fM in Silver, 30 fM in Cream.
13. Rd: 5 fM, 2 fM zus, 2 fM in Cream, 3 fM in Silver, 2 fM zus, (5 fM, 2 fM zus) 4x in Cream (36).
14. Rd: 9 fM in Cream, 2 fM in Silver, 25 fM in Cream.
15. Rd: 4 fM, 2 fM zus, 3 fM in Cream, 1 fM, 2 fM zus in Silver, (4 fM, 2 fM zus) 4x in Cream (30).
16. Rd: 8 fM in Cream, 2 fM in Silver, 20 fM in Cream.
17. Rd: 3 fM, 2 fM zus, 3 fM in Cream, 2 fM zus in Silver, (3 fM, 2 fM zus) 4x in Cream (24).
Weiter nur in Cream arbeiten.
18. Rd: 4 fM, (2 fM in die nächste M) 2x, (2 fM zus) 2x, (2 fM in die nächste M) 2x, (2 fM zus) 2x, (2 fM in die nächste M) 2x, (2 fM zus) 2x, (2 fM in die nächste M) 2x (26).
19. Rd: (2 fM zus) 2x, 22 fM (24).
20.-21. Rd: fM (2 Rd).
22. Rd: (2 fM, 2 fM zus) 6x (18).
23.-24. Rd: fM (2 Rd).
25. Rd: (1 fM, 2 fM zus) 6x (12).

OHREN (2x arbeiten)
In Silver arbeiten.
18 Lm mit 1 Km zum Ring schließen.
1.-2. Rd: 12 fM in Silver, 6 fM in Cream.
3. Rd: 1 fM, 2 fM zus, 6 fM, 2 fM zus, 1 fM in Silver, 6 fM in Cream (16).
4. Rd: 1 fM, 2 fM zus, 4 fM, 2 fM zus, 1 fM in Silver, 2 fM 2 fM zus, 2 fM in Cream (13).
5.-6. Rd: 9 fM in Silver, 4 fM in Cream (2 Rd).
7. Rd: 9 fM in Silver, 1 fM, 2 fM zus, 1 fM in Cream (12).
8. Rd: 1 fM, 2 fM zus, 3 fM, 2 fM zus, 1 fM in Silver, 3 fM in Cream (10).
9. Rd: 7 fM in Silver, 2 fM zus, 1 fM in Cream (9).
Weiter nur in Silver arbeiten.
10. Rd: (1 fM, 2 fM zus) 3x (6).
11. Rd: (2 fM zus) 3x (3).

BEINE (4x arbeiten)
Nach der Standardanleitung arbeiten (siehe Seite 16).

SCHWANZ
In Silver arbeiten.
8 Lm mit 1 Km zum Ring schließen.
1.-4. Rd: 4 fM in Cream, 4 fM in Silver (4 Rd).
5.-7. Rd: 4 fM in Cream mit 3 cm großen SCHLAUFENMASCHEN (siehe Seite 128) in jede M, 4 fM Silver ohne Schlaufen (3 Rd).
8. Rd: 6 fM in Cream, in jede M Schlaufenmaschen arbeiten, 2 fM in Silver ohne Schlaufen.
Weiter nur in Cream, in jede M Schlaufenmaschen arbeiten.
9. Rd: 2 fM zus, 6 fM (7).
10. Rd: fM.
11. Rd: 2 fM zus, 5 fM (6).
12.-13. Rd: fM (2 Rd).
14. Rd: 2 fM zus, 4 fM (5).
15. Rd: fM.
16. Rd: 2 fM zus, 3 fM (4).
17.-19. Rd: fM (3 Rd).

HINWEIS
Schlaufen aufschneiden und in die gewünschte Form schneiden.

Lexi,
der Husky

Lexi ist eine Rebellin in neonfarbenen Sportsocken. Sie ist genau die Art Mädchen im höheren Jahrgang, die jede Woche eine andere Haarfarbe hat und eigentlich ständig ins Büro des Schuldirektors zitiert wird. Diese außergewöhnlich temperamentvolle Husky-Hündin zeigt zudem keinerlei Interesse für ihre Hausaufgaben: Sie braucht endlich mal eine wirksame Strafe, die ihr die Flausen austreiben wird.

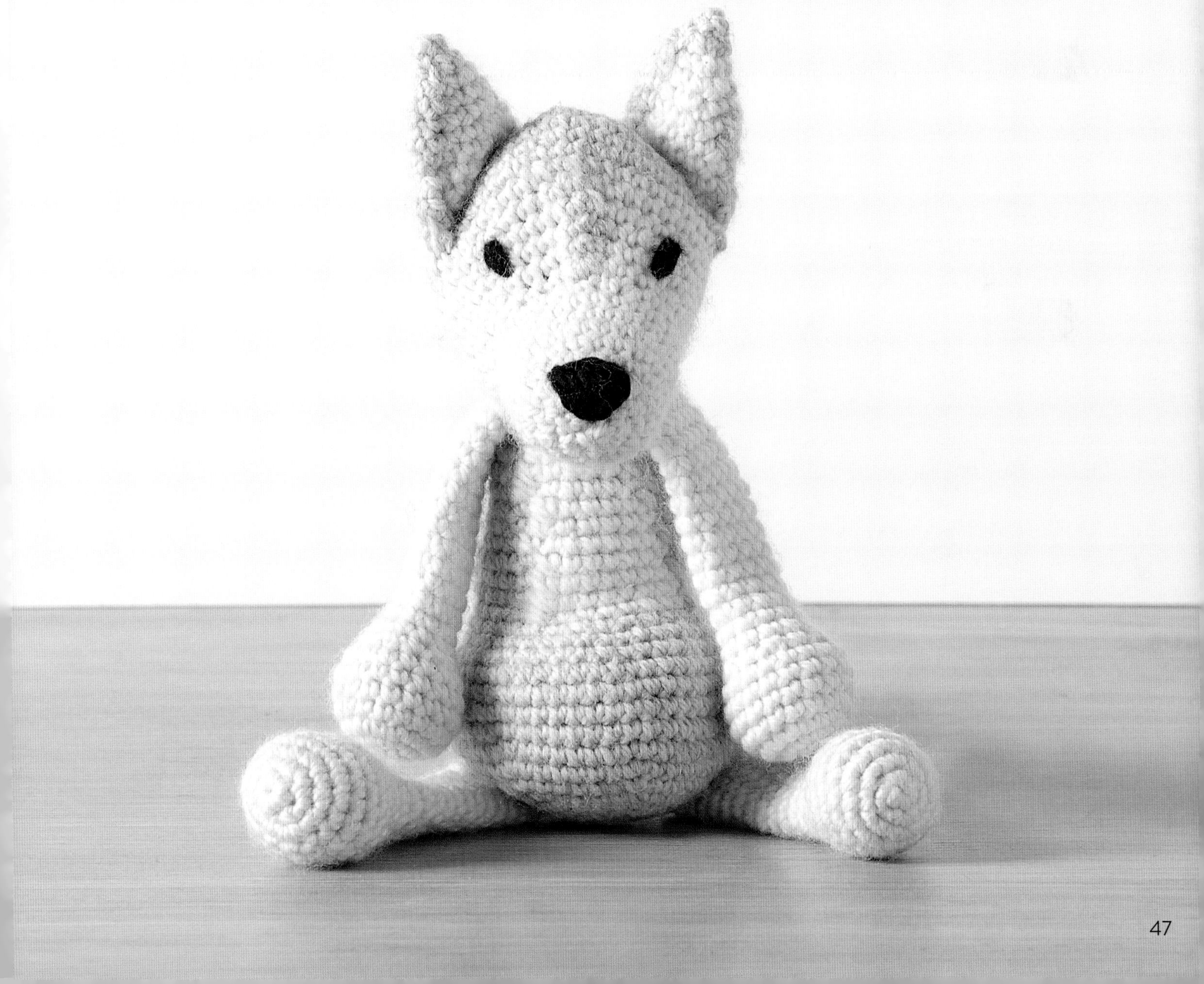

GARNFARBE: Cream mit Fudge und Charcoal
Empfohlene Alternativen: Cream mit Camel und Black

KÖRPER

In Fudge arbeiten.
Beginnen Sie mit 6 fM in den Anfangsring (siehe Techniken).
1. Rd: (2 fM in die nächste M) 6x (12).
2. Rd: (1 fM, 2 fM in die nächste M) 6x (18).
3. Rd: (2 fM, 2 fM in die nächste M) 6x (24).
4. Rd: (3 fM, 2 fM in die nächste M) 6x (30).
5. Rd: (4 fM, 2 fM in die nächste M) 6x (36).
6. Rd: (5 fM, 2 fM in die nächste M) 6x (42).
7. Rd: (6 fM, 2 fM in die nächste M) 6x (48).
8.-12. Rd: fM (5 Rd).
13. Rd: 30 fM (4 fM, 2 fM zus) 3x (45).
14. Rd: fM.
15. Rd: (1 fM, 2 fM zus) 15x (30).
16.-17. Rd: 22 fM in Charcoal, 8 fM in Cream (2 Rd).
18.-19. Rd: 23 fM in Charcoal, 7 fM in Cream (2 Rd).
20. Rd: 24 fM in Charcoal, 6 fM in Cream.
21. Rd: 1 fM in Cream, 2 fM, 2 fM zus, (3 fM, 2 fM zus) 3x, 4 fM in Charcoal, 4 fM, 2 fM zus in Cream (25).
22.-23. Rd: 1 fM in Cream, 20 fM in Charcoal, 4 fM in Cream (2 Rd).
24.-25. Rd: 2 fM in Cream, 20 fM in Charcoal, 3 fM in Cream (2 Rd).
26. Rd: 2 fM in Cream, 21 fM in Charcoal, 2 fM in Cream.
27. Rd: 2 fM in Cream, 2 fM zus, (2 fM, 2 fM zus) 4x, 3 fM in Charcoal, 2 fM in Cream (20).
28. Rd: 2 fM in Cream, 17 fM in Charcoal, 1 fM in Cream.
29. Rd: (2 fM zus) 10x in Charcoal (10).

KOPF

Anfang und die 1.-6. Rd wie beim KÖRPER arbeiten.
7.-11. Rd: fM (5 Rd).
12. Rd: 5 fM, 2 fM zus, 4 fM in Fudge, 2 fM in Cream, 2 fM zus, 4 fM, 2 fM zus, 21 fM in Fudge (39).
13. Rd: 4 fM, 2 fM zus, 4 fM in Fudge, 2 fM zus, 1 fM in Cream, 3 fM, 2 fM zus, 21 fM in Fudge (36).
14. Rd: (1 fM, 2 fM zus) 3x in Fudge, 2 fM in Cream, (2 fM zus, 1 fM) 2x, 2 fM zus, 17 fM in Fudge (30).
15. Rd: 3 fM, 2 fM zus, 1 fM in Fudge, 2 fM in Cream, 2 fM zus, (3 fM, 2 fM zus) 4x in Fudge (24).
16. Rd: 4 fM in Fudge, 4 fM in Cream, 16 fM in Fudge.
17. Rd: 4 fM in Fudge, 5 fM in Cream, 15 fM in Fudge.
18. Rd: 4 fM in Fudge, 6 fM in Cream, 14 fM in Fudge.
19. Rd: 2 fM in Fudge, 11 fM in Cream, 11 fM in Fudge.
20. Rd: 15 fM in Cream, 9 fM in Fudge.
Weiter nur in Cream arbeiten.
21. Rd: (2 fM zus, 3 fM) 3x, (2 fM in die nächste M, 2 fM) 3x (24).
22. Rd: (2 fM zus, 2 fM) 3x, (2 fM in die nächste M, 3 fM) 3x (24).
23. Rd: fM.
24. Rd: (2 fM, 2 fM zus) 6x (18).
25. Rd: (2 fM zus) 9x (9).

OHREN (2x arbeiten)

In Fudge arbeiten.
Beginnen Sie mit 6 fM in den Anfangsring (siehe Techniken).
1. Rd: (2 fM in die nächste M) 6x (12).
2. Rd: fM.
3. Rd: 11 fM, 2 fM in die nächste M (13).
4. Rd: 2 fM in die nächste M, 11 fM, 2 fM in die nächste M (15).
5. Rd: (2 fM, 2 fM in die nächste M) 5x (20).
6. Rd: (3 fM, 2 fM in die nächste M) 5x (25).
7. Rd: 2 fM in die nächste M, 23 fM, 2 fM in die nächste M (27).
8.-13. Rd: fM (6 Rd).
14. Rd: 25 fM, 2 fM zus (26).
15. Rd: 24 fM, 2 fM zus (25).
16. Rd: 23 fM, 2 fM zus (24).
17. Rd: 22 fM, 2 fM zus (23).
18. Rd: 21 fM, 2 fM zus (22).
19. Rd: 20 fM, 2 fM zus (21).
20. Rd: 19 fM, 2 fM zus (20).
21. Rd: 18 fM, 2 fM zus (19).
22. Rd: 17 fM, 2 fM zus (18).
23. Rd: 16 fM, 2 fM zus (17).
24. Rd: 15 fM, 2 fM zus (16).
25. Rd: 14 fM, 2 fM zus (15).
26. Rd: (1 fM, 2 fM zus) 5x (10).
27. Rd: fM.

BEINE (4x arbeiten)

In Cream arbeiten.
Beginnen Sie mit 6 fM in den Anfangsring (siehe Techniken).
1. Rd: (2 fM in die nächste M) 6x (12).
2. Rd: (1 fM, 2 fM in die nächste M) 6x (18).
3.-6. Rd: fM (4 Rd).
7. Rd: (1 fM, 2 fM zus) 6x (12).
8.-18. Rd: fM (11 Rd).

SCHWANZ

In Fudge arbeiten.
8 Lm mit 1 Km zum Ring schließen.
1.-10. Rd: fM.
11. Rd: 6 fM, 2 fM zus (7).
12.-15. Rd: fM (4 Rd).
Zu Cream wechseln.
16. Rd: fM.
17. Rd: 5 fM, 2 fM zus (6).
18. Rd: 4 fM, 2 fM zus (5).
19. Rd: 3 fM, 2 fM zus (4).

Holmes,
der Basset

An manchen Tagen fühlt sich Holmes richtig alt. Es fällt ihm immer schwerer daran zu denken, die Zahnpastatube wieder zuzuschrauben, und sich an den schnellsten Weg zum Park zu erinnern. Aber bei Sonnenschein und einer frischen Brise, die den Duft von frisch gemähtem Gras mit sich trägt, spürt man einen Hauch Frühling in diesem eingerosteten alten Kerl.

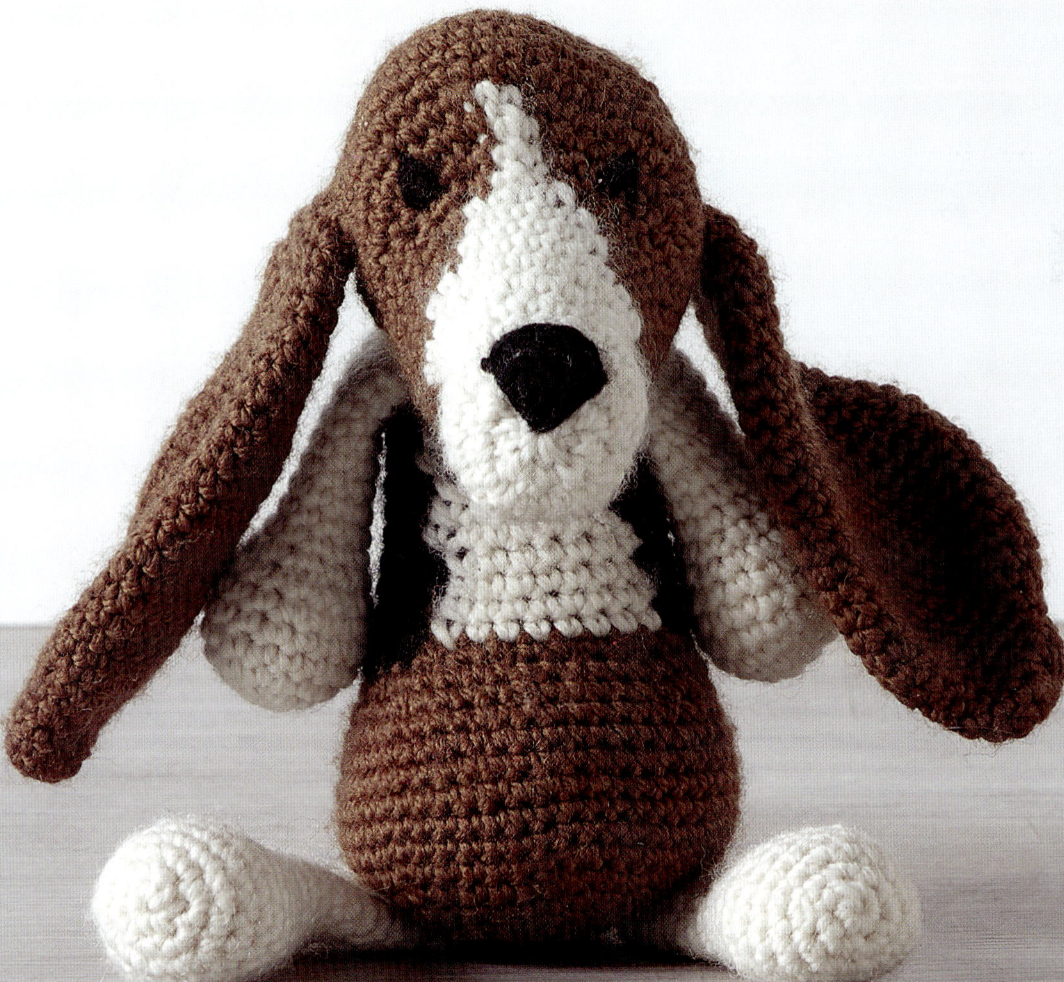

GARNFARBE: Stone und Charcoal
Empfohlene Alternative: Camel

KÖRPER
Nach der Standardanleitung arbeiten (siehe Seite 16).

KOPF
Beginnen Sie mit 6 fM in den Anfangsring (siehe Techniken).
1. Rd: (2 fM in die nächste M) 6x (12).
2. Rd: (1 fM, 2 fM in die nächste M) 6x (18).
3. Rd: (2 fM, 2 fM in die nächste M) 6x (24).
4. Rd: (3 fM, 2 fM in die nächste M) 6x (30).
5. Rd: (4 fM, 2 fM in die nächste M) 6x (36).
6. Rd: (5 fM, 2 fM in die nächste M) 6x (42).
7.-11. Rd: fM (5 Rd).
12. Rd: (5 fM, 2 fM zus) 6x (36).
13. Rd: fM.
14. Rd: (4 fM, 2 fM zus) 6x (30).
15. Rd: (2 fM zus) 6x, 18 fM (24).
Zu Charcoal wechseln.
Nach Anleitung 3 cm große SCHLAUFENMASCHEN arbeiten.
16. Rd: (2 fM, 2 fM zus) 6x (18).
17. Rd: fM mit Schlaufen in den ungeraden M.
18. Rd: fM in Stone, jede 2. M als Schlaufenmaschen arbeiten.
19. Rd: fM in Charcoal, jede 2. M als Schlaufenmaschen arbeiten.
Weiter in Charcoal arbeiten, jedoch ohne Schlaufenmaschen.
20. Rd: (1 fM, 2 fM zus) 6x (12).
21. Rd: (2 fM, 2 fM zus) 3x (9).

OHREN (2x arbeiten)
In Charcoal arbeiten.
Beginnen Sie mit 6 fM in den Anfangsring (siehe Techniken).
1. Rd: (1 fM, 2 fM in die nächste M) 3x (9).
2. Rd: (2 fM, 2 fM in die nächste M) 3x (12).
3.-4. Rd: fM (2 Rd).
5. Rd: (3 fM, 2 fM in die nächste M) 3x (15).
6. Rd: fM.
7. Rd: (4 fM, 2 fM in die nächste M) 3x (18).
8. Rd: fM.
9. Rd: (5 fM, 2 fM in die nächste M) 3x (21).
10.-11. Rd: fM (2 Rd).
12. Rd: (1 fM, 2 fM zus) 7x (14).
13. Rd: (2 fM zus) 7x (7).

BEINE (4x arbeiten)
Nach der Standardanleitung arbeiten (siehe Seite 16).

SCHWANZ
In Stone arbeiten.
8 Lm mit 1 Km zum Ring schließen.
1.-8. Rd: fM (8 Rd).
9. Rd: 2 fM zus, 6 fM (7).
10. Rd: fM.
11. Rd: 2 fM zus, 5 fM (6).
12.-13. Rd: fM (2 Rd).
14. Rd: 2 fM zus, 4 fM (5).
Zu Charcoal wechseln.
15. Rd: fM.
16. Rd: 2 fM zus, 3 fM (4).
17. Rd: fM.
18. Rd: (2 fM zus) 2x (2).

HINWEIS
Schlaufen aufschneiden und in die gewünschte Form schneiden.

Rooney,
der Border Terrier

Rooney ist Sportler mit mehr Energie als Verstand und hat einen Terminplan, bei dem selbst die am besten Organisierten unter uns anfangen würden zu stöhnen. Sieben Tage pro Woche packt er sein Leben mit Trainingseinheiten, Programmen und Plänen voll, um keine einzige wertvolle Minute zu verschwenden. So stellt er sicher, dass bei Reisen, Mahlzeiten und seinem Outfit nichts dem Zufall überlassen bleibt, denn davor hat er am meisten Angst.

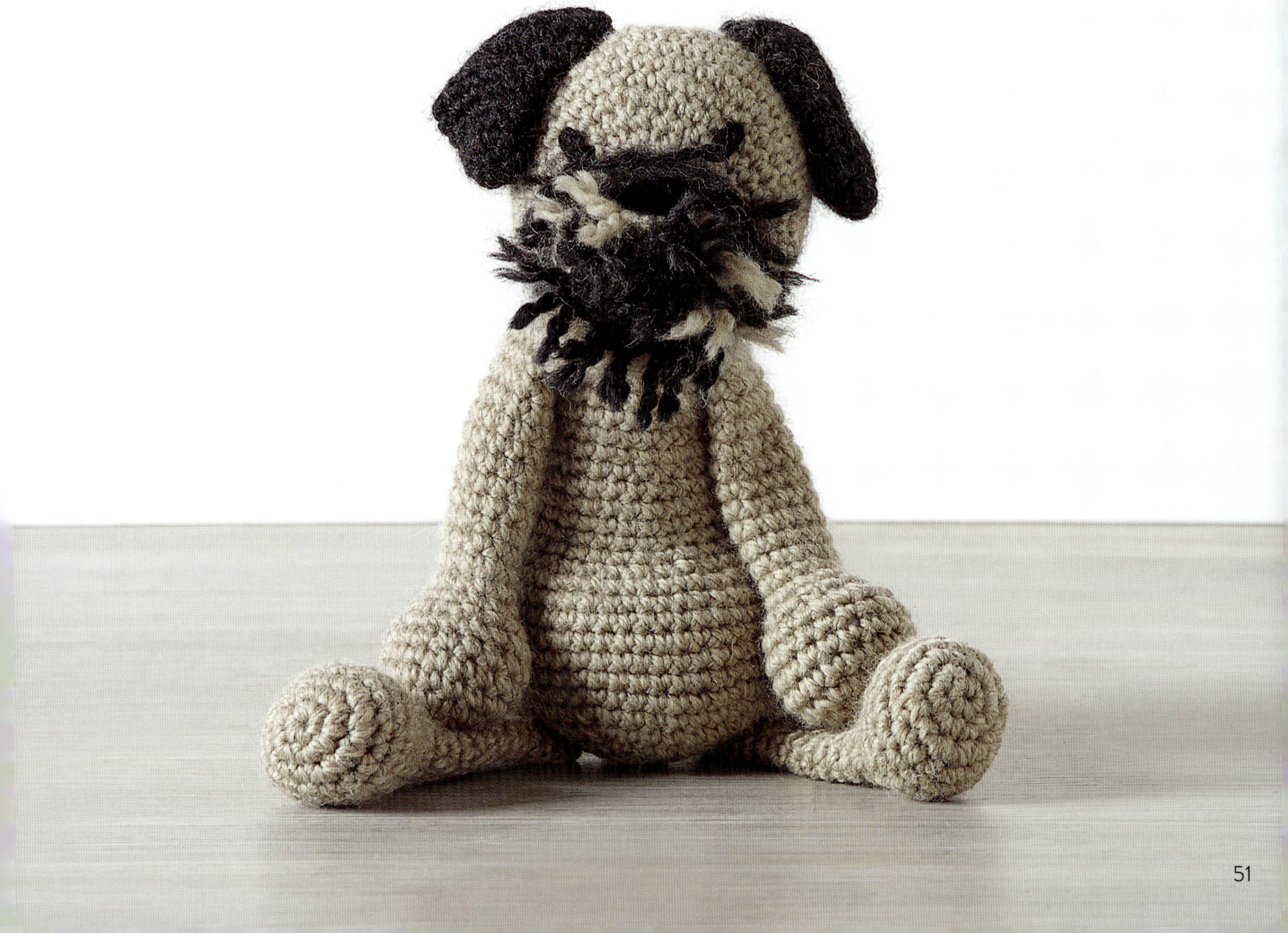

GARNFARBE: Charcoal und Camel
Empfohlene Alternativen: Black und Fudge

KÖRPER
In Charcoal arbeiten.
Beginnen Sie mit 6 fM in den Anfangsring (siehe Techniken).
1. Rd: (2 fM in die nächste M) 6x (12).
2. Rd: (1 fM, 2 fM in die nächste M) 6x (18).
3. Rd: (2 fM, 2 fM in die nächste M) 6x (24).
4. Rd: (3 fM, 2 fM in die nächste M) 6x (30).
5. Rd: (4 fM, 2 fM in die nächste M) 6x (36).
6. Rd: (5 fM, 2 fM in die nächste M) 6x (42).
7. Rd: (6 fM, 2 fM in die nächste M) 6x (48).
8.-12. Rd: fM (5 Rd).
13. Rd: 30 fM (4 fM, 2 fM zus) 3x (45).
14. Rd: fM.
15. Rd: (1 fM, 2 fM zus) 15x (30).
16.-17. Rd: 22 fM in Charcoal, 8 fM in Camel (2 Rd).
18.-19. Rd: 23 fM in Charcoal, 7 fM in Camel (2 Rd).
20. Rd: 24 fM in Charcoal, 6 fM in Camel.
21. Rd: 1 fM in Camel, 2 fM, 2 fM zus, (3 fM, 2 fM zus) 3x, 4 fM in Charcoal, 4 fM, 2 fM zus in Camel (25).
22.-23. Rd: 1 fM in Camel, 20 fM in Charcoal, 4 fM in Camel (2 Rd).
24.-25. Rd: 2 fM in Camel, 20 fM in Charcoal, 3 fM in Camel (2 Rd).
26. Rd: 2 fM in Camel, 21 fM in Charcoal, 2 fM in Camel.
27. Rd: 2 fM in Camel, 2 fM zus, (2 fM, 2 fM zus) 4x, 3 fM in Charcoal, 2 fM in Camel (20).
28. Rd: 2 fM in Camel, 17 fM in Charcoal, 1 fM in Camel.
29. Rd: (2 fM zus) 10x in Charcoal (10).

KOPF
In Charcoal arbeiten.
Beginnen Sie mit 6 fM in den Anfangsring (siehe Techniken).
1. Rd: (2 fM in die nächste M) 6x (12).
2. Rd: (1 fM, 2 fM in die nächste M) 6x (18).
3. Rd: (2 fM, 2 fM in die nächste M) 6x (24).
4. Rd: (3 fM, 2 fM in die nächste M) 6x (30).
5. Rd: (4 fM, 2 fM in die nächste M) 6x (36).
6. Rd: (5 fM, 2 fM in die nächste M) 6x (42).
7.-11. Rd: fM (5 Rd).
12. Rd: 9 fM in Camel, 3 fM in Charcoal, 30 fM in Camel.
13. Rd: 5 fM, 2 fM zus, 2 fM in Camel, 3 fM in Charcoal, 2 fM zus, (5 fM, 2 fM zus) 4x in Camel (36).
14. Rd: 9 fM in Camel, 2 fM in Charcoal, 25 fM in Camel.
15. Rd: 4 fM, 2 fM zus, 3 fM in Camel, 1 fM, 2 fM zus in Charcoal, (4 fM, 2 fM zus) 4x in Camel (30).
16. Rd: 8 fM in Camel, 2 fM in Charcoal, 20 fM in Camel.
17. Rd: 3 fM, 2 fM zus, 3 fM in Camel, 2 fM zus in Charcoal, (3 fM, 2 fM zus) 4x in Camel (24).
Weiter nur in Charcoal arbeiten.
18. Rd: 4 fM, (2 fM in die nächste M) 2x, (2 fM zus) 2x, (2 fM in die nächste M) 2x, (2 fM zus) 2x, (2 fM in die nächste M) 2x, (2 fM zus) 2x, (2 fM in die nächste M) 2x (26).
19. Rd: (2 fM zus) 2x, 22 fM (24).
20.-21. Rd: fM (2 Rd).
22. Rd: (2 fM, 2 fM zus) 6x (18).
23.-24. Rd: fM (2 Rd).
25. Rd: (1 fM, 2 fM zus) 6x (12).

OHREN (2x arbeiten)
In Charcoal arbeiten.
18 Lm mit 1 Km zum Ring schließen.
1.-2. Rd: 12 fM in Charcoal, 6 fM in Camel (2 Rd).
3. Rd: 1 fM, 2 fM zus, 6 fM, 2 fM zus, 1 fM in Charcoal, 6 fM in Camel (16).
4. Rd: 1 fM, 2 fM zus, 4 fM, 2 fM zus, 1 fM in Charcoal, 2 fM, 2 fM zus, 2 fM in Camel (13).
5.-6. Rd: 9 fM in Charcoal, 4 fM in Camel (2 Rd).
7. Rd: 9 fM in Charcoal, 1 fM, 2 fM zus, 1 fM in Camel (12).
8. Rd: 1 fM, 2 fM zus, 3 fM, 2 fM zus, 1 fM in Charcoal, 3 fM in Camel (10).
9. Rd: 7 fM in Charcoal, 2 fM zus, 1 fM in Camel (9).
10. Rd: (1 fM, 2 fM zus) 3x in Charcoal (6).
11. Rd: (2 fM zus) 3x in Charcoal (3).

BEINE (4x arbeiten)
Nach der Standardanleitung in Camel arbeiten (siehe Seite 16).

SCHWANZ
In Charcoal arbeiten.
8 Lm mit 1 Km zum Ring schließen.
1.-4. Rd: 4 fM in Camel, 4 fM in Charcoal (4 Rd).
5.-7. Rd: 4 fM in Camel 3 cm große Schlaufenmaschen (siehe Seite 128) in jede M arbeiten, 4 fM Charcoal ohne Schlaufen (3 Rd)
8. Rd: 6 fM in Camel in jede M Schlaufenmaschen arbeiten, 2 fM Charcoal ohne Schlaufen.
Weiter nur in Camel in jede M Schlaufenmaschen arbeiten.
9. Rd: 2 fM zus, 6 fM (7).
10. Rd: fM.
11. Rd: 2 fM zus, 5 fM (6).
12.-13. Rd: fM (2 Rd).
14. Rd: 2 fM zus, 4 fM (5).
15. Rd: fM.
16. Rd: 2 fM zus, 3 fM (4).
17.-19. Rd: fM (3 Rd).

HINWEIS
Schlaufen aufschneiden und in die gewünschte Form schneiden.

Axel,
der Deutsche Schäferhund

Nach einem erfüllten Leben in Uniform genießt Axel seinen Ruhestand in einer ruhigen Gegend Englands und kümmert sich um die Rosen, für die er früher nie genügend Zeit hatte. Er ist zufrieden, dass er seine Auszeichnungen in einem Karton oben auf der Garderobe verstauen konnte und verbringt seine Zeit damit, den schwer zu fassenden Blätterfresser im Garten zu jagen oder mitternächtliche Fußspuren in seinem Zuständigkeitsbereich zu verfolgen.

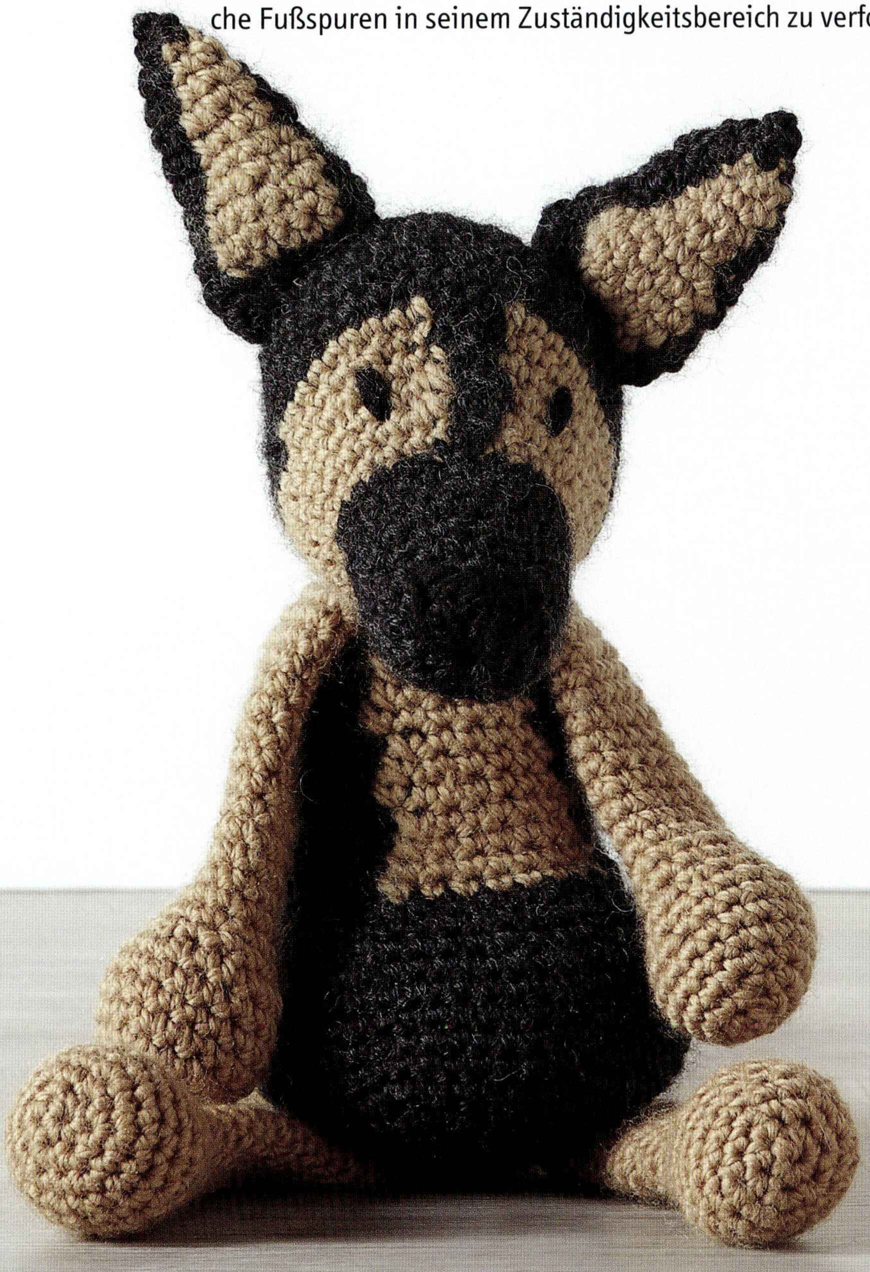

GARNFARBE: Charcoal
Empfohlene Alternativen: Steel oder Black

KÖRPER
Nach der Standardanleitung arbeiten (siehe Seite 16).

KOPF
Beginnen Sie mit 6 fM in den Anfangsring (siehe Techniken).
1. Rd: (2 fM in die nächste M) 6x (12).
2. Rd: (1 fM, 2 fM in die nächste M) 6x (18).
3. Rd: (2 fM, 2 fM in die nächste M) 6x (24).
4. Rd: (3 fM, 2 fM in die nächste M) 6x (30).
5. Rd: (4 fM, 2 fM in die nächste M) 6x (36).
6. Rd: (5 fM, 2 fM in die nächste M) 6x (42).
7.-11. Rd: fM (5 Rd).
12. Rd: (1 fM, 2 fM zus) 7x, 21 fM (35).
Nach Anleitung 3 cm große Schlaufenmaschen (siehe Seite 128) arbeiten.
13. Rd: 5 fM mit Schlaufen, 4 fM, 5 fM mit Schlaufen, 21 fM.
14. Rd: (5 fM, 2 fM zus) 5x (30).
15. Rd: (2 fM zus) 6x, 18 fM (24).
16. Rd: (2 fM, 2 fM zus) 6x (18).
17. Rd: 3 fM mit Schlaufen, 1 fM, 14 fM mit Schlaufen.
18. Rd: 2 fM mit Schlaufen, 3 fM, 13 fM mit Schlaufen.
19.-20. Rd: fM mit Schlaufen (2 Rd).
Weiter ohne Schlaufenmaschen.
21. Rd: (1 fM, 2 fM zus) 6x (12).
22. Rd: (2 fM, 2 fM zus) 3x (9).

OHREN (2x arbeiten)
14 Lm mit 1 Km zum Ring schließen.
1.-5. Rd: fM (5 Rd).
6. Rd: (2 fM zus, 5 fM) 2x (12).
7.-8. Rd: fM (2 Rd).
9. Rd: (2 fM zus) 6x (6).
10. Rd: (2 fM zus) 3x (3).

BEINE (4x arbeiten)
Nach der Standardanleitung arbeiten (siehe Seite 16).

SCHWANZ
8 Lm mit 1 Km zum Ring schließen.
1.-12. Rd: fM (12 Rd).
13. Rd: (2 fM zus) 4x (4).

HINWEIS
Schlaufen aufschneiden und in die gewünschte Form schneiden.

Reginald,
der Scottish Terrier

Reginald mit der rauen Stimme ist schon sein ganzes Leben lang Pfadfinderleiter. Er hat außergewöhnlich hohe Ansprüche und sein Schnurrbart tanzt den Highland Fling, sobald er lacht. Wenn man mit diesem kühnen Entdecker und seinen berühmten Biwaktechniken einen Campingausflug machen möchte, sollte man wissen, wie man seine Schuhe perfekt blank poliert und einen Origami-Hasen in den Kragen seines T-Shirts bügelt.

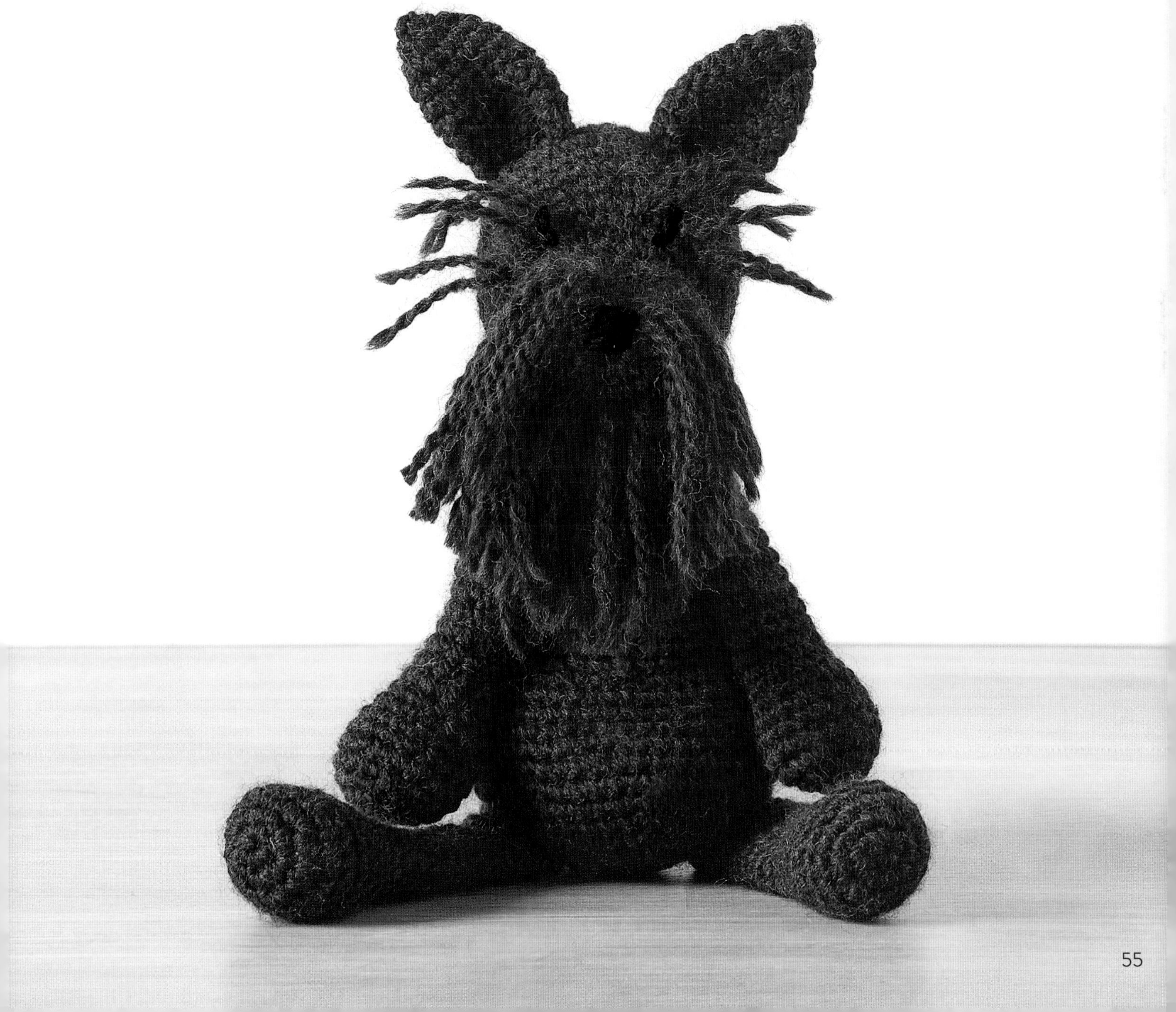

GARNFARBE: Cream
Empfohlene Alternative: Black

KÖRPER
Nach der Standardanleitung arbeiten (siehe Seite 16).

KOPF
Beginnen Sie mit 6 fM in den Anfangsring (siehe Techniken).
1. Rd: (2 fM in die nächste M) 6x (12).
2. Rd: (1 fM, 2 fM in die nächste M) 6x (18).
3. Rd: (2 fM, 2 fM in die nächste M) 6x (24).
4. Rd: (3 fM, 2 fM in die nächste M) 6x (30).
5. Rd: (4 fM, 2 fM in die nächste M) 6x (36).
6. Rd: (5 fM, 2 fM in die nächste M) 6x (42).
Nach Anleitung 6 cm große Schlaufenmaschen (siehe Seite 128) arbeiten.
7. Rd: 21 fM mit Schlaufen in den ungeraden M, 21 fM.
8. Rd: 21 fM mit Schlaufen in den geraden M, 21 fM.
9. Rd: 21 fM mit Schlaufen in den ungeraden M, 21 fM.
10.-11. Rd: 9 fM, 3 fM mit Schlaufen, 30 fM (2 Rd).
12. Rd: (1 fM, 2 fM zus) 3x, 1 fM mit Schlaufe, 2 fM zus mit Schlaufe, (1 fM, 2 fM zus) 3x, 21 fM (35).
13. Rd: 6 fM, 2 fM mit Schlaufen, 27 fM.
14. Rd: 5 fM, 2 fM zus mit Schlaufen, 1 fM mit Schlaufe, 4 fM, 2 fM zus, (5 fM, 2 fM zus) 3x (30).
15. Rd: (2 fM zus) 3x, 2 fM zus mit Schlaufen, (2 fM zus) 2x, 18 fM (24).
16. Rd: (2 fM, 2 fM zus) 6x mit Schlaufen bei allen Abnahmen (18).
17. Rd: fM mit Schlaufen in den ungeraden M.
18. Rd: fM mit Schlaufen in den geraden M.
19. Rd: fM mit Schlaufen in den ungeraden M.
Weiter ohne Schlaufenmaschen.
20. Rd: fM.
21. Rd: (1 fM, 2 fM zus) 6x (12).
22. Rd: (2 fM, 2 fM zus) 3x (9).

OHREN (2x arbeiten)
18 Lm mit 1 Km zum Ring schließen.
1.-3. Rd: fM (3 Rd).
4. Rd: (4 fM, 2 fM zus) 3x (15).
5.-7. Rd: fM (3 Rd).
8. Rd: (1 fM, 2 fM zus) 5x (10).
9. Rd: fM.
10. Rd: (2 fM zus) 5x (5).

BEINE (4x arbeiten)
Nach der Standardanleitung arbeiten (siehe Seite 16).

SCHWANZ
8 Lm mit 1 Km zum Ring schließen.
1.-6. Rd: fM (6 Rd).
7. Rd: 2 fM zus, 6 fM (7).
8.-9. Rd: fM (2 Rd).
10. Rd: 2 fM zus, 5 fM (6).
11.-13. Rd: fM (3 Rd).
14. Rd: (2 fM zus) 3x (3).

HINWEIS
Schlaufen aufschneiden und in die gewünschte Form schneiden.

Geoff,
der West Highland Terrier

Geoff ist ein außergewöhnliches Mathegenie. Sobald er der Lösung einer Aufgabe näherkommt, beginnt er sich gedankenverloren die Augenbrauen zu reiben. Sein Gehirn arbeitet so schnell, dass er beim Erkennen von Mustern und beim Herstellen von Verknüpfungen schneller ist als jeder Taschenrechner. Jede Art von Rätseln, mathematischen Gleichungen und Sudokus sind genau richtig für ihn und manche sagen sogar, er denke in Schottenkaros!

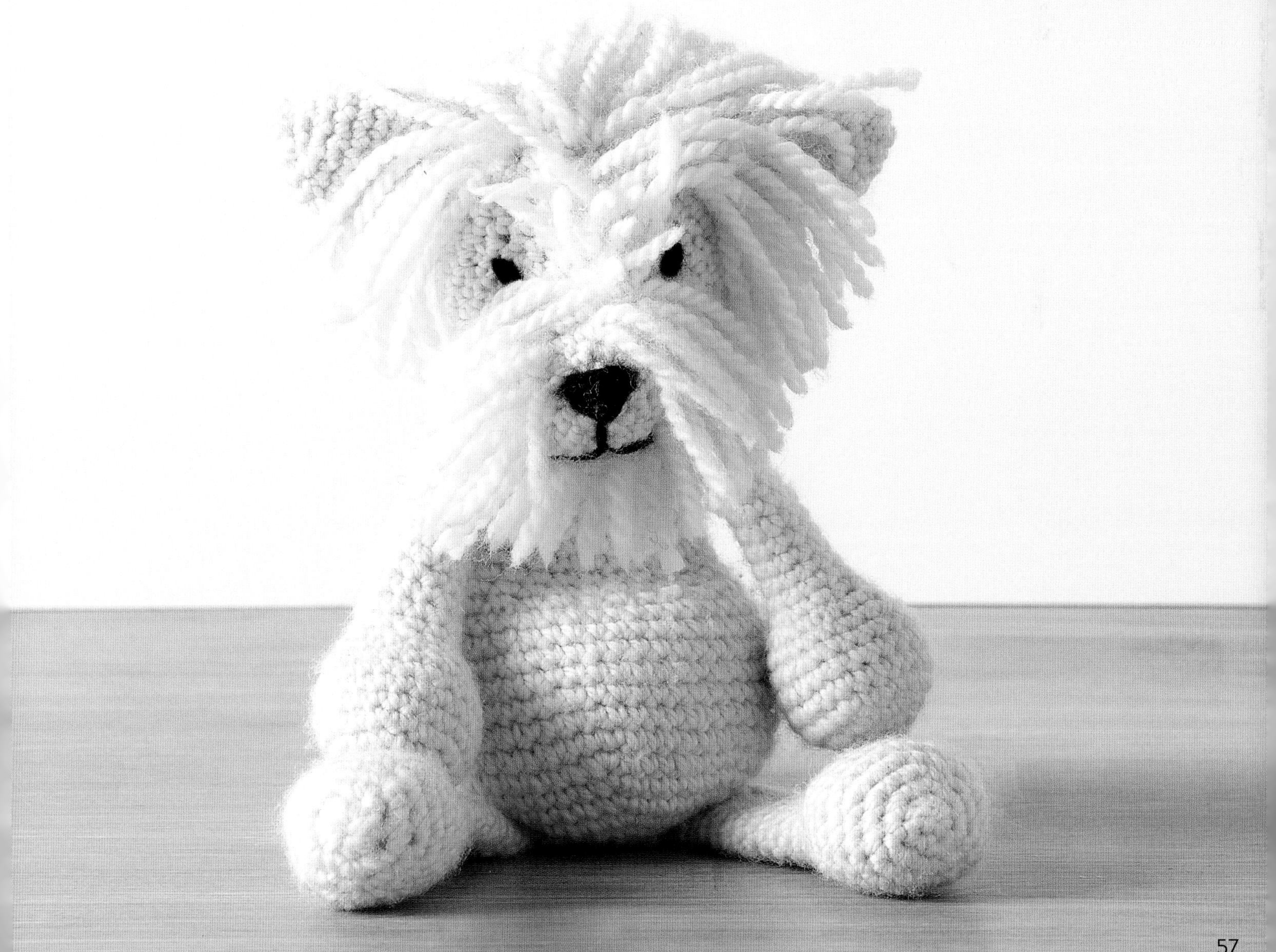

GARNFARBE: Oatmeal
Empfohlene Alternativen: Cream und Camel

KÖRPER
Beginnen Sie mit 6 fM in den Anfangsring (siehe Techniken).
1. Rd: (2 fM in die nächste M) 6x (12).
2. Rd: (1 fM, 2 fM in die nächste M) 6x (18).
3. Rd: (2 fM, 2 fM in die nächste M) 6x (24).
4. Rd: (3 fM, 2 fM in die nächste M) 6x (30).
5. Rd: (4 fM, 2 fM in die nächste M) 6x (36).
6. Rd: (5 fM, 2 fM in die nächste M) 6x (42).
7. Rd: (6 fM, 2 fM in die nächste M) 6x (48).
8.-12. Rd: fM (5 Rd).
13. Rd: 30 fM (4 fM, 2 fM zus) 3x (45).
14. Rd: fM.
15. Rd: (1 fM, 2 fM zus) 15x (30).
Nach Anleitung 2 cm große Schlaufenmaschen (siehe Seite 128) arbeiten.
16.-17. Rd: 22 fM, 8 fM mit Schlaufen (2 Rd).
18.-19. Rd: 23 fM, 7 fM mit Schlaufen (2 Rd).
20. Rd: 24 fM, 6 fM mit Schlaufen.
21. Rd: 1 fM mit Schlaufe, 2 fM, 2 fM zus, (3 fM, 2 fM zus) 3x, 4 fM, 4 fM mit Schlaufen, 2 fM zus mit Schlaufe (25).
22.-23. Rd: 1 fM mit Schlaufe, 20 fM, 4 fM mit Schlaufen (2 Rd).
24.-25. Rd: 2 fM mit Schlaufen, 20 fM, 3 fM mit Schlaufen (2 Rd).
26. Rd: 2 fM mit Schlaufen, 21 fM, 2 fM mit Schlaufen.
27. Rd: 2 fM mit Schlaufen, 2 fM zus, (2 fM, 2 fM zus) 4x, 3 fM, 2 fM mit Schlaufen (20).
28. Rd: fM.
29. Rd: (2 fM zus) 10x (10).

KOPF
Den Anfang und die 1.-6. Rd wie beim Körper arbeiten.
7.-11. Rd: fM (5 Rd).
12. Rd: (5 fM, 2 fM zus) 3x, 21 fM (39).
13. Rd: (4 fM, 2 fM zus) 3x, 21 fM (36).
14. Rd: (4 fM, 2 fM zus) 6x (30).
15. Rd: fM.
16. Rd: (1 fM, 2 fM zus) 6x, 12 fM (24).
17. Rd: 2 fM, (2 fM in die nächste M) 2x, (2 fM zus) 2x, (2 fM in die nächste M) 2x, (2 fM zus) 2x, (2 fM in die nächste M) 2x, (2 fM zus) 2x, (2 fM in die nächste M) 2x, 2 fM zus (25).
18. Rd: 2 fM zus, 23 fM (24).
19.-22. Rd: fM (4 Rd).
23. Rd: 1 fM, 2 fM zus, 2 fM in die nächste M, (2 fM zus) 2x, 2 fM in die nächste M, (2 fM zus) 3x, 2 fM in die nächste M, (2 fM zus) 2x, 2 fM in die nächste M, 2 fM zus, 2 fM zus über die gesamte Rd (18).
24. Rd: fM.
25. Rd: 10 fM, (2 fM zus) 4x (14).
26. Rd: 2 fM zus, 6 fM, (2 fM zus) 3x (10).

OHREN (2x arbeiten)
Beginnen Sie mit 6 fM in den Anfangsring (siehe Techniken).
1. Rd: (1 fM, 2 fM in die nächste M) 3x (9).
2. Rd: (2 fM, 2 fM in die nächste M) 3x (12).
3.-4. Rd: fM (2 Rd).
5. Rd: (3 fM, 2 fM in die nächste M) 3x (15).
6. Rd: fM.
7. Rd: (4 fM, 2 fM in die nächste M) 3x (18).
8. Rd: fM.
9. Rd: (5 fM, 2 fM in die nächste M) 3x (21).
10.-11. Rd: fM (2 Rd).
12. Rd: (6 fM, 2 fM in die nächste M) 3x (24).
13.-16. Rd: fM (4 Rd).
17. Rd: (2 fM zus) 12x (12).
18. Rd: (2 fM zus) 6x (6).

BEINE (4x arbeiten)
Nach Anleitung 2 cm große Schlaufenmaschen arbeiten.
Beginnen Sie mit 6 fM in den Anfangsring (siehe Techniken).
1. Rd: (2 fM in die nächste M) 6x (12).
2. Rd: (1 fM, 2 fM in die nächste M) 6x (18).
3.-6. Rd: fM (4 Rd).
7. Rd: (1 fM, 2 fM zus) 6x (12).
8. Rd: 4 fM mit Schlaufen, 8 fM.
9. Rd: fM (und alle folgenden ungeraden Rd) fM.
10.-11. Rd: 1 fM, 4 fM mit Schlaufen, 7 fM (2 Rd).
12.-13. Rd: 2 fM, 4 fM mit Schlaufen, 6 fM (2 Rd).
14.-15. Rd: 2 fM, 4 fM mit Schlaufen, 6 fM (2 Rd).
16.-17. Rd: 3 fM, 4 fM mit Schlaufen, 5 fM (2 Rd).
18. Rd: 3 fM, 4 fM mit Schlaufen, 5 fM.
19.-22. Rd: fM.

SCHWANZ
8 Lm mit 1 Km zum Ring schließen.
2 cm große Schlaufenmaschen in jede 2. M arbeiten.
1.-8. Rd: fM (8 Rd).
9. Rd: 2 fM zus, 6 fM (7).
10. Rd: fM.
11. Rd: 2 fM zus, 5 fM (6).
12.-13. Rd: fM (2 Rd).
14. Rd: 2 fM zus, 4 fM (5).
15. Rd: fM.
16. Rd: 2 fM zus, 3 fM (4).
17. Rd: fM.
18. Rd: (2 fM zus) 2x (2).

HINWEIS
Schlaufen aufschneiden und in die gewünschte Form schneiden.

Don,
der Golden Retriever

Don ist Ingenieur, doch eigentlich sehnt er sich nach der Chance, seine Ohren zu einem Helm zu falten und seinen Traum vom Leben als Entdecker zu verwirklichen. Nach einigen Dutzend Meditationsrunden hat er endlich seine Klaustrophobie überwunden und arbeitet jetzt an seiner tiefen Abneigung gegen gefriergetrockenetes Essen. Dann wird er sich beim Raumfahrtprogramm anmelden, um nach den Sternen zu greifen.

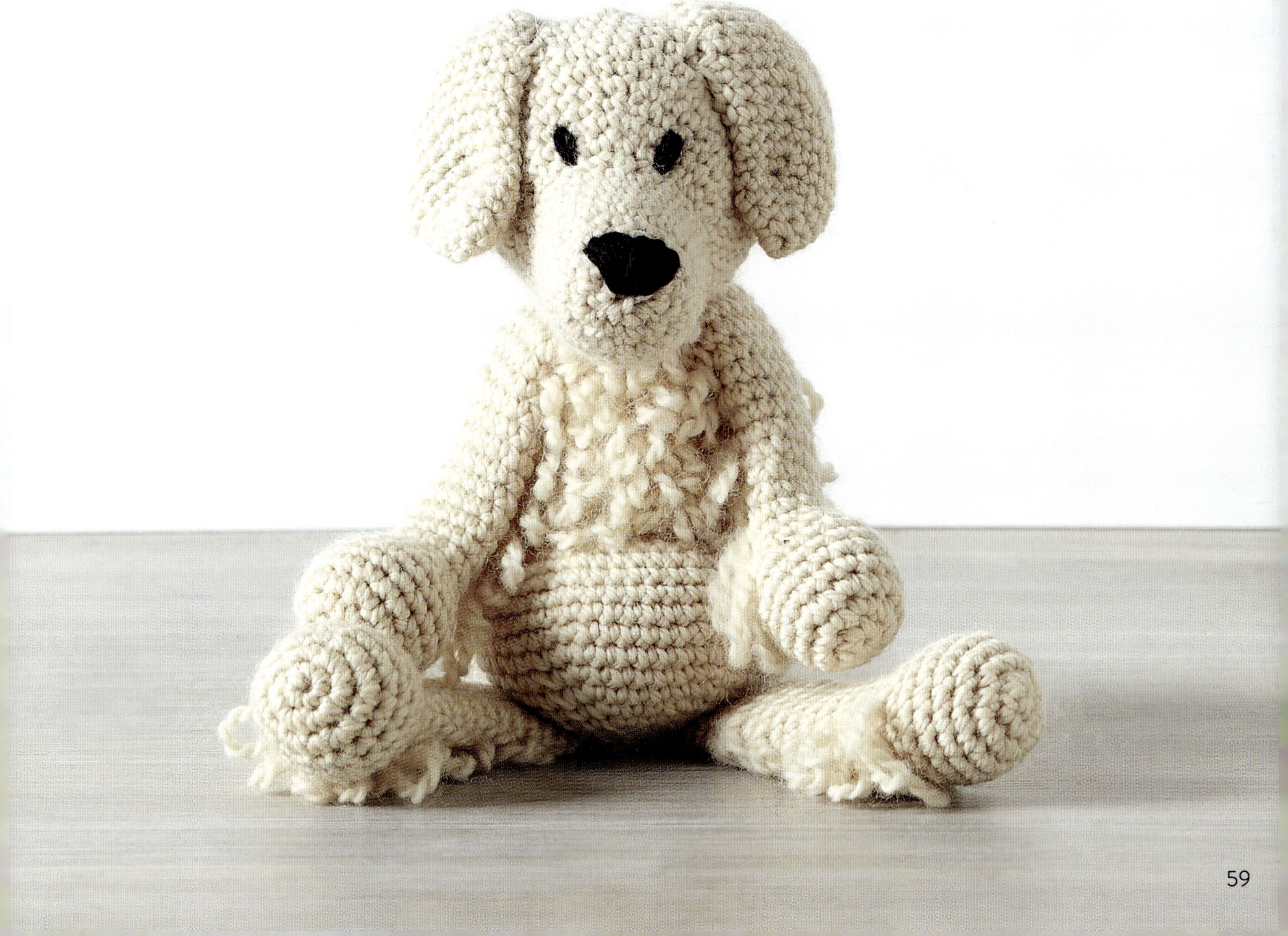

GARNFARBE: Chestnut
Empfohlene Alternativen: Fudge

KÖRPER

Beginnen Sie mit 6 fM in den Anfangsring (siehe Techniken).
1. Rd: (2 fM in die nächste M) 6x (12).
2. Rd: (1 fM, 2 fM in die nächste M) 6x (18).
3. Rd: (2 fM, 2 fM in die nächste M) 6x (24).
4. Rd: (3 fM, 2 fM in die nächste M) 6x (30).
5. Rd: (4 fM, 2 fM in die nächste M) 6x (36).
6. Rd: (5 fM, 2 fM in die nächste M) 6x (42).
7. Rd: (6 fM, 2 fM in die nächste M) 6x (48).
8.-12. Rd: fM (5 Rd).
13. Rd: 30 fM (4 fM, 2 fM zus) 3x (45).
14. Rd: fM.
15. Rd: (1 fM, 2 fM zus) 15x (30).
Nach Anleitung 3 cm große Schlaufenmaschen (siehe Seite 128) arbeiten.
16.-17. Rd: 22 fM, 8 fM mit Schlaufen (2 Rd).
18.-19. Rd: 23 fM, 7 fM mit Schlaufen (2 Rd).
20. Rd: 24 fM, 6 fM mit Schlaufen.
21. Rd: 1 fM mit Schlaufe, 2 fM, 2 fM zus, (3 fM, 2 fM zus) 3x, 4 fM, 4 fM mit Schlaufen, 2 fM zus mit Schlaufen (25).
22.-23. Rd: 1 fM mit Schlaufe, 20 fM, 4 fM mit Schlaufe (2 Rd).
24.-25. Rd: 2 fM mit Schlaufen, 20 fM, 3 fM mit Schlaufen (2 Rd).
26. Rd: 2 fM mit Schlaufen, 21 fM, 2 fM mit Schlaufen.
27. Rd: 2 fM mit Schlaufen, 2 fM zus, (2 fM, 2 fM zus) 4x, 3 fM, 2 fM mit Schlaufen (20).
28. Rd: fM.
29. Rd: (2 fM zus) 10x (10).

KOPF

Den Anfang und die 1.-6. Rd wie beim Körper arbeiten.
7.-11. Rd: fM (5 Rd).
12. Rd: (5 fM, 2 fM zus) 3x, 21 fM (39).
13. Rd: (4 fM, 2 fM zus) 3x, 21 fM (36).
14. Rd: (2 fM zus) 8x, 20 fM (28).
15. Rd: (5 fM, 2 fM zus) 4x (24).
16.-17. Rd: fM (2 Rd).
18. Rd: (4 fM, 2 fM zus) 4x (20).
19.-20 Rd: fM (2 Rd).
21. Rd: 12 fM, (2 fM zus) 4x (16).
22. Rd: (2 fM zus) 2x, 6 fM, (2 fM zus) 3x (11).

OHREN (2x arbeiten)

3 cm große Schlaufenmaschen in jede 3. M in ungeraden Rd und in jede 4. M in geraden Rd arbeiten.
Beginnen Sie mit 6 fM in den Anfangsring (siehe Techniken).
1. Rd: (2 fM in die nächste M) 6x (12).
2. Rd: (1 fM, 2 fM in die nächste M) 6x (18).
3. Rd: (2 fM, 2 fM in die nächste M) 6x (24).
4.-5. Rd: fM (2 Rd).
6. Rd: (2 fM zus, 10 fM) 2x (22).
7. Rd: fM.
8. Rd: (2 fM zus, 9 fM) 2x (20).
9. Rd: (2 fM zus, 8 fM) 2x (18).
10.-14. Rd: fM (5 Rd).
15. Rd: (1 fM, 2 fM zus) 6x (12).

BEINE (4x arbeiten)

Beginnen Sie mit 6 fM in den Anfangsring (siehe Techniken).
1. Rd: (2 fM in die nächste M) 6x (12).
2. Rd: (1 fM, 2 fM in die nächste M) 6x (18).
3.-6. Rd: fM (4 Rd).
7. Rd: (1 fM, 2 fM zus) 6x (12).
Nach Anleitung 3 cm große Schlaufenmaschen arbeiten.
8. Rd: 4 fM mit Schlaufen, 8 fM.
9. Rd: fM.
10. Rd: 1 fM, 4 fM mit Schlaufen, 7 fM.
11. Rd: fM.
12. Rd: 2 fM, 4 fM mit Schlaufen, 6 fM.
13. Rd: fM.
14. Rd: 2 fM, 4 fM mit Schlaufen, 6 fM.
15. Rd: fM.
16. Rd: 3 fM, 4 fM mit Schlaufen, 5 fM.
17. Rd: fM.
18. Rd: 3 fM, 4 fM mit Schlaufen, 5 fM.
19.-22. Rd: fM (4 Rd).

SCHWANZ

Nach Anleitung 3 cm große Schlaufenmaschen arbeiten.
8 Lm mit 1 Km zum Ring schließen.
1. Rd: 1 fM, 1 fM mit Schlaufe, 1 fM, 1 fM mit Schlaufe, 4 fM.
2. Rd: 1 fM mit Schlaufe, 1 fM, 1 fM mit Schlaufe, 5 fM.
3.-4. Rd: 2 fM, 1 fM mit Schlaufe, 1 fM, 1 fM mit Schlaufe, 3 fM (2 Rd).
5.-7. Rd: 3 fM, 1 fM mit Schlaufe, 1 fM, 1 fM mit Schlaufe, 2 fM (3 Rd).
8. Rd: 4 fM, 1 fM mit Schlaufe, 1 fM, 1 fM mit Schlaufe, 1 fM.
Weiter ohne Schlaufenmaschen.
9. Rd: 2 fM zus, 6 fM (7).
10. Rd: fM.
11. Rd: 2 fM zus, 5 fM (6).
12.-13. Rd: fM (2 Rd).
14. Rd: 2 fM zus, 4 fM (5).
15. Rd: fM.
16. Rd: 2 fM zus, 3 fM (4).
17. Rd: fM.
18. Rd: (2 fM zus) 2x (2).

HINWEIS

Schlaufen aufschneiden und in die gewünschte Form schneiden.

Annie,
der Irish Setter

Annie ist eine brillante hochqualifizierte junge Lehrerin, die in den Köpfen der folgenden Generationen die Begeisterung für das Leben wecken möchte. Bewaffnet mit einem Füllfederhalter, einem Stapel neonfarbener Haftnotizen und einer Handvoll Fingerpuppen ist sie genau die Lehrerin, die in jeder einzelnen Minute einer Unterrichtsstunde eine neue Entdeckung machen und die gesamte Schulklasse für Chemie begeistern kann.

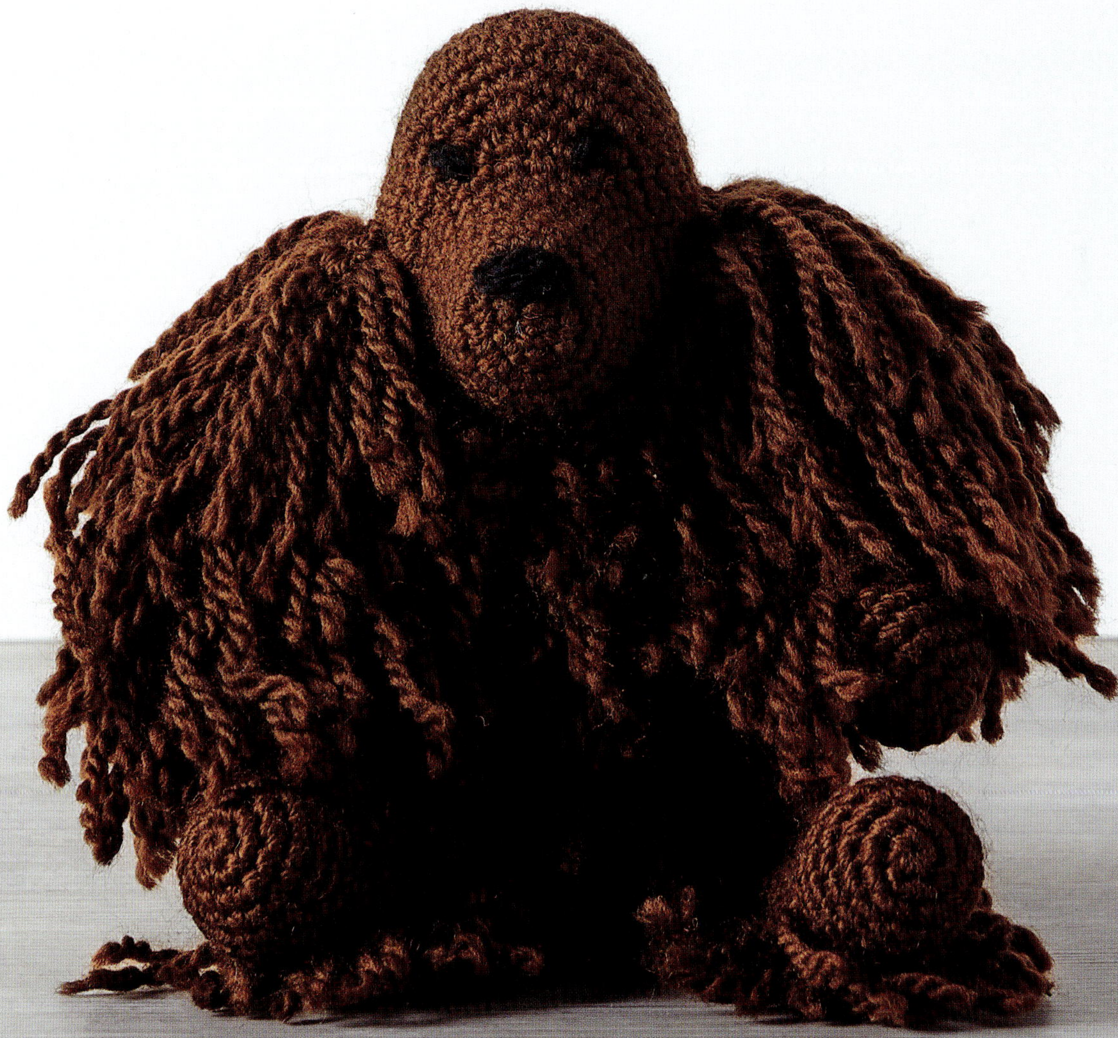

GARNFARBE: Black und Cream
Empfohlene Alternativen: Fudge und Cream, Cream und Cocoa

KÖRPER
In Black arbeiten.
Beginnen Sie mit 6 fM in den Anfangsring (siehe Techniken).
1. Rd: (2 fM in die nächste M) 6x (12).
2. Rd: (1 fM, 2 fM in die nächste M) 6x (18).
3. Rd: (2 fM, 2 fM in die nächste M) 6x (24).
4. Rd: (3 fM, 2 fM in die nächste M) 6x (30).
5. Rd: (4 fM, 2 fM in die nächste M) 6x (36).
6. Rd: (5 fM, 2 fM in die nächste M) 6x (42).
7. Rd: (6 fM, 2 fM in die nächste M) 6x (48).
8.-12. Rd: fM (5 Rd).
13. Rd: 30 fM (4 fM, 2 fM zus) 3x (45).
14. Rd: fM.
15. Rd: (1 fM, 2 fM zus) 15x (30).
16.-17. Rd: fM (2 Rd).
18. Rd: 25 fM in Black, 3 fM in Cream, 2 fM in Black.
19. Rd: 25 fM in Black, 4 fM in Cream, 1 fM in Black.
20. Rd: 25 fM in Black, 5 fM in Cream.
21. Rd: (3 fM, 2 fM zus) 4x, 3 fM in Black, 2 fM zus, 3 fM, 2 fM zus in Cream (24).
22. Rd: 2 fM in Cream, 18 fM in Black, 4 fM in Cream.
23. Rd: 1 fM in Cream, 20 fM in Black, 3 fM in Cream.
24. Rd: 1 fM in Cream, 21 fM in Black, 2 fM in Cream.
25. Rd: 1 fM in Cream, 22 fM in Black, 1 fM in Cream.
26. Rd: 1 fM in Cream, 23 fM in Black.
Weiter nur in Black arbeiten.
27. Rd: (2 fM, 2 fM zus) 6x (18).
28. Rd: fM.
29. Rd: (2 fM zus) 9x (9).

KOPF
In Black arbeiten.
Beginnen Sie mit 6 fM in den Anfangsring (siehe Techniken).
1. Rd: (2 fM in die nächste M) 6x (12).
2. Rd: (1 fM, 2 fM in die nächste M) 6x (18).
3. Rd: (2 fM, 2 fM in die nächste M) 6x (24).
4. Rd: (3 fM, 2 fM in die nächste M) 6x (30).
5. Rd: (4 fM, 2 fM in die nächste M) 6x (36).
6. Rd: (5 fM, 2 fM in die nächste M) 6x (42).
7.-11. Rd: fM (5 Rd).
12. Rd: (5 fM, 2 fM zus) 6x (36).
13. Rd: (1 fM, 2 fM zus) 6x, 18 fM (30).
14. Rd: fM.
15. Rd: (3 fM, 2 fM zus) 6x (24).
16.-20. Rd: fM (5 Rd).
21. Rd: (2 fM zus) 12x (12).
22. Rd: (2 fM, 2 fM zus) 3x (9).

OHREN (2x arbeiten)
In Black arbeiten.
Beginnen Sie mit 6 fM in den Anfangsring (siehe Techniken).
1. Rd: (1 fM, 2 fM in die nächste M) 3x (9).
2. Rd: (2 fM, 2 fM in die nächste M) 3x (12).
3.-4. Rd: fM (2 Rd).
5. Rd: (3 fM, 2 fM in die nächste M) 3x (15).
6. Rd: fM.
7. Rd: (4 fM, 2 fM in die nächste M) 3x (18).
8. Rd: fM.
9. Rd: (5 fM, 2 fM in die nächste M) 3x (21).
10.-11. Rd: fM (2 Rd).
12. Rd: (6 fM, 2 fM in die nächste M) 3x (24).
13.-16. Rd: fM (4 Rd).
17. Rd: (2 fM zus) 12x (12).
18. Rd: (2 fM zus) 6x (6).

BEINE (4x arbeiten)
Nach der Standardanleitung arbeiten (siehe Seite 16), die 1.-3. Rd in Cream arbeiten, dann weiter in Black.

SCHWANZ
In Black arbeiten.
8 Lm mit 1 Km zum Ring schließen.
1.-8. Rd: fM (8 Rd).
9. Rd: 2 fM zus, 6 fM (7).
10. Rd: fM.
11. Rd: 2 fM zus, 5 fM (6).
12.-13. Rd: fM (2 Rd).
14. Rd: 2 fM zus, 4 fM (5).
15. Rd: fM.
16. Rd: 2 fM zus, 3 fM (4).
17. Rd: fM.
18. Rd: (2 fM zus) 2x (2).

Hollie,
der Staffordshire Bullterrier

Hollie ist als Ehefrau und Mutter für ihr großes Herz bekannt. Dank ihres ausgedehnten Soziallebens verbringt sie jeden Freitagabend garantiert ausgesprochen fröhlich. Sie ist Expertin darin, immer für alle da zu sein, und scheint mühelos zwischen Chefin, Mama, Geliebter, Schwester und bester Freundin umschalten zu können.

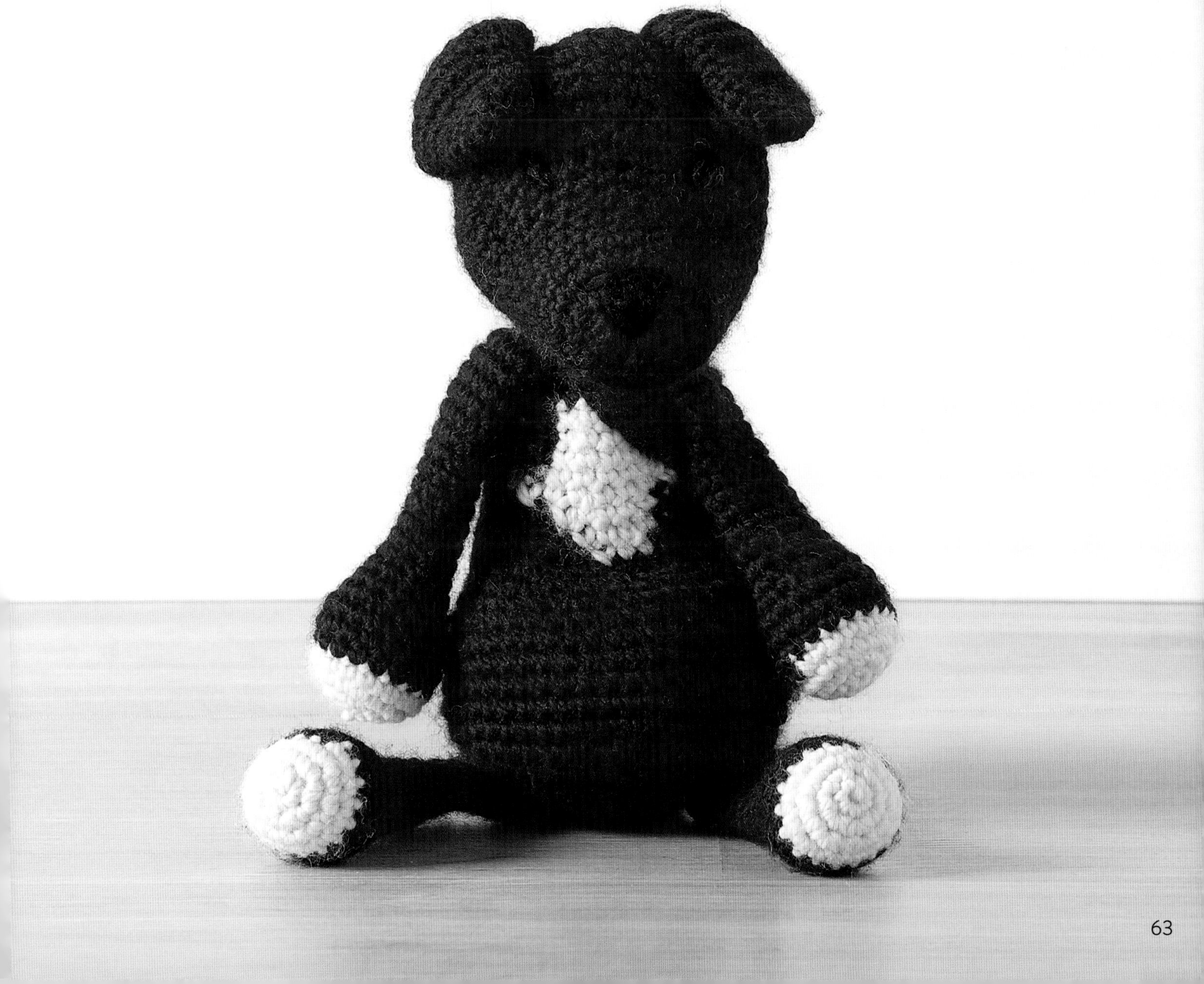

GARNFARBE: Black und Fudge
Empfohlene Alternativen: Fudge und Cream, Cream und Cocoa

KÖRPER
Nach der Standardanleitung in Black arbeiten (siehe Seite 16).

KOPF
In Black arbeiten.
Beginnen Sie mit 6 fM in den Anfangsring (siehe Techniken).
1. Rd: (2 fM in die nächste M) 6x (12).
2. Rd: (1 fM, 2 fM in die nächste M) 6x (18).
3. Rd: (2 fM, 2 fM in die nächste M) 6x (24).
4. Rd: (3 fM, 2 fM in die nächste M) 6x (30).
5. Rd: (4 fM, 2 fM in die nächste M) 6x (36).
6. Rd: (5 fM, 2 fM in die nächste M) 6x (42).
7.-10. Rd: 21 fM in Black, 21 fM in Fudge (4 Rd).
11. Rd: 1 fM in Fudge, 21 fM in Black, 20 fM in Fudge.
12. Rd: 1 fM in Fudge, 2 fM zus, (1 fM, 2 fM zus) 6x in Black, 21 fM in Fudge (35).
13. Rd: 2 fM in Fudge, 3 fM, 2 fM zus, 5 fM, 2 fM zus, 1 fM in Black, 1 fM, 3 fM, 2 fM zus, (5 fM, 2 fM zus) 2x in Fudge (30).
Weiter nur in Fudge arbeiten.
14. Rd: fM.
15. Rd: (2 fM zus) 9x, 12 fM (21).
16.-19. Rd: fM (4 Rd).
20. Rd: (5 fM, 2 fM zus) 3x (18).
21. Rd: (1 fM, 2 fM zus) 6x (12).

OHREN (2x arbeiten)
In Black arbeiten.
Beginnen Sie mit 6 fM in den Anfangsring.
1. Rd: (1 fM, 2 fM in die nächste M) 3x (9).
2. Rd: fM.
3. Rd: (2 fM, 2 fM in die nächste M) 3x (12).
4.-5. Rd: fM (2 Rd).
6. Rd: (3 fM, 2 fM in die nächste M) 3x (15).
7. Rd: fM.
8. Rd: (4 fM, 2 fM in die nächste M) 3x (18).
9. Rd: fM.
10. Rd: (5 fM, 2 fM in die nächste M) 3x (21).
11.-12. Rd: fM (2 Rd).
13. Rd: (6 fM, 2 fM in die nächste M) 3x (24).
14.-17. Rd: fM (4 Rd).
18. Rd: 6 fM, (2 fM zus) 6x, 6 fM (18).
19.-20. Rd: fM (2 Rd).
21. Rd: (1 fM, 2 fM zus) 6x (12).
22. Rd: fM.

BEINE (4x arbeiten)
In Fudge arbeiten.
Beginnen Sie mit 6 fM in den Anfangsring (siehe Techniken).
1. Rd: (2 fM in die nächste M) 6x (12).
2. Rd: (1 fM, 2 fM in die nächste M) 6x (18).
3.-6. Rd: fM (4 Rd).
7. Rd: (1 fM, 2 fM zus) 6x (12).
8.-12. Rd: fM (5 Rd).
Zu Black wechseln.
13.-18. Rd: fM (6 Rd).
19. Rd: (2 fM, 2 fM zus) 3x (9).

SCHWANZ
In Black arbeiten.
8 Lm mit 1 Km zum Ring schließen.
1.-6. Rd: fM (6 Rd).
7. Rd: 2 fM zus, 6 fM (7).
8.-9. Rd: fM (2 Rd).
10. Rd: 2 fM zus, 5 fM (6).
Zu Fudge wechseln.
11.-13. Rd: fM (3 Rd).
14. Rd: (2 fM zus) 3x (3).

Rosie,
der Dackel

Rosie denkt ausgesprochen kreativ und arbeitet ihre To-Do-Listen schneller ab als jeder andere Hund, auch wenn dieser zehnmal größer ist als sie. Ihr Gehirn scheint visuelle Zauberkräfte zu haben, denn sie kann jede Idee Wirklichkeit werden lassen kann, bevor jemand anders sie zu Ende gedacht hat, und schon präsentiert sie die verblüffendsten Ergebnisse. Sie ist eine freundliche und mutige Frau, die jeder gerne an seiner Seite hat – ob im Kampf oder bei einem Gin-Tonic.

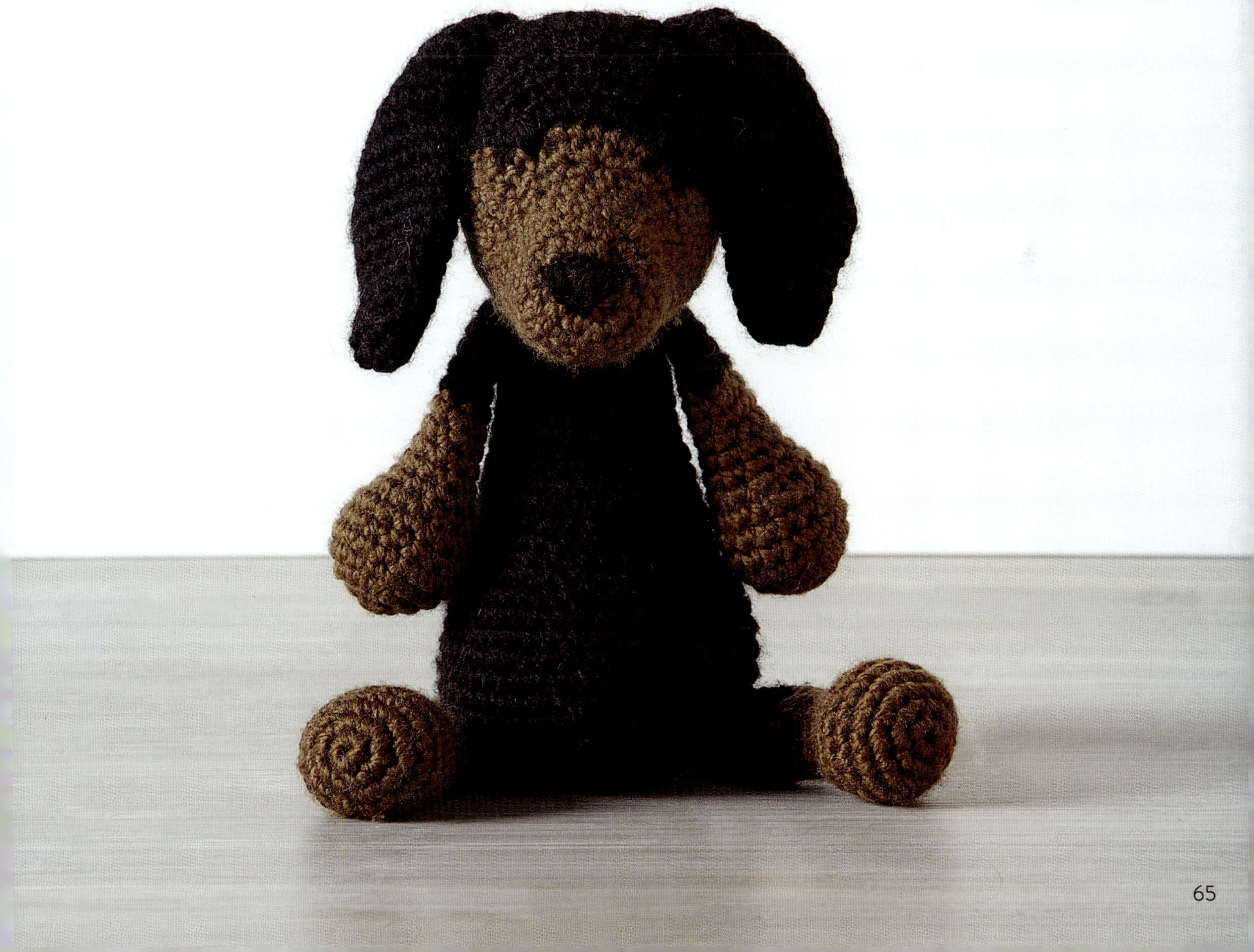

GARNFARBE: Fudge und Cream
Empfohlene Alternativen: Cocoa und Cream, Charcoal und Cream

KÖRPER
In Fudge arbeiten.
Beginnen Sie mit 6 fM in den Anfangsring (siehe Techniken).
1. Rd: (2 fM in die nächste M) 6x (12).
2. Rd: (1 fM, 2 fM in die nächste M) 6x (18).
3. Rd: (2 fM, 2 fM in die nächste M) 6x (24).
4. Rd: (3 fM, 2 fM in die nächste M) 6x (30).
5. Rd: (4 fM, 2 fM in die nächste M) 6x (36).
6. Rd: (5 fM, 2 fM in die nächste M) 6x (42).
7. Rd: (6 fM, 2 fM in die nächste M) 6x (48).
8.-12. Rd: fM (5 Rd).
13. Rd: 30 fM (4 fM, 2 fM zus) 3x (45).
14. Rd: fM.
15. Rd: (1 fM, 2 fM zus) 15x (30).
3 cm große Schlaufenmaschen (siehe Seite 128) in jede 2. M arbeiten, wenn Sie in Cream häkeln.
16.-17. Rd: 22 fM in Fudge, 8 fM in Cream (2 Rd).
18.-19. Rd: 23 fM in Fudge, 7 fM in Cream (2 Rd).
20. Rd: 24 fM in Fudge, 6 fM in Cream.
21. Rd: 1 fM in Cream, 2 fM, 2 fM zus (3 fM, 2 fM zus) 3x, 4 fM in Fudge, 4 fM, 2 fM zus in Cream (25).
22.-23. Rd: 1 fM in Cream, 20 fM in Fudge, 4 fM in Cream (2 Rd).
24.-25. Rd: 2 fM in Cream, 20 fM in Fudge, 3 fM in Cream (2 Rd).
26. Rd: 2 fM in Cream, 21 fM in Fudge, 2 fM in Cream.
27. Rd: 2 fM in Cream, 2 fM zus (2 fM, 2 fM zus) 4x, 3 fM in Fudge, 2 fM in Cream (20).
28. Rd: 2 fM in Cream, 17 fM in Fudge, 1 fM in Cream.
29. Rd: (2 fM zus) 10x in Fudge (10).

KOPF
In Cream arbeiten.
Den Anfang und die 1.-6. Rd wie beim Körper arbeiten.
7.-9. Rd: fM (3 Rd).
10. Rd: 10 fM in Fudge, 1 fM in Cream, 31 fM in Fudge.
11. Rd: 5 fM, 2 fM zus, 2 fM in Fudge, 3 fM, 2 fM zus in Cream, 5 fM, 2 fM zus, 21 fM in Fudge (39).
12. Rd: 4 fM, 2 fM zus, 2 fM in Fudge, 2 fM, 2 fM zus in Cream, 4 fM, 2 fM zus, 21 fM in Fudge (36).
13. Rd: 4 fM, 2 fM zus, 2 fM in Fudge, 2 fM in Cream, 2 fM zus, 4 fM, 2 fM zus (4 fM, 2 fM zus) 3x in Fudge (30).
14. Rd: 3 fM, 2 fM zus, 2 fM in Fudge, 1 fM, 2 fM zus in Cream, (3 fM, 2 fM zus) 4x in Fudge (24).
15. Rd: 6 fM in Fudge, 2 fM in Cream, 16 fM in Fudge.
16. Rd: 7 fM in Fudge, 1 fM in Cream, 16 fM in Fudge.
Weiter nur in Cream arbeiten.
17. Rd: (2 fM zus) 2x, 8 fM, (2 fM zus) 6x (16).
18.-21. Rd: fM (4 Rd).
22. Rd: (2 fM zus) 2x, 8 fM (2 fM zus) 2x (12).
23. Rd: (2 fM zus) 2x, 4 fM (2 fM zus) 2x (8).

OHREN (2x arbeiten)
In Fudge arbeiten.
Beginnen Sie mit 6 fM in den Anfangsring (siehe Techniken).
1. Rd: (1 fM, 2 fM in die nächste M) 3x (9).
2. Rd: (2 fM, 2 fM in die nächste M) 3x (12).
3.-4. Rd: fM (2 Rd).
5. Rd: (3 fM, 2 fM in die nächste M) 3x (15).
6. Rd: fM.
7. Rd: (4 fM, 2 fM in die nächste M) 3x (18).
8. Rd: fM.
9. Rd: (5 fM, 2 fM in die nächste M) 3x (21).
10.-11. Rd: fM (2 Rd).
12. Rd: (6 fM, 2 fM in die nächste M) 3x (24).
13.-16. Rd: fM (4 Rd).
17. Rd: (2 fM zus) 12x (12).
18. Rd: (2 fM zus) 6x (6).

BEINE (4x arbeiten)
In Cream arbeiten.
Beginnen Sie mit 6 fM in den Anfangsring (siehe Techniken).
1. Rd: (2 fM in die nächste M) 6x (12).
2. Rd: (1 fM, 2 fM in die nächste M) 6x (18).
3.-6. Rd: fM (4 Rd).
7. Rd: (1 fM, 2 fM zus) 6x (12).
Zu Fudge wechseln.
8.-22. Rd: fM (15 Rd).

SCHWANZ
In Fudge arbeiten.
8 Lm mit 1 Km zum Ring schließen.
Nach Anleitung 3 cm große Schlaufenmaschen arbeiten.
1. Rd: 1 fM, 1 fM mit Schlaufe, 1 fM, 1 fM mit Schlaufe, 4 fM.
2. Rd: 1 fM mit Schlaufe, 1 fM, 1 fM mit Schlaufe, 5 fM.
3.-4. Rd: 2 fM, 1 fM mit Schlaufe, 1 fM, 1 fM mit Schlaufe, 3 fM (2 Rd).
5.-7. Rd: 3 fM, 1 fM mit Schlaufe, 1 fM, 1 fM mit Schlaufe, 2 fM (3 Rd).
8. Rd: 4 fM, 1 fM mit Schlaufe, 1 fM, 1 fM mit Schlaufe, 1 fM.
Bis zum Ende der 11. Rd in jede 2. M Schlaufenmaschen arbeiten.
9. Rd: 2 fM zus, 6 fM (7).
10. Rd: fM.
11. Rd: 2 fM zus, 5 fM (6).
Zu Cream wechseln und in jede M Schlaufenmaschen arbeiten.
12.-13. Rd: fM (2 Rd).
14. Rd: 2 fM zus, 4 fM (5).
15. Rd: fM.
16. Rd: 2 fM zus, 3 fM (4).
17. Rd: fM.
18. Rd: (2 fM zus) 2x (2).

HINWEIS
Schlaufen aufschneiden und in die gewünschte Form schneiden.

Jed,
der Border Collie

Jed freundet sich mit allen an, und seine Naivität bringt ihn immer wieder in Schwierigkeiten. Niemals zuvor gab es einen besseren Freund, der mehr als bereit war, anderen zu vertrauen, und er wird jedem folgen – egal, ob er dabei im Kreis läuft oder über seine eigenen Pfoten stolpert. Auch wenn er sich vor seinem eigenen Schatten fürchtet, kann er sobald er allein ist mit dem richtigen Begleiter zum besten Sidekick werden, den man sich vorstellen kann.

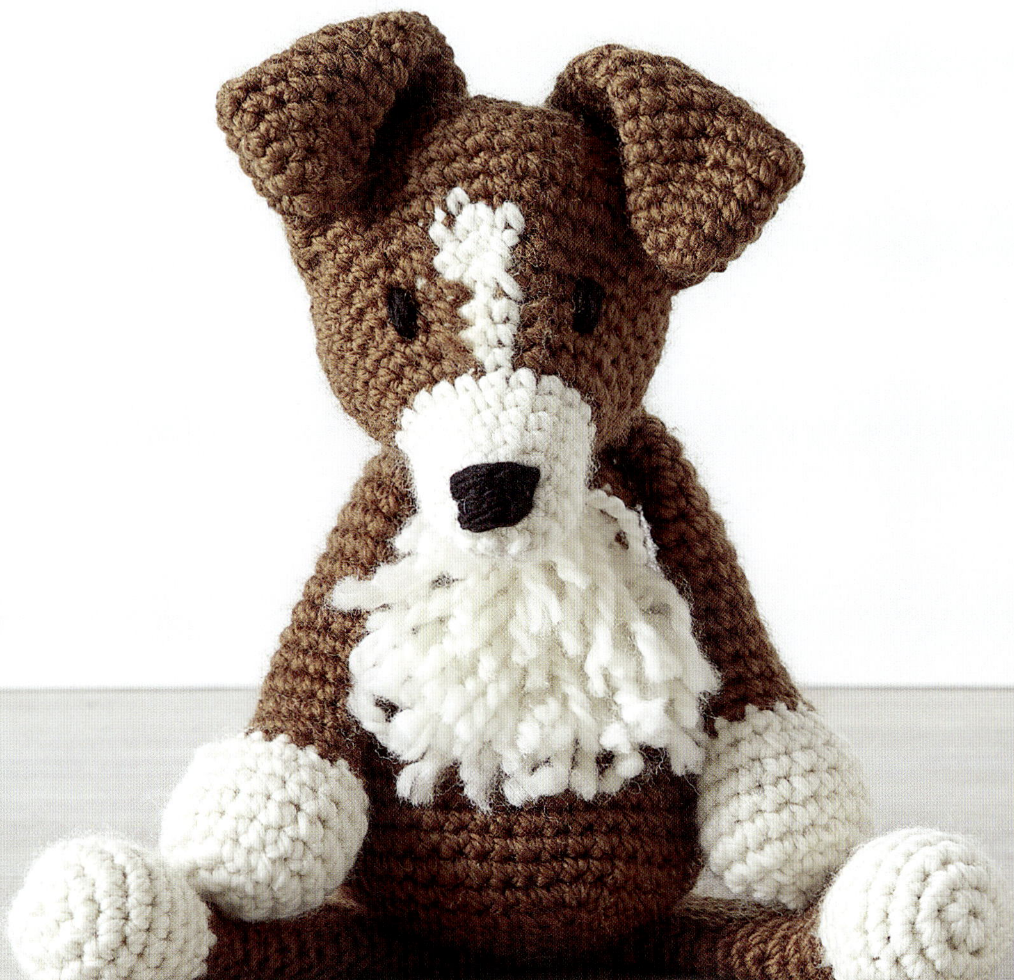

GARNFARBE: Steel und Cream
Empfohlene Alternativen: Silver und Cream, Charcoal und Cream

KÖRPER

Nach der Standardanleitung in Steel arbeiten (siehe Seite 16).

KOPF

In Steel arbeiten.
Beginnen Sie mit 6 fM in den Anfangsring (siehe Techniken).
1. Rd: (2 fM in die nächste M) 6x (12).
2. Rd: (1 fM, 2 fM in die nächste M) 6x (18).
3. Rd: (2 fM, 2 fM in die nächste M) 6x (24).
4. Rd: (3 fM, 2 fM in die nächste M) 6x (30).
5. Rd: (4 fM, 2 fM in die nächste M) 6x (36).
6. Rd: (5 fM, 2 fM in die nächste M) 6x (42).
7.-11. Rd: fM (5 Rd).
12. Rd: (1 fM, 2 fM zus) 7x, 21 fM (35).
3 cm große Schlaufenmaschen (siehe Seite 128) in jede 2. M, wenn Sie in Cream arbeiten.
13. Rd: 5 fM in Cream, 4 fM in Steel, 5 fM in Cream, 21 fM in Steel.
14. Rd: (5 fM, 2 fM zus) 5x in Steel (30).
15. Rd: (2 fM zus) 6x, 18 fM in Steel (24).
16. Rd: (2 fM, 2 fM zus) 6x in Steel (18).
6 cm große Schlaufenmaschen in jede M, wenn Sie in Cream arbeiten.
17. Rd: 3 fM in Cream, 1 fM in Steel, 14 fM in Cream.
18. Rd: 2 fM in Cream, 3 fM in Steel, 13 fM in Cream.
19.-20. Rd: fM in Cream (2 Rd).
Weiter in Cream, jedoch ohne Schlaufenmaschen.
21. Rd: (1 fM, 2 fM zus) 6x (12).
22. Rd: (2 fM, 2 fM zus) 3x (9).

OHREN (2x arbeiten)

In Steel arbeiten.
15 Lm mit 1 Km zum Ring schließen.
1.-3. Rd: fM (3 Rd).
4. Rd: (4 fM, 2 fM in die nächste M) 3x (18).
5.-7. Rd: fM (3 Rd).
8. Rd: (5 fM, 2 fM in die nächste M) 3x (21).
9. Rd: (5 fM, 2 fM zus) 3x (18).
10. Rd: (1 fM, 2 fM zus) 6x (12).
11. Rd: fM.
12. Rd: (2 fM zus) 6x (6).
13. Rd: (2 fM zus) 3x (3).

BEINE (4x arbeiten)

In Cream arbeiten.
Beginnen Sie mit 6 fM in den Anfangsring (siehe Techniken).
1. Rd: (2 fM in die nächste M) 6x (12).
2. Rd: (1 fM, 2 fM in die nächste M) 6x (18).
3.-6. Rd: fM (4 Rd).
7. Rd: (1 fM, 2 fM zus) 6x (12).
8.-12. Rd: fM (5 Rd).
Zu Steel wechseln.
13.-22. Rd: fM (10 Rd).

SCHWANZ

In Steel arbeiten.
8 Lm mit 1 Km zum Ring schließen.
1.-8. Rd: fM (8 Rd).
Zu Cream wechseln.
9.-12. Rd: fM (4 Rd).
13. Rd: (2 fM zus) 4x (4).

HINWEIS

Schlaufen aufschneiden und in die gewünschte Form schneiden.

Romeo,
der Schnauzer

Romeo ist Rapper und brachte es im Jahr 2000 zu internationaler Bekanntheit. Sein einzigartiger melodiebetonter Style bringt seinen Rap mit dem Beat in Einklang und so kann er jeden Battle mit seinem Freestyle gewinnen. Trotz seiner Weltreisen, regelmäßigen Besuchen in gehobenen Restaurants und einem Privatkoch ist sein Lieblingsessen nach wie vor der Sonntagsbraten seiner Mutter - und er hat sogar schon Tourneen verlegt, um ihn nicht zu verpassen.

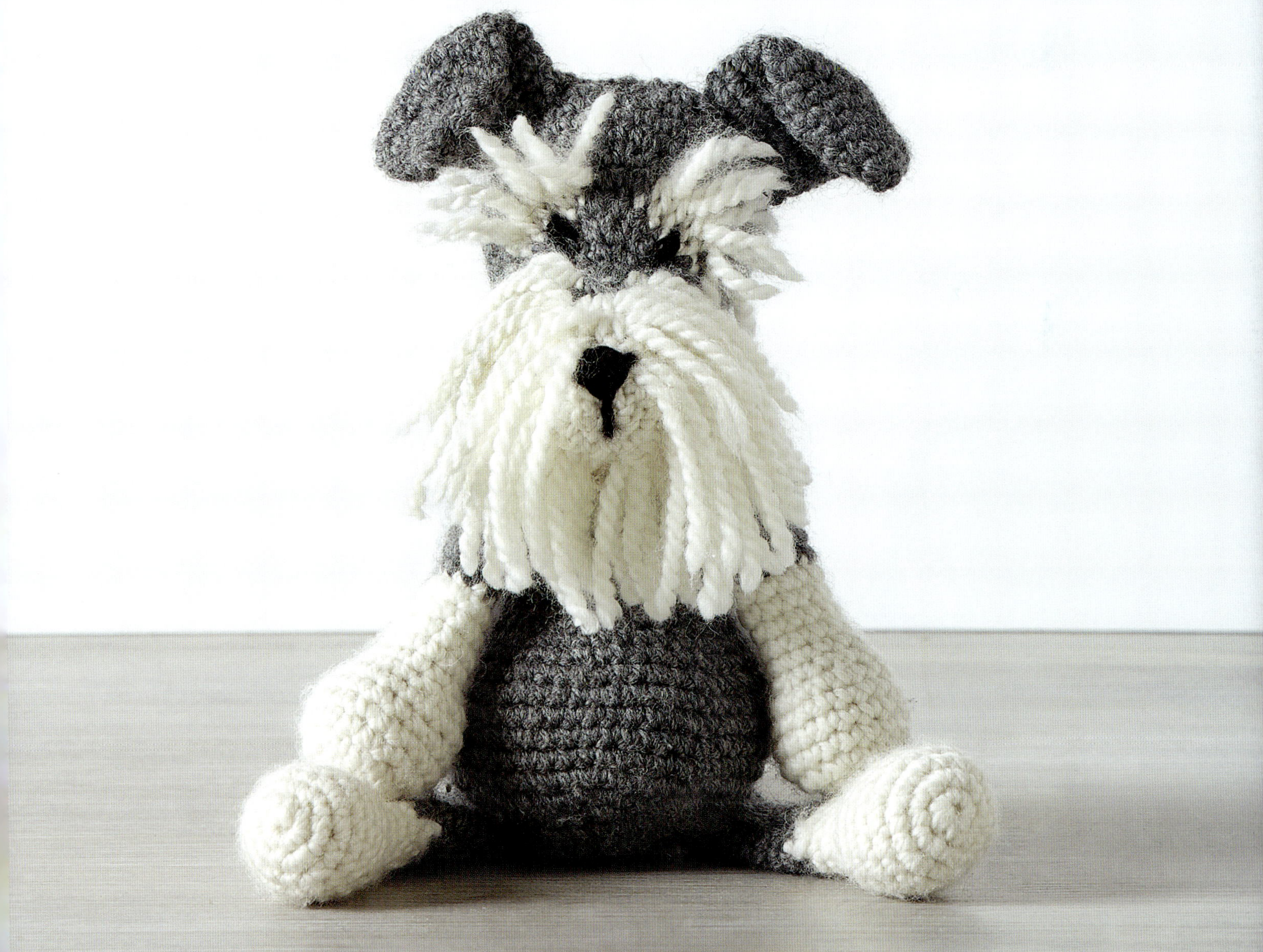

GARNFARBE: Mushroom und Cream
Empfohlene Alternativen: Stone und Cream

KÖRPER
Nach der Standardanleitung in Mushroom arbeiten (siehe Seite 16).

KOPF
In Cream arbeiten.
10 cm große Schlaufenmaschen (siehe Seite 128) in jede 3. M in ungeraden Rd und in jede 4. M in geraden Rd arbeiten.
Beginnen Sie mit 6 fM in den Anfangsring (siehe Techniken).
1. Rd: (2 fM in die nächste M) 6x (12).
2. Rd: (1 fM, 2 fM in die nächste M) 6x (18).
3. Rd: (2 fM, 2 fM in die nächste M) 6x (24).
4. Rd: (3 fM, 2 fM in die nächste M) 6x (30).
5. Rd: (4 fM, 2 fM in die nächste M) 6x (36).
6. Rd: (5 fM, 2 fM in die nächste M) 6x (42).
7.-11. Rd: fM (5 Rd).
Zu Mushroom wechseln und weiter ohne Schlaufenmaschen.
12. Rd: (5 fM, 2 fM zus) 3x, 21 fM (39).
13. Rd: (4 fM, 2 fM zus) 3x, 21 fM (36).
14. Rd: (4 fM, 2 fM zus) 6x (30).
15. Rd: (1 fM, 2 fM zus) 6x, 12 fM (24).
16. Rd: (2 fM, 2 fM zus) 6x (18).
17.-20. Rd: fM (4 Rd).
21. Rd: (1 fM, 2 fM zus) 6x (12).
22. Rd: 6 fM, (2 fM zus) 3x (9).

OHREN (2x arbeiten)
In Mushroom arbeiten.
Beginnen Sie mit 6 fM in den Anfangsring (siehe Techniken).
1. Rd: (1 fM, 2 fM in die nächste M) 3x (9).
2. Rd: (2 fM, 2 fM in die nächste M) 3x (12).
3. Rd: fM.
4. Rd: (3 fM, 2 fM in die nächste M) 3x (15).
5.-6. Rd: fM (2 Rd).
7. Rd: (4 fM, 2 fM in die nächste M) 3x (18).
8.-9. Rd: fM (2 Rd).

BEINE (4x arbeiten)
In Cream arbeiten.
1 cm große Schlaufenmaschen in jede 3. M in ungeraden Rd und in jede 4. M in geraden Rd arbeiten.
Beginnen Sie mit 6 fM in den Anfangsring (siehe Techniken).
1. Rd: (2 fM in die nächste M) 6x (12).
2. Rd: (1 fM, 2 fM in die nächste M) 6x (18).
3.-5. Rd: fM (3 Rd).
Weiter mit 6 cm großen Schlaufen.
6. Rd: fM.
7. Rd: (1 fM, 2 fM zus) 6x (12).
Zu Mushroom wechseln und weiter ohne Schlaufenmaschen.
8.-22. Rd: fM (15 Rd).

SCHWANZ
In Mushroom arbeiten.
6 Lm mit 1 Km zum Ring schließen.
1.-6. Rd: fM (6 Rd).
Zu Cream wechseln und 10 cm große Schlaufenmaschen in jede 3. M in ungeraden Rd und in jede 4. M in geraden Rd arbeiten.
7.-16. Rd: fM (10 Rd).

HINWEIS
Schlaufen aufschneiden und in die gewünschte Form schneiden.

Laura,
der Chinesische Schopfhund

Laura ist Musikerin mit einem erstaunlichen Rhythmusgefühl und einem schier grenzenlosen kreativen Talent. Als moderne Frauenrechtlerin mit einer politischen Auffassung, die zu ihrem Haarschnitt passt, und perfekt choreographierten Background-Tänzern unterhält diese Entertainerin ihr Publikum so fantastisch, dass ihre Performance noch lange in Erinnerung bleibt.

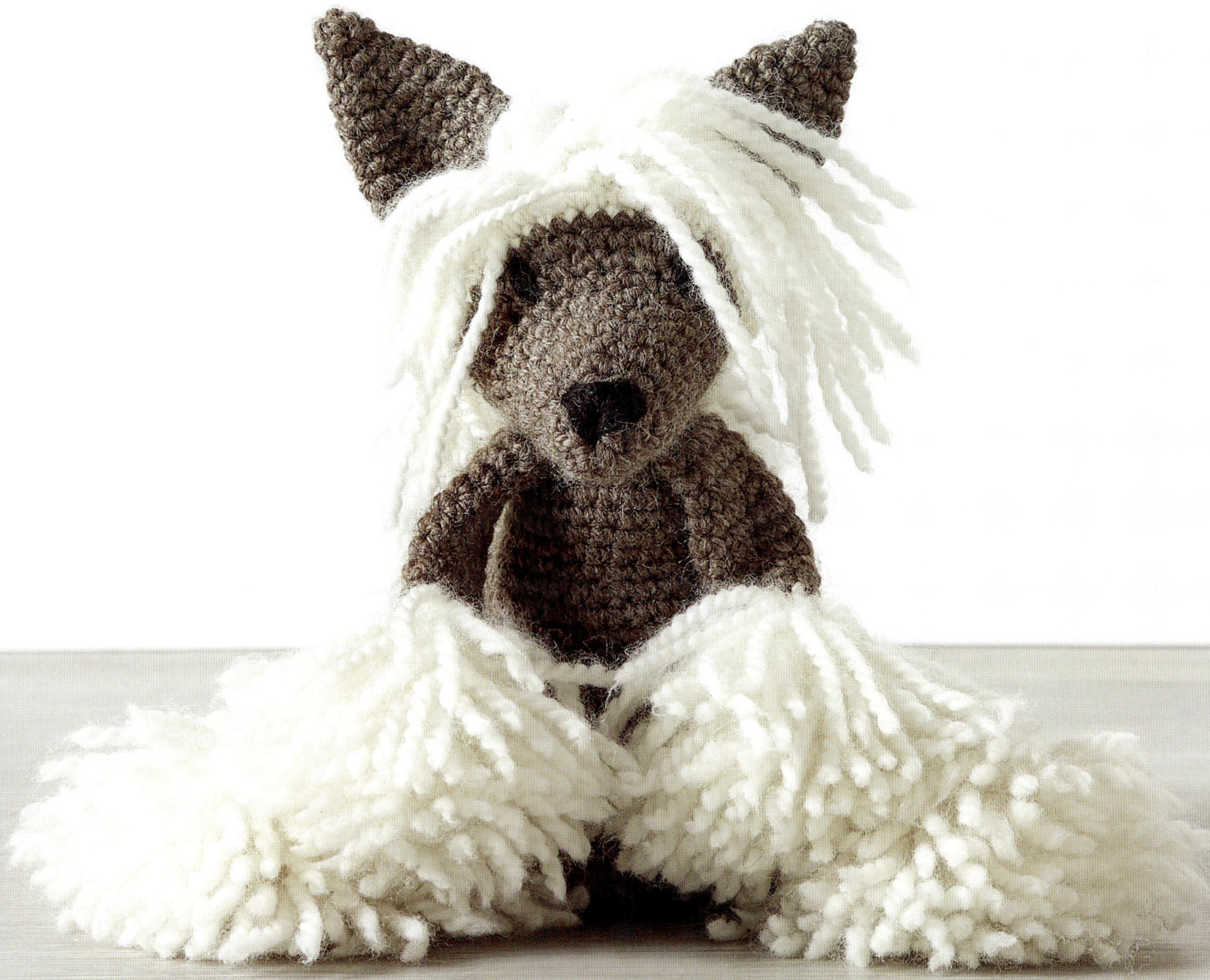

GARNFARBE: Cream und Steel
Empfohlene Alternativen: Cream und Silver

KÖRPER
In Steel arbeiten.
3 cm große Schlaufenmaschen (siehe Seite 128) in jede 3. M in allen ungeraden Rd und in jede 4. M in allen geraden Rd arbeiten.
Beginnen Sie mit 6 fM in den Anfangsring (siehe Techniken).
1. Rd: (2 fM in die nächste M) 6x (12).
2. Rd: (1 fM, 2 fM in die nächste M) 6x (18).
3. Rd: (2 fM, 2 fM in die nächste M) 6x (24).
4. Rd: (3 fM, 2 fM in die nächste M) 6x (30).
5. Rd: (4 fM, 2 fM in die nächste M) 6x (36).
6. Rd: (5 fM, 2 fM in die nächste M) 6x (42).
7. Rd: (6 fM, 2 fM in die nächste M) 6x (48).
8.-12. Rd: fM (5 Rd).
13. Rd: 30 fM (4 fM, 2 fM zus) 3x (45).
14. Rd: fM.
15. Rd: (1 fM, 2 fM zus) 15x (30).
16.-18. Rd: fM (3 Rd).
Zu Cream wechseln.
19.-20. Rd: fM (2 Rd).
21. Rd: (3 fM, 2 fM zus) 6x (24).
22.-26. Rd: fM (5 Rd).
27. Rd: (2 fM, 2 fM zus) 6x (18).
28. Rd: fM.
29. Rd: (2 fM zus) 9x (9).

KOPF
In Cream arbeiten.
3 cm große Schlaufenmaschen in jede 3. M in allen ungeraden Rd und in jede 4. M in allen geraden Rd arbeiten.
Beginnen Sie mit 6 fM in den Anfangsring (siehe Techniken).
1. Rd: (2 fM in die nächste M) 6x (12).
2. Rd: (1 fM, 2 fM in die nächste M) 6x (18).
3. Rd: (2 fM, 2 fM in die nächste M) 6x (24).
4. Rd: (3 fM, 2 fM in die nächste M) 6x (30).
5. Rd: (4 fM, 2 fM in die nächste M) 6x (36).
6. Rd: (5 fM, 2 fM in die nächste M) 6x (42).
7.-11. Rd: fM (5 Rd).
12. Rd: (5 fM, 2 fM zus) 3x, 21 fM (39).
13. Rd: (4 fM, 2 fM zus) 3x, 21 fM (36).
14. Rd: (4 fM, 2 fM zus) 6x (30).
15. Rd: (2 fM zus) 10x, 10 fM (20).
16. Rd: (2 fM zus, 8 fM) 2x (18).
17.-19. Rd: fM (3 Rd).
Weiter ohne Schlaufenmaschen.
20. Rd: (1 fM, 2 fM zus) 6x (12).
21. Rd: (2 fM, 2 fM zus) 3x (9).

OHREN (eines in Steel, das andere in Cream arbeiten)
3 cm große Schlaufenmaschen in jede 3. M in allen ungeraden Rd und in jede 4. M in allen geraden Rd arbeiten.
Beginnen Sie mit 6 fM in den Anfangsring (siehe Techniken).
1. Rd: (2 fM in die nächste M) 6x (12).
2. Rd: (1 fM, 2 fM in die nächste M) 6x (18).
3. Rd: (2 fM, 2 fM in die nächste M) 6x (24).
4. Rd: fM.
5. Rd: (2 fM, 2 fM zus) 6x (18).
6.-11. Rd: fM (6 Rd).
12. Rd: (4 fM, 2 fM zus) 3x (15).

VORDERBEINE (2x arbeiten)
In Cream arbeiten.
3 cm große Schlaufenmaschen in jede 3. M in ungeraden Rd und in jede 4. M in geraden Rd arbeiten.
Beginnen Sie mit 6 fM in den Anfangsring (siehe Techniken).
1. Rd: (2 fM in die nächste M) 6x (12).
2. Rd: (1 fM, 2 fM in die nächste M) 6x (18).
3.-6. Rd: fM (4 Rd).
7. Rd: (1 fM, 2 fM zus) 6x (12).
8.-22. Rd: fM (15 Rd).

HINTERBEINE (2x arbeiten)
Wie die Vorderbeine bis zum Ende der 12. Rd arbeiten.
Zu Steel wechseln.
13.-22. Rd: fM (10 Rd).

SCHWANZ
In Steel arbeiten.
8 Lm mit 1 Km zum Ring schließen.
3 cm große Schlaufenmaschen in jede 3. M in allen ungeraden Rd und in jede 4. M in allen geraden Rd arbeiten.
1.-12. Rd: fM (12 Rd).
Zu Cream wechseln.
13.-16. Rd: fM (4 Rd).
17. Rd: (2 fM zus) 4x (4).

Samson,
der Bobtail

Mit seinem melodiösen Bellen und seinem breiten Grinsen ist Samson der mit Abstand beliebteste Eiscreme-Wagen-Fahrer in unserer Gegend, und man kann ihn schon hören, wenn er sich noch am anderen Ende der Stadt befindet. Er ist auf die Klassiker aus britischen Seebädern spezialisiert und bietet auch vergessene Genüsse wie Zitronen-Topping, Bubblegum-Geschmack und gewässerte Austern an.

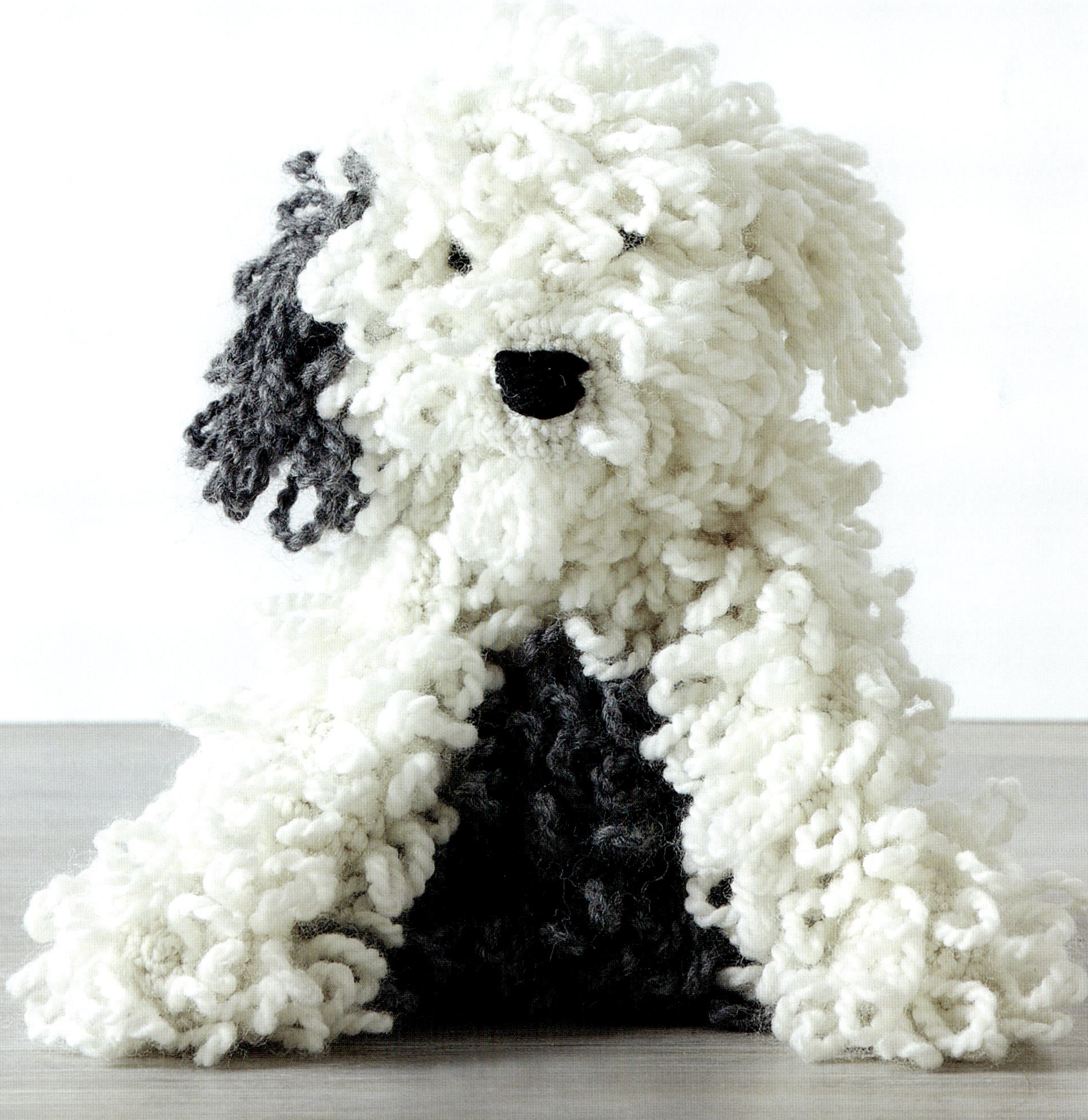

GARNFARBE: Stone, Oatmeal und Mushroom
Empfohlene Alternativen: Cream, Steel and Oatmeal

KÖRPER

In Stone arbeiten.
12 cm große Schlaufenmaschen (siehe Seite 128) in jede 3. M in allen ungeraden Rd und in jede 4. M in allen geraden Rd arbeiten.
Beginnen Sie mit 6 fM in den Anfangsring (siehe Techniken).
1. Rd: (2 fM in die nächste M) 6x (12).
2. Rd: (1 fM, 2 fM in die nächste M) 6x (18).
3. Rd: (2 fM, 2 fM in die nächste M) 6x (24).
4. Rd: (3 fM, 2 fM in die nächste M) 6x (30).
5. Rd: (4 fM, 2 fM in die nächste M) 6x (36).
6. Rd: (5 fM, 2 fM in die nächste M) 6x (42).
7. Rd: (6 fM, 2 fM in die nächste M) 6x (48).
8.-12. Rd: fM (5 Rd).
Zu Oatmeal wechseln.
13. Rd: 30 fM (4 fM, 2 fM zus) 3x (45).
14. Rd: fM.
15. Rd: (1 fM, 2 fM zus) 15x (30).
16.-20. Rd: fM (5 Rd).
21. Rd: (3 fM, 2 fM zus) 6x (24).
22.-26. Rd: fM (5 Rd).
27. Rd: (2 fM, 2 fM zus) 6x (18).
28. Rd: fM.
29. Rd: (2 fM zus) 9x (9).

KOPF

In Stone arbeiten.
12 cm große Schlaufenmaschen in jede 3. M in allen ungeraden Rd und in jede 4. M in allen geraden Rd arbeiten.
Beginnen Sie mit 6 fM in den Anfangsring (siehe Techniken).
1. Rd: (2 fM in die nächste M) 6x (12).
2. Rd: (1 fM, 2 fM in die nächste M) 6x (18).
3. Rd: (2 fM, 2 fM in die nächste M) 6x (24).
4. Rd: (3 fM, 2 fM in die nächste M) 6x (30).
5. Rd: (4 fM, 2 fM in die nächste M) 6x (36).
6. Rd: (5 fM, 2 fM in die nächste M) 6x (42).
7.-11. Rd: fM (5 Rd).
12. Rd: (5 fM, 2 fM zus) 3x, 21 fM (39).
13. Rd: (4 fM, 2 fM zus) 3x, 21 fM (36).
14. Rd: (4 fM, 2 fM zus) 6x (30).
15. Rd: (2 fM zus) 10x, 10 fM (20).
Zu Oatmeal wechseln.
16. Rd: (2 fM zus, 8 fM) 2x (18).
17.-19. Rd: fM (3 Rd).
Weiter ohne Schlaufenmaschen.
20. Rd: (1 fM, 2 fM zus) 6x (12).
21. Rd: (2 fM, 2 fM zus) 3x (9).

OHREN (2x arbeiten)

In Mushroom arbeiten.
12 cm große Schlaufenmaschen in jede 3. M in allen ungeraden Rd und in jede 4. M in allen geraden Rd arbeiten.
Beginnen Sie mit 6 fM in den Anfangsring (siehe Techniken).
1. Rd: (2 fM in die nächste M) 6x (12).
2. Rd: (1 fM, 2 fM in die nächste M) 6x (18).
3. Rd: (2 fM, 2 fM in die nächste M) 6x (24).
4. Rd: fM.
5. Rd: (2 fM, 2 fM zus) 6x (18).
6.-11. Rd: fM (6 Rd).
12. Rd: (4 fM, 2 fM zus) 3x (15).

VORDERBEINE (2x arbeiten)

In Oatmeal arbeiten.
12 cm große Schlaufenmaschen in jede 3. M in allen ungeraden Rd und in jede 4. M in allen geraden Rd arbeiten.
Beginnen Sie mit 6 fM in den Anfangsring (siehe Techniken).
1. Rd: (2 fM in die nächste M) 6x (12).
2. Rd: (1 fM, 2 fM in die nächste M) 6x (18).
3.-6. Rd: fM (4 Rd).
7. Rd: (1 fM, 2 fM zus) 6x (12).
8.-22. Rd: fM (15 Rd).

HINTERBEINE (2x arbeiten)

In Stone arbeiten.
12 cm große Schlaufenmaschen in jede 3. M in allen ungeraden Rd und in jede 4. M in allen geraden Rd arbeiten.
Beginnen Sie mit 6 fM in den Anfangsring (siehe Techniken).
1. Rd: (2 fM in die nächste M) 6x (12).
2. Rd: (1 fM, 2 fM in die nächste M) 6x (18).
3.-6. Rd: fM (4 Rd).
7. Rd: (1 fM, 2 fM zus) 6x (12).
8.-12. Rd: fM (5 Rd).
Zu Oatmeal wechseln.
13.-22. Rd: fM (10 Rd).

SCHWANZ

In Stone arbeiten.
8 Lm mit 1 Km zum Ring schließen.
12 cm große Schlaufenmaschen in jede 3. M in allen ungeraden Rd und in jede 4. M in allen geraden Rd arbeiten.
1.-6. Rd: fM (6 Rd).
Zu Oatmeal wechseln.
7.-16. Rd: fM (10 Rd).
17. Rd: (2 fM zus) 4x (4).

HINWEIS

Schlaufen aufschneiden und in die gewünschte Form schneiden.

Doris,
der Shih Tzu

Doris ist eine schlecht gelaunte Oma mit scharfem Bellen, falschen Zähnen und Dosen voller billiger Kekse. Ihre schlechte Laune lässt sich teilweise mit den vielen Knoten in ihren Ohren erklären, die immer entstehen, wenn sie sich schon wieder in ihrer Strickmaschine verheddert. Obwohl sie wenig bis gar kein Talent für das Stricken mit der Strickmaschine hat, setzt sie alles daran, in diesem Jahr den besten Weihnachtspullover am gesamten Fraueninstitut zu stricken.

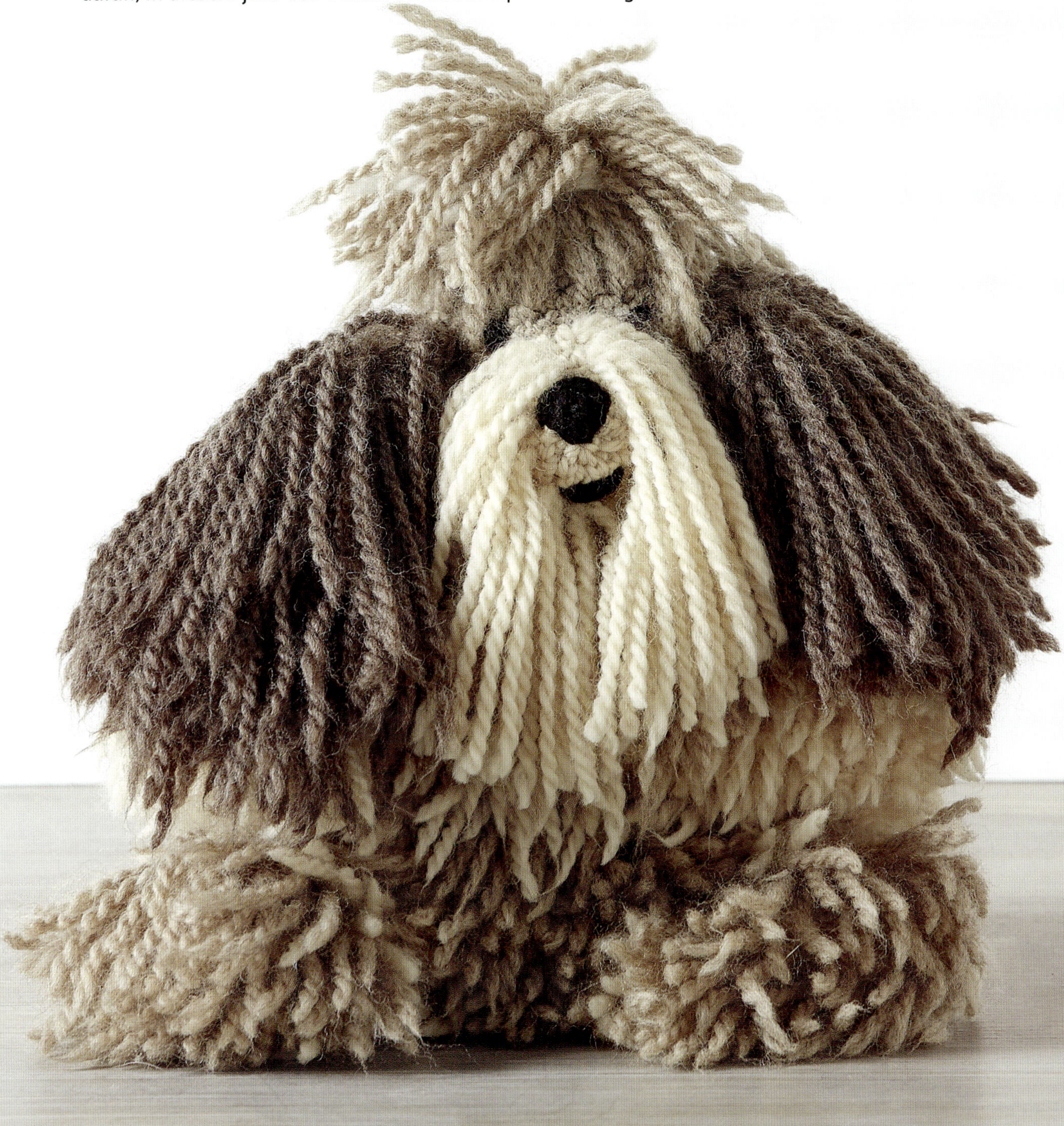

GARNFARBE: Cream und Black
Empfohlene Alternativen: keine

KÖRPER

Nach der Standardanleitung in Cream arbeiten (siehe Seite 16), dabei Flecken (siehe Seite 128) aus 1 bis 3 M in Black beliebig verteilen

KOPF

Den Anfang und die 1.-6. Rd wie beim Körper arbeiten.
7.-11. Rd: fM (5 Rd).
12. Rd: (5 fM, 2 fM zus) 3x, 21 fM (39).
13. Rd: (4 fM, 2 fM zus) 3x, 21 fM (36).
14. Rd: (4 fM, 2 fM zus) 6x (30).
15. Rd: fM.
16. Rd: (1 fM, 2 fM zus) 6x, 12 fM (24).
17. Rd: 2 fM, (2 fM in die nächste M) 2x, (2 fM zus) 2x, (2 fM in die nächste M) 2x, (2 fM zus) 2x, (2 fM in die nächste M) 2x, (2 fM zus) 2x, (2 fM in die nächste M) 2x, 2 fM zus (25).
18. Rd: 2 fM zus, 23 fM (24).
19.-22. Rd: fM (4 Rd).
23. Rd: 1 fM, 2 fM zus, 2 fM in die nächste M, (2 fM zus) 2x, 2 fM in die nächste M, (2 fM zus) 3x, 2 fM in die nächste M, (2 fM zus) 2x, 2 fM in die nächste M, 2 fM zus, 2 fM zus über die gesamte Rd (18).
24. Rd: fM.
25. Rd: 10 fM, (2 fM zus) 4x (14).
26. Rd: 2 fM zus, 6 fM, (2 fM zus) 3x (10).

BEINE (4x arbeiten)

In Cream arbeiten.
Beginnen Sie mit 6 fM in den Anfangsring (siehe Techniken).
1. Rd: (2 fM in die nächste M) 6x (12).
2. Rd: (1 fM, 2 fM in die nächste M) 6x (18).
3.-6. Rd: fM (4 Rd).
Wie beim Körper beliebige Flecken arbeiten.
7. Rd: (1 fM, 2 fM zus) 6x (12).
8.-22. Rd: fM (15 Rd).

OHREN (eins in Black, das andere in Cream arbeiten, dabei wie beim Körper beliebige Flecken arbeiten)

Beginnen Sie mit 6 fM in den Anfangsring (siehe Techniken).
1. Rd: (1 fM, 2 fM in die nächste M) 3x (9).
2. Rd: fM.
3. Rd: (2 fM, 2 fM in die nächste M) 3x (12).
4.-5. Rd: fM (2 Rd).
6. Rd: (3 fM, 2 fM in die nächste M) 3x (15).
7. Rd: fM.
8. Rd: (4 fM, 2 fM in die nächste M) 3x (18).
9. Rd: fM.
10. Rd: (5 fM, 2 fM in die nächste M) 3x (21).
11.-12. Rd: fM (2 Rd).
13. Rd: (6 fM, 2 fM in die nächste M) 3x (24).
14.-17. Rd: fM (4 Rd).
18. Rd: 6 fM, (2 fM zus) 6x, 6 fM (18).
19.-20. Rd: fM (2 Rd).
21. Rd: (1 fM, 2 fM zus) 6x (12).
22. Rd: fM.

SCHWANZ

In Cream arbeiten.
8 Lm mit 1 Km zum Ring schließen.
1.-8. Rd: fM (8 Rd).
9. Rd: 2 fM zus, 6 fM (7).
10. Rd: fM.
11. Rd: 2 fM zus, 5 fM (6).
12.-13. Rd: fM (2 Rd).
14. Rd: 2 fM zus, 4 fM (5).
Zu Black wechseln.
15. Rd: fM.
16. Rd: 2 fM zus, 3 fM (4).
17. Rd: fM.
18. Rd: (2 fM zus) 2x (2).

Mark,
der Dalmatiner

Mark ist ein attraktiver Hund, der dank seiner glänzenden Augen beinahe mit allem durchkommt. Er bringt keinen echten Respekt für Pläne auf und nimmt sich manchmal viel Zeit, um jemanden dorthin zu bringen, wo dieser sowieso hinwollte. Das macht er jedoch so höflich, dass jeder vergisst, wann er eigentlich hatte ankommen wollen.

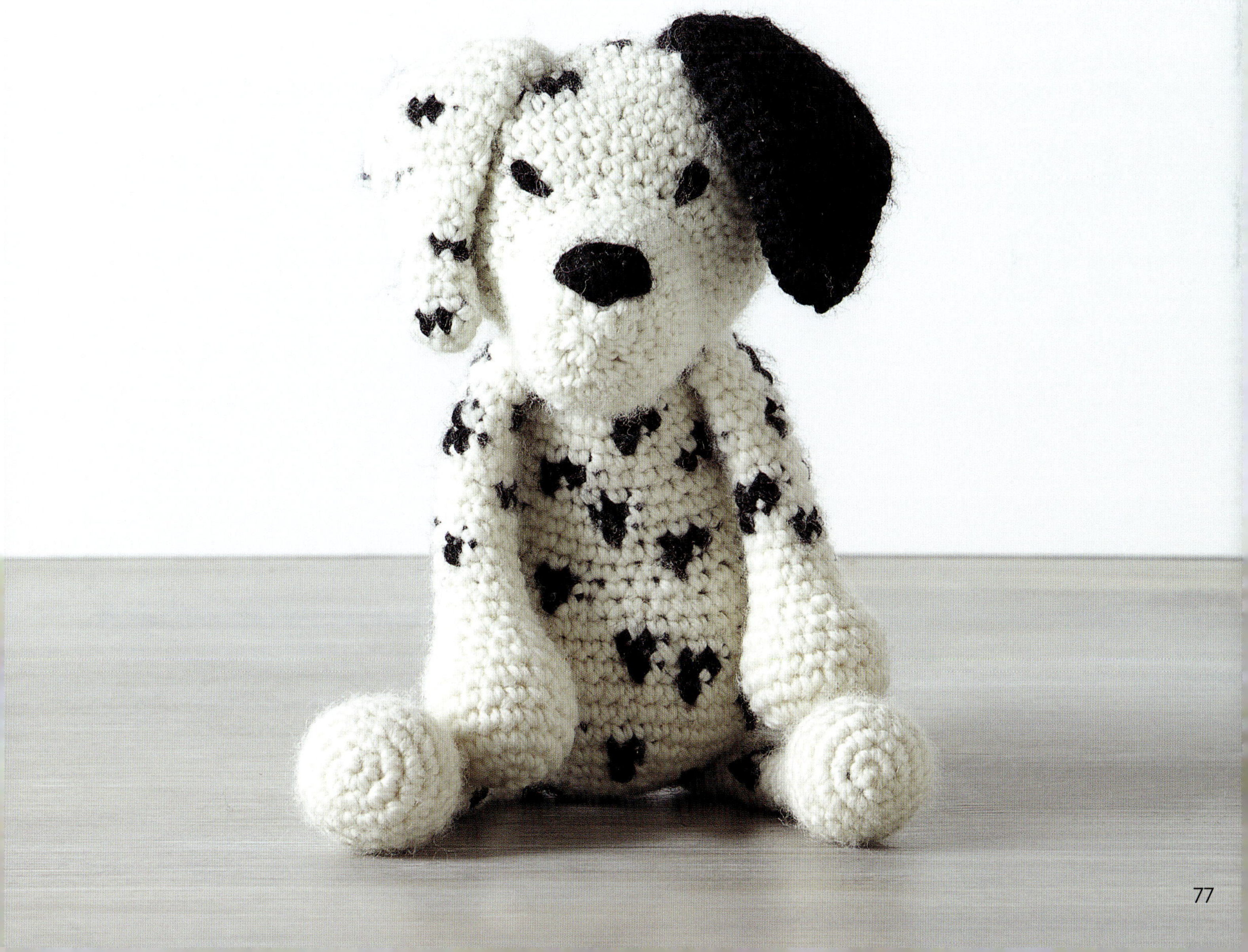

GARNFARBE: Fudge, Cream und Charcoal
Empfohlene Alternativen: Camel und Cream

KÖRPER
In Fudge arbeiten.
Beginnen Sie mit 6 fM in den Anfangsring (siehe Techniken).
1. Rd: (2 fM in die nächste M) 6x (12).
2. Rd: (1 fM, 2 fM in die nächste M) 6x (18).
3. Rd: (2 fM, 2 fM in die nächste M) 6x (24).
4. Rd: (3 fM, 2 fM in die nächste M) 6x (30).
5. Rd: (4 fM, 2 fM in die nächste M) 6x (36).
6. Rd: (5 fM, 2 fM in die nächste M) 6x (42).
7. Rd: (6 fM, 2 fM in die nächste M) 6x (48).
8.-12. Rd: fM (5 Rd).
13. Rd: 30 fM (4 fM, 2 fM zus) 3x (45).
14. Rd: fM.
15. Rd: (1 fM, 2 fM zus) 15x (30).
16.-17. Rd: 22 fM in Fudge, 8 fM in Cream (2 Rd).
18.-19. Rd: 23 fM in Fudge, 7 fM in Cream (2 Rd).
20. Rd: 24 fM in Fudge, 6 fM in Cream.
21. Rd: 1 fM in Cream, 2 fM, 2 fM zus (3 fM, 2 fM zus) 3x, 4 fM in Fudge, 4 fM, 2 fM zus in Cream (25).
22.-23. Rd: 1 fM in Cream, 20 fM in Fudge, 4 fM in Cream (2 Rd).
24.-25. Rd: 2 fM in Cream, 20 fM in Fudge, 3 fM in Cream (2 Rd).
26. Rd: 2 fM in Cream, 21 fM in Fudge, 2 fM in Cream.
27. Rd: 2 fM in Cream, 2 fM zus (2 fM, 2 fM zus) 4x, 3 fM in Fudge, 2 fM in Cream (20).
28. Rd: 2 fM in Cream, 17 fM in Fudge, 1 fM in Cream.
29. Rd: (2 fM zus) 10x in Fudge (10).

KOPF
In Fudge arbeiten.
Den Anfang und die 1.-6. Rd wie beim Körper arbeiten.
7.-11. Rd: fM (5 Rd).
12. Rd: (5 fM, 2 fM zus) 3x, 21 fM (39).
13. Rd: (4 fM, 2 fM zus) 3x, 21 fM (36).
14. Rd: (3 fM, 2 fM zus) 3x, 21 fM (33).
15. Rd: (2 fM, 2 fM zus) 3x, 21 fM (30).
16. Rd: (1 fM, 2 fM zus) 2x in Charcoal, 1 fM, 2 fM zus in Cream, (1 fM, 2 fM zus) 2x in Charcoal, 15 fM in Fudge (25).
17. Rd: 4 fM in Charcoal, 2 fM in Cream, 5 fM in Charcoal, 14 fM in Fudge.
18. Rd: 5 fM in Charcoal, 2 fM in Cream, 5 fM in Charcoal, 13 fM in Fudge.
19. Rd: 12 fM in Cream, (3 fM, 3 fM in die nächste M) 3x, 1 fM in Charcoal (31).
20. Rd: 13 fM in Cream, 18 fM in Charcoal.
21. Rd: 14 fM in Cream, 17 fM in Charcoal.
Weiter in Charcoal.
22. Rd: 20 fM, 2 fM zus, 9 fM (30).
23. Rd: (3 fM, 2 fM zus) 6x (24).
24. Rd: 12 fM, (2 fM zus) 6x (18).
25. Rd: (2 fM zus) 2x, 4 fM, (2 fM zus) 5x (11).

VORDERBEINE (2x arbeiten)
In Cream arbeiten.
Beginnen Sie mit 6 fM in den Anfangsring (siehe Techniken).
1. Rd: (2 fM in die nächste M) 6x (12).
2. Rd: (1 fM, 2 fM in die nächste M) 6x (18).
3.-6. Rd: fM (4 Rd).
7. Rd: (1 fM, 2 fM zus) 6x (12).
8.-14. Rd: fM (7 Rd).
Zu Fudge wechseln.
15.-22. Rd: fM (8 Rd).

HINTERBEINE (2x arbeiten)
Wie die Vorderbeine bis zum Ende der 7. Rd arbeiten.
Zu Fudge wechseln.
8.-22. Rd: fM (15 Rd).

OHREN (2x arbeiten)
In Fudge arbeiten.
Beginnen Sie mit 6 fM in den Anfangsring (siehe Techniken).
1. Rd: (1 fM, 2 fM in die nächste M) 3x (9).
2. Rd: fM.
3. Rd: (2 fM, 2 fM in die nächste M) 3x (12).
4.-5. Rd: fM (2 Rd).
6. Rd: (3 fM, 2 fM in die nächste M) 3x (15).
7. Rd: fM.
8. Rd: (4 fM, 2 fM in die nächste M) 3x (18).
9. Rd: fM.
10. Rd: (5 fM, 2 fM in die nächste M) 3x (21).
11.-12. Rd: fM (2 Rd).
13. Rd: (6 fM, 2 fM in die nächste M) 3x (24).
14.-17. Rd: fM (4 Rd).
18. Rd: 6 fM, (2 fM zus) 6x, 6 fM (18).
19.-20. Rd: fM (2 Rd).
21. Rd: (1 fM, 2 fM zus) 6x (12).
22. Rd: fM.

SCHWANZ
In Fudge arbeiten.
8 Lm mit 1 Km zum Ring schließen.
1.-8. Rd: fM (8 Rd).
9. Rd: 2 fM zus, 6 fM (7).
10. Rd: fM.
11. Rd: 2 fM zus, 5 fM (6).
12.-13. Rd: fM (2 Rd).
14. Rd: 2 fM zus, 4 fM (5).
Zu Cream wechseln.
15. Rd: fM.
16. Rd: 2 fM zus, 3 fM (4).
17. Rd: fM.
18. Rd: (2 fM zus) 2x (2).

Kate,
der Boxer

Kate gibt immer 100 Prozent, egal, was sie gerade tut. Mit dieser phänomenalen Frau und ihrem Organisationstalent muss man einfach rechnen; sie hat eine Vision und einen Blick für Details, daher gelingt ihr alles, was sie anpackt. Ihre unerschütterliche Loyalität und Selbstlosigkeit machen sie zur besten Freundin, die man sich nur vorstellen kann.

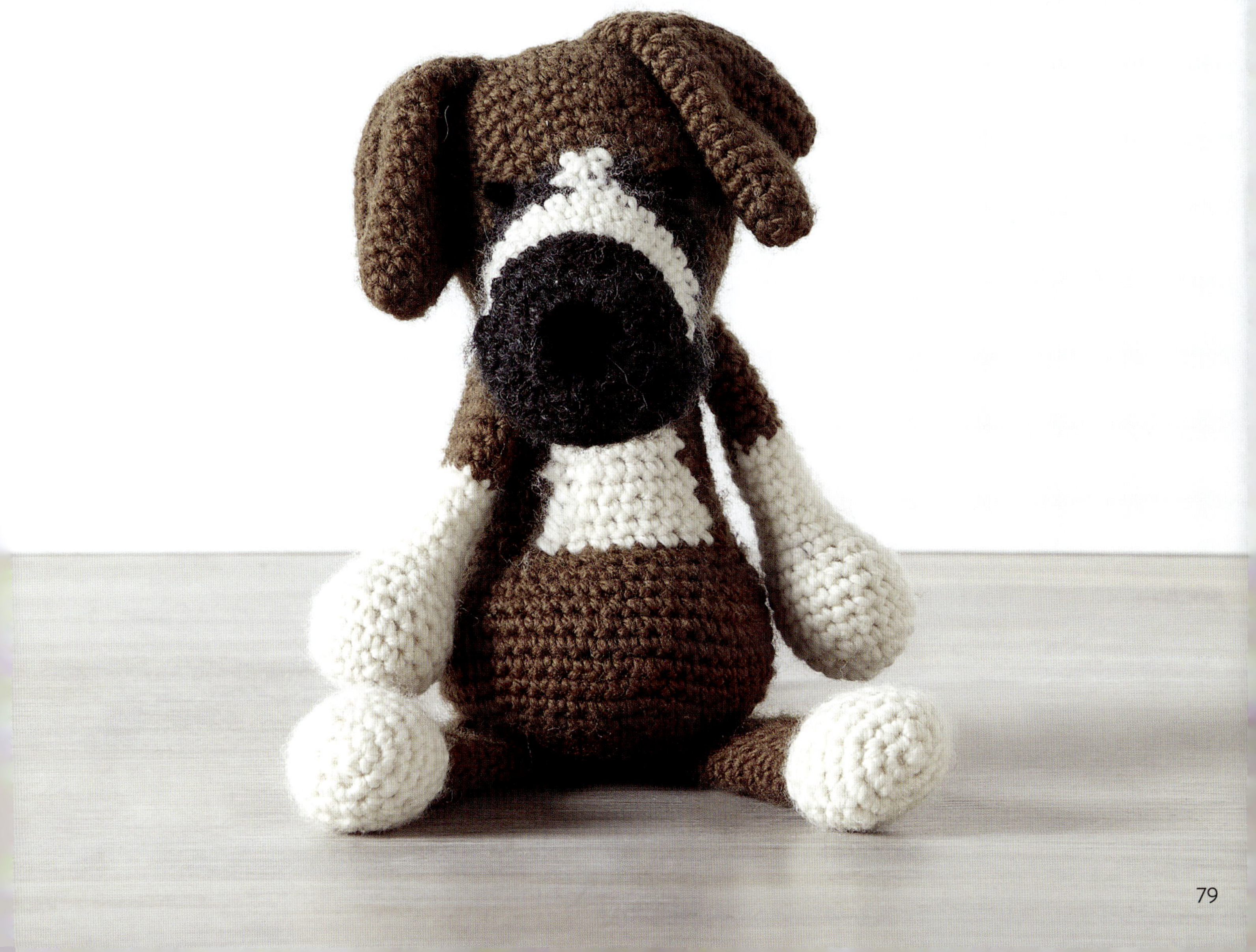

GARNFARBE: Camel und Oatmeal
Empfohlene Alternativen: Oatmeal und Cream

KÖRPER

Nach der Standardanleitung in Camel arbeiten (siehe Seite 16), nach der 25. Rd Farbwechsel zu Oatmeal und 5 cm große Schlaufenmaschen (siehe Seite 128) in jede 2. M in allen restlichen Rd arbeiten.

KOPF

In Camel arbeiten.
Beginnen Sie mit 6 fM in den Anfangsring (siehe Techniken).
1. Rd: (2 fM in die nächste M) 6x (12).
2. Rd: (1 fM, 2 fM in die nächste M) 6x (18).
3. Rd: (2 fM, 2 fM in die nächste M) 6x (24).
4. Rd: (3 fM, 2 fM in die nächste M) 6x (30).
5. Rd: (4 fM, 2 fM in die nächste M) 6x (36).
6. Rd: (5 fM, 2 fM in die nächste M) 6x (42).
7.-9. Rd: fM (3 Rd).
10. Rd: (1 fM, 2 fM zus) 10x, 12 fM (32).
11. Rd: (2 fM, 2 fM zus) 8x (24).
12.-13. Rd: fM (2 Rd).
14. Rd: (2 fM, 2 fM zus, 2 fM zus) 4x (16).
Zu Oatmeal wechseln.
15.-18. Rd: fM (4 Rd).
19. Rd: (2 fM zus) 8x (8).

VORDERBEINE (2x arbeiten)

In Oatmeal arbeiten.
Beginnen Sie mit 6 fM in den Anfangsring (siehe Techniken).
1. Rd: (2 fM in die nächste M) 6x (12).
2. Rd: (1 fM, 2 fM in die nächste M) 6x (18).
3.-6. Rd: fM (4 Rd).
7. Rd: (1 fM, 2 fM zus) 6x (12).
Zu Camel wechseln.
8.-20. Rd: fM (13 Rd).
Zu Oatmeal wechseln und 5 cm große Schlaufenmaschen als Körper arbeiten.
21.-22. Rd: fM (2 Rd).

HINTERBEINE (2x arbeiten)

Wie die Vorderbeine bis zum Ende der 7. Rd arbeiten.
Zu Camel wechseln.
8.-22. Rd: fM (15 Rd).

OHREN (2x arbeiten)

In Oatmeal arbeiten.
20 Lm mit 1 Km zum Ring schließen.
6 cm große Schlaufenmaschen in jede 2. M arbeiten.
1. Rd: (8 fM, 2 fM zus) 2x (18).
2. Rd: fM.
Zu Camel wechseln und weiter ohne Schlaufenmaschen.
3. Rd: (7 fM, 2 fM zus) 2x (16).
4.-7. Rd: fM (4 Rd).
8. Rd: (6 fM, 2 fM zus) 2x (14).
9. Rd: fM.
10. Rd: (5 fM, 2 fM zus) 2x (12).
11. Rd: (2 fM, 2 fM zus) 3x (9).
12. Rd: (1 fM, 2 fM zus) 3x (6).

SCHWANZ

In Camel arbeiten.
8 Lm mit 1 Km zum Ring schließen.
1.-4. Rd: 4 fM in Oatmeal, 4 fM in Camel (4 Rd).
Nach Anleitung 6 cm große Schlaufenmaschen arbeiten.
5.-7. Rd: 4 fM mit Schlaufen in Oatmeal, 4 fM in Camel (3 Rd).
8. Rd: 6 fM mit Schlaufen in Oatmeal, 2 fM in Camel.
Weiter nur in Oatmeal und in jede M Schlaufenmaschen arbeiten.
9. Rd: 2 fM zus, 6 fM (7).
10. Rd: fM.
11. Rd: 2 fM zus, 5 fM (6).
12.-13. Rd: fM (2 Rd).
14. Rd: 2 fM zus, 4 fM (5).
15. Rd: fM.
16. Rd: 2 fM zus, 3 fM (4).
17.-19. Rd: fM (3 Rd).

Evelyn,
der Chihuahua

Evelyn ist passionierte Frühaufsteherin und geht alles in einem teuflischen Tempo an. Mit ihrem Instinkt für Tierpflege und ihrer Begeisterung für Outdoor-Aktivitäten ist sie am glücklichsten, wenn sie hoch zu Ross durch die Landschaft reitet. Und gerade wenn man glaubt diese hart arbeitende Frau zu kennen, hat sie eine Überraschung parat, auf die niemand gefasst war.

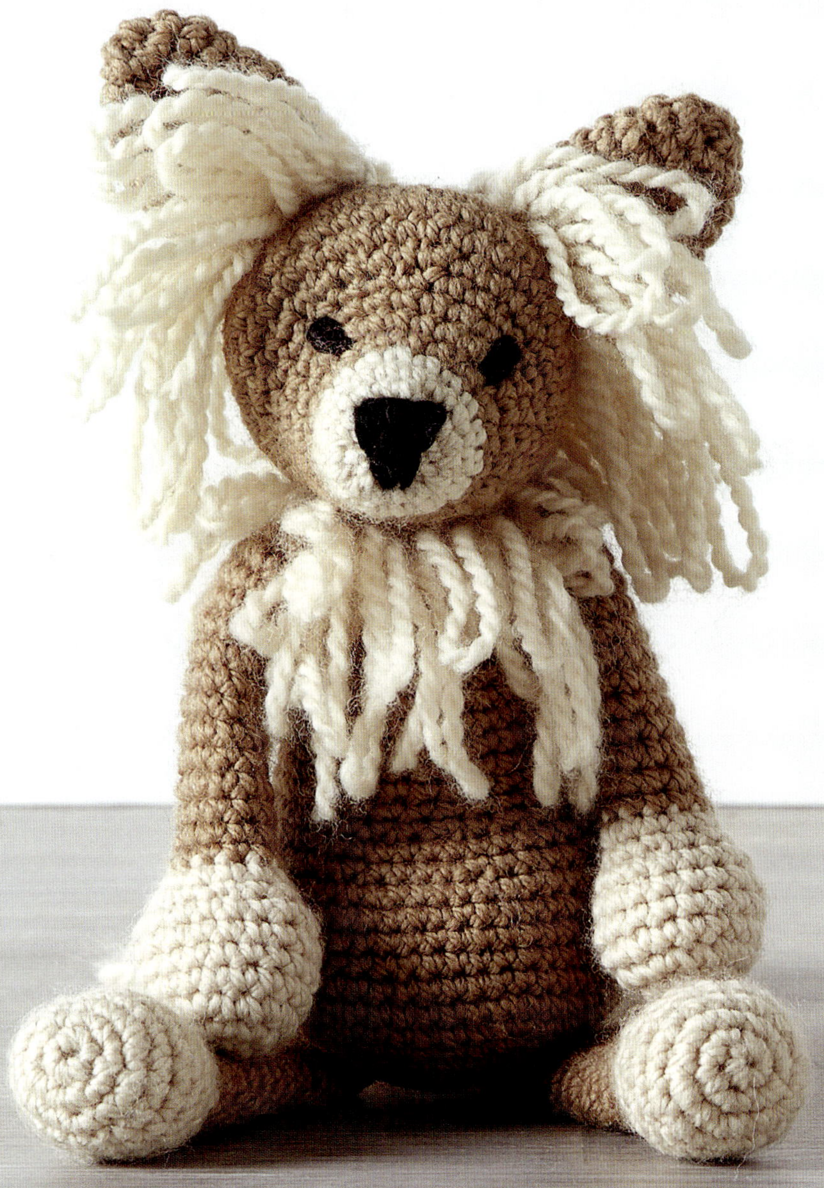

GARNFARBE: Black und Chestnut
Empfohlene Alternativen: Charcoal und Fudge

KÖRPER
Nach der Standardanleitung in Black arbeiten (siehe Seite 16), dabei die 25. und 26. Rd wie folgt arbeiten:
25.-26. Rd: 2 fM in Chestnut, 18 fM in Black, 2 fM in Chestnut, 3 fM in Black.

KOPF
In Black arbeiten.
Beginnen Sie mit 6 fM in den Anfangsring (siehe Techniken).
1. Rd: (2 fM in die nächste M) 6x (12).
2. Rd: (1 fM, 2 fM in die nächste M) 6x (18).
3. Rd: (2 fM, 2 fM in die nächste M) 6x (24).
4. Rd: (3 fM, 2 fM in die nächste M) 6x (30).
5. Rd: (4 fM, 2 fM in die nächste M) 6x (36).
6. Rd: (5 fM, 2 fM in die nächste M) 6x (42).
7.-11. Rd: fM (5 Rd).
12. Rd: 5 fM, 2 fM zus in Black (2 fM in Chestnut, 3 fM, 2 fM zus in Black) 2x, (5 fM, 2 fM zus) 3x in Black (36).
13. Rd: (1 fM, 2 fM zus) 10x, 6 fM in Black (26).
14. Rd: 16 fM in Black, 10 fM in Chestnut.
15. Rd: 6 fM, (2 fM zus) 2x, 6 fM in Black, 10 fM in Chestnut (24).
16.-18. Rd: 1 fM in Cestnut, 13 fM in Black, 10 fM in Chestnut (3 Rd).
19. Rd: 2 fM in Chestnut, (2 fM zus) 6x in Black, (2 fM in die nächste M) 5x, 5 fM (23).
Weiter nur in Chestnut arbeiten.
20.-21. Rd: fM (2 Rd).
22. Rd: (2 fM zus) 11x, 1 fM (12).

BEINE (4x arbeiten)
Nach der Standardanleitung arbeiten (siehe Seite 16). Mit Chestnut beginnen und am Anfang der 10. Rd zu Black wechseln.

OHREN (2x arbeiten)
In Charcoal arbeiten.
Beginnen Sie mit 6 fM in den Anfangsring (siehe Techniken).
1. Rd: (1 fM, 2 fM in die nächste M) 3x (9).
2. Rd: (2 fM, 2 fM in die nächste M) 3x (12).
3.-4. Rd: fM (2 Rd).
5. Rd: (3 fM, 2 fM in die nächste M) 3x (15).
6. Rd: fM.
7. Rd: (4 fM, 2 fM in die nächste M) 3x (18).
8. Rd: fM.
9. Rd: (5 fM, 2 fM in die nächste M) 3x (21).
10.-11. Rd: fM (2 Rd).
12. Rd: (1 fM, 2 fM zus) 7x (14).
13. Rd: (2 fM zus) 7x (7).

SCHWANZ
In Black arbeiten.
8 Lm mit 1 Km zum Ring schließen.
1.-8. Rd: fM (8 Rd).
Zu Chestnut wechseln.
9.-12. Rd: fM (4 Rd).
13. Rd: (2 fM zus) 4x (4).

Ella,
der Rottweiler

Nach einigen Jahren, in denen sie Erfahrungen in der Küche sammelte, ist Ella jetzt bereit, alles, was sie in der Kochschule gelernt hat, mit einer großen Portion Praxis zu vermischen und anzufangen richtig zu kochen. Das Restaurant dieser multitasking-fähigen kreativen Geschäftsfrau mit ihrem unvergleichlichen Sinn für Sauberkeit wird auf jeden Fall zur gehobenen Klasse gehören und Reservierungen müssen dann lange im Voraus erfolgen!

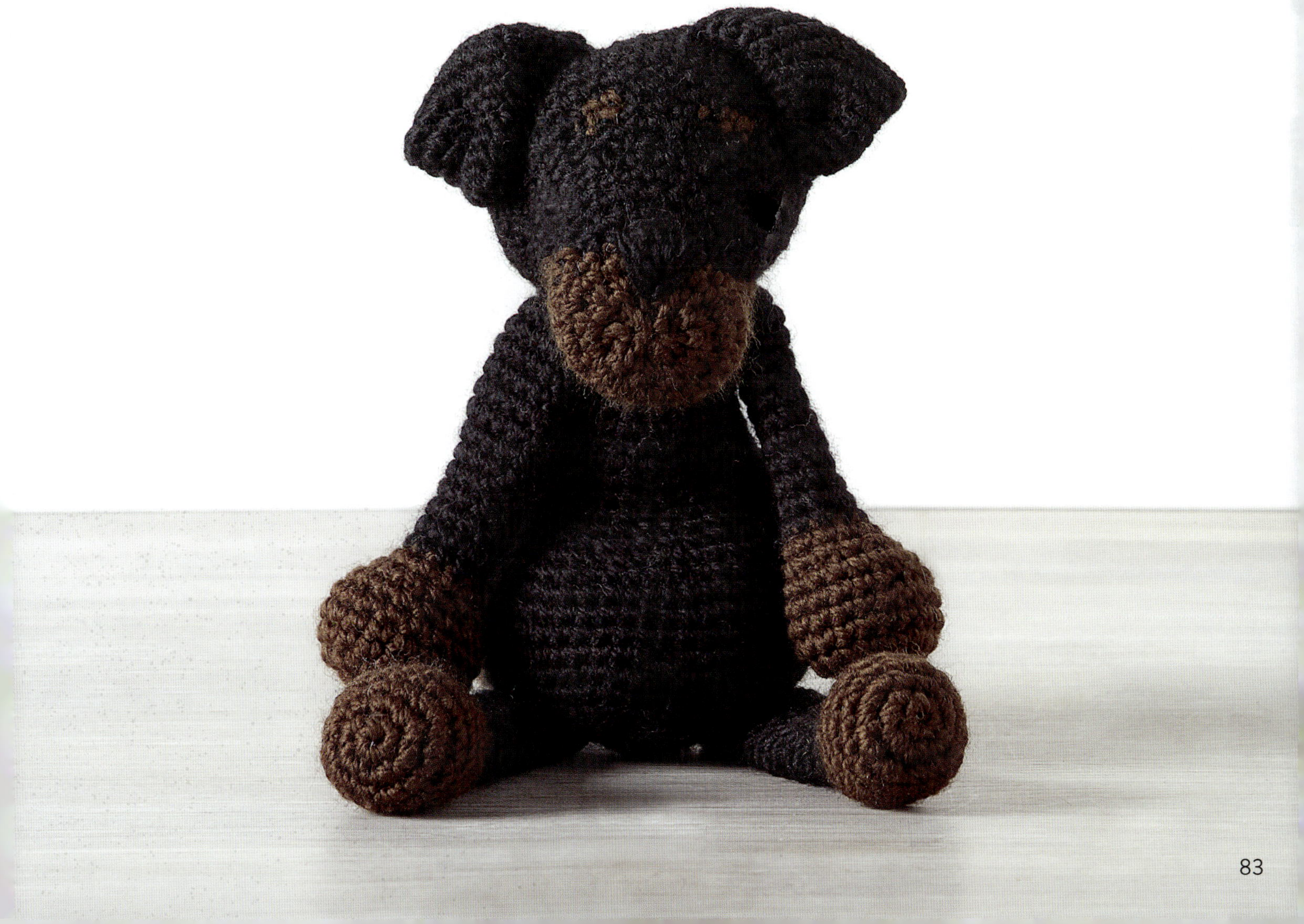

GARNFARBE: Camel
Empfohlene Alternative: Oatmeal

KÖRPER
Nach der Standardanleitung in Camel arbeiten (siehe Seite 16).

KOPF
In Camel arbeiten.
4 cm große Schlaufenmaschen (siehe Seite 128) in jede 3. M in allen ungeraden Rd und in jede 2. M in allen geraden Rd arbeiten.
Beginnen Sie mit 6 fM in den Anfangsring (siehe Techniken).
1. Rd: (2 fM in die nächste M) 6x (12).
2. Rd: (1 fM, 2 fM in die nächste M) 6x (18).
3. Rd: (2 fM, 2 fM in die nächste M) 6x (24).
4. Rd: (3 fM, 2 fM in die nächste M) 6x (30).
5. Rd: (4 fM, 2 fM in die nächste M) 6x (36).
6. Rd: (5 fM, 2 fM in die nächste M) 6x (42).
7.-11. Rd: fM (5 Rd).
12. Rd: (5 fM, 2 fM zus) 6x (36).
13. Rd: fM.
14. Rd: (4 fM, 2 fM zus) 3x, 18 fM (33).
15. Rd: (3 fM, 2 fM zus) 3x, 18 fM (30).
16. Rd: fM.
17. Rd: (3 fM, 2 fM zus) 6x (24).
18.-20. Rd: fM (3 Rd).
21. Rd: (2 fM, 2 fM zus) 6x (18).
22. Rd: (1 fM, 2 fM zus) 6x (12).
23. Rd: (2 fM, 2 fM zus) 3x (9).

BEINE (4x arbeiten)
Nach der Standardanleitung (siehe Seite 16) in Camel arbeiten.

OHREN (2x arbeiten)
Beginnen Sie mit 6 fM in den Anfangsring (siehe Techniken).
1. Rd: (2 fM, 2 fM in die nächste M) 2x (8).
2. Rd: (3 fM, 2 fM in die nächste M) 2x (10).
3. Rd: (4 fM, 2 fM in die nächste M) 2x (12).
4.-5. Rd: fM (2 Rd).
6. Rd: (5 fM, 2 fM in die nächste M) 2x (14).
7.-8. Rd: fM (2 Rd).
9. Rd: (6 fM, 2 fM in die nächste M) 2x (16).
10.-13. Rd: fM (4 Rd).

SCHWANZ
In Camel arbeiten.
6 cm große Schlaufenmaschen in jede 2. M arbeiten.
8 Lm mit 1 Km zum Ring schließen.
1.-8. Rd: fM (8 Rd).
9. Rd: 2 fM zus, 6 fM (7).
10. Rd: fM.
11. Rd: 2 fM zus, 5 fM (6).
12.-13. Rd: fM (2 Rd).
14. Rd: 2 fM zus, 4 fM (5).
15. Rd: fM.
16. Rd: 2 fM zus, 3 fM (4).
17. Rd: fM.
18. Rd: (2 fM zus) 2x (2).

HINWEISE
Schlaufen aufschneiden und in die gewünschte Form schneiden.

Wenni,
der Chow Chow

Wenni ist eine ausgesprochen kreative Bastlerin, die immer wieder neue Hobbys und Talente entdeckt, wenn ihr ein neues Werkzeug oder unbekanntes Material in die Finger kommt. Ob Zeichnen, Eier bemalen, Scrapbooking oder Mosaiken basteln – sie kann einfach alles und erschafft wundervolle Kunstwerke. Eines ihrer schönsten Werke bislang ist ein Instagram-Feed, bei dem sie selbst in den gewöhnlichsten Mittagsgerichten etwas Schönes entdeckt.

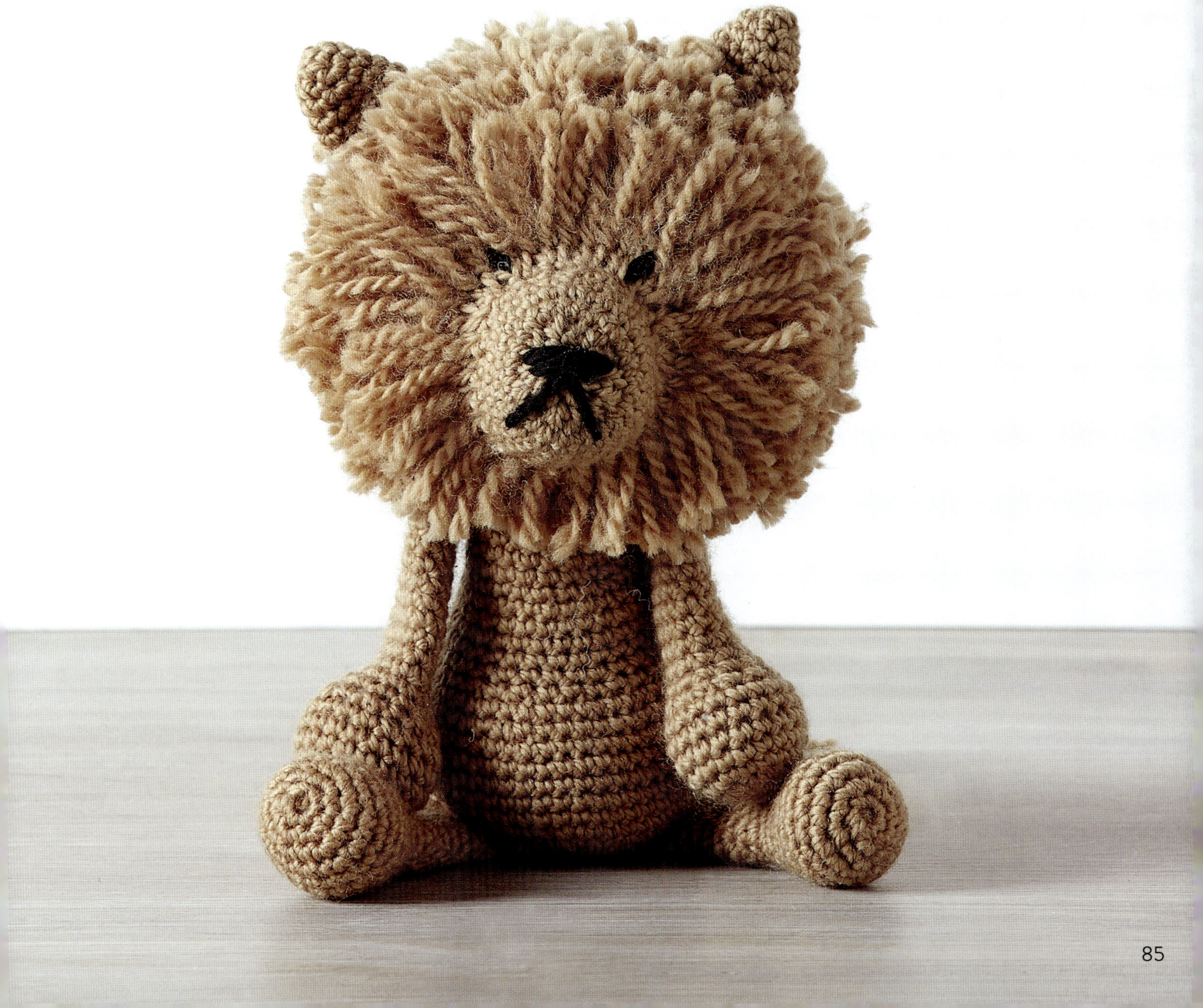

GARNFARBE: Cream
Empfohlene Alternativen: keine

KÖRPER
Nach der Standardanleitung (siehe Seite 16) in Cream arbeiten.

KOPF
In Cream arbeiten.
1,5 cm große Schlaufenmaschen (siehe Seite 128) in jede 4. M in allen geraden Rd und in jede 3. M in allen ungeraden Rd bis Rd 16 arbeiten.
Beginnen Sie mit 6 fM in den Anfangsring (siehe Techniken).
1. Rd: (2 fM in die nächste M) 6x (12).
2. Rd: (1 fM, 2 fM in die nächste M) 6x (18).
3. Rd: (2 fM, 2 fM in die nächste M) 6x (24).
4. Rd: (3 fM, 2 fM in die nächste M) 6x (30).
5. Rd: (4 fM, 2 fM in die nächste M) 6x (36).
6. Rd: (5 fM, 2 fM in die nächste M) 6x (42).
7.-11. Rd: fM (5 Rd).
12. Rd: (5 fM, 2 fM zus) 6x (36).
13. Rd: fM.
14. Rd: (4 fM, 2 fM zus) 3x, 18 fM (33).
15. Rd: (3 fM, 2 fM zus) 3x, 18 fM (30).
Weiter nur noch Schlaufen laut Anleitung arbeiten.
16. Rd: (2 fM zus) 10x, (1 fM mit Schlaufe, 1 fM) 5x (20).
17.-18. Rd: 10 fM, (1 fM mit Schlaufe, 1 fM) 5x.
19. Rd: (2 fM zus mit Schlaufe) 10x (10).

BEINE (4x arbeiten)
Nach der Standardanleitung in Cream arbeiten (siehe Seite 16).
1,5 cm große Schlaufenmaschen in jede 3. M in ungeraden Rd und in jede 2. M in geraden Rd arbeiten.

OHREN (2x arbeiten)
3 cm große Schlaufenmaschen in jede 3. M in ungeraden Rd und in jede 4. M in geraden Rd arbeiten.
Beginnen Sie mit 6 fM in den Anfangsring (siehe Techniken).
1. Rd: (2 fM in die nächste M) 6x (12).
2. Rd: (1 fM, 2 fM in die nächste M) 6x (18).
3. Rd: (2 fM, 2 fM in die nächste M) 6x (24).
4. Rd: fM.
5. Rd: (2 fM, 2 fM zus) 6x (18).
6.-11. Rd: fM (6 Rd).
12. Rd: (4 fM, 2 fM zus) 3x (15).

SCHWANZ
1,5 cm große Schlaufenmaschen in jede 2. M arbeiten.
8 Lm mit 1 Km zum Ring schließen.
1.-8. Rd: fM (8 Rd).
9. Rd: 2 fM zus, 6 fM (7).
10. Rd: fM.
11. Rd: 2 fM zus, 5 fM (6).
12.-13. Rd: fM (2 Rd).
14. Rd: 2 fM zus, 4 fM (5).
15. Rd: fM.
16. Rd: 2 fM zus, 3 fM (4).
17. Rd: fM.
18. Rd: (2 fM zus) 2x (2).

Myra,
der Bichon Frisé

Myra ist die am härtesten arbeitende Urgroßmutter, die Sie jemals treffen werden. Ihr ganzes Leben hat sie damit verbracht, anderen bei der Verwirklichung ihrer Träume zu helfen. Dank einer Ernährung, die hauptsächlich aus Scones und Schokokeksen besteht, erlebt sie derzeit ihr achtes Jahrzehnt, während sie ihrer großen, glücklichen Familie um sie herum beim Wachsen zusieht. Vollkommen unabhängig und immer mit einer Flasche Ingwerbier in der Hand – so inspiriert sie alle anderen Frauen.

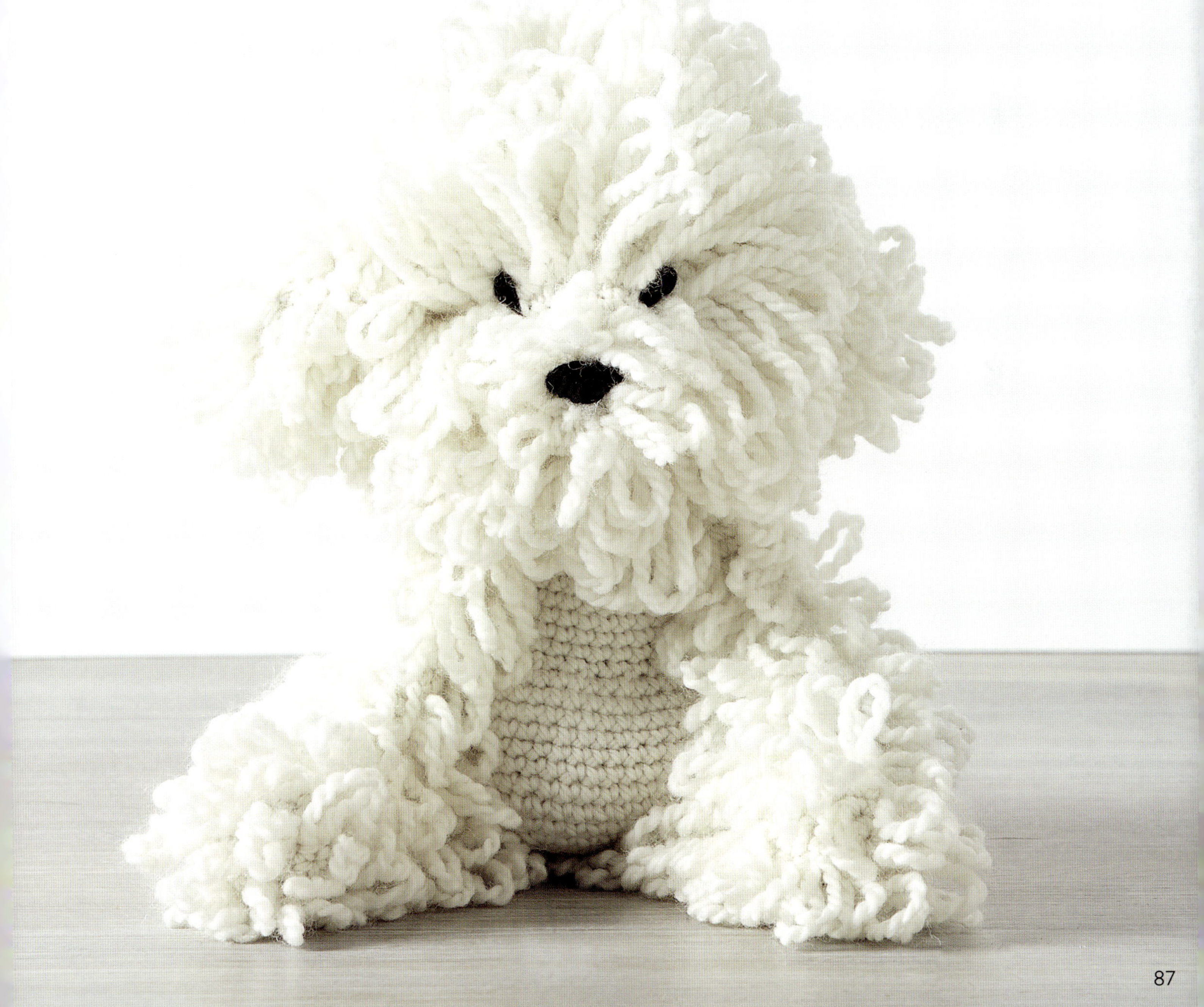

GARNFARBE: Camel und Steel
Empfohlene Alternativen: Stone und Charcoal

KÖRPER
Nach der Standardanleitung in Steel arbeiten (siehe Seite 16).

KOPF
In Camel arbeiten.
Beginnen Sie mit 6 fM in den Anfangsring (siehe Techniken).
1. Rd: (2 fM in die nächste M) 6x (12).
2. Rd: (1 fM, 2 fM in die nächste M) 6x (18).
3. Rd: (2 fM, 2 fM in die nächste M) 6x (24).
4. Rd: (3 fM, 2 fM in die nächste M) 6x (30).
5. Rd: (4 fM, 2 fM in die nächste M) 6x (36).
6. Rd: (5 fM, 2 fM in die nächste M) 6x (42).
Nach Anleitung 12 cm große Schlaufenmaschen (siehe Seite 128) arbeiten.
7. Rd: 21 fM mit Schlaufen in den ungeraden M, 21 fM.
8. Rd: 21 fM mit Schlaufen in den geraden M, 21 fM.
9. Rd: 21 fM mit Schlaufen in den ungeraden M, 21 fM.
10.-11. Rd: 9 fM, 3 fM mit Schlaufen, 30 fM (2 Rd).
12. Rd: (1 fM, 2 fM zus) 3x, 1 fM mit Schlaufe, 2 fM zus mit Schlaufe, (1 fM, 2 fM zus) 3x, 21 fM (35).
13. Rd: 6 fM, 2 fM mit Schlaufen, 27 fM.
14. Rd: 5 fM, 2 fM zus mit Schlaufe, 1 fM mit Schlaufe, 4 fM, 2 fM zus, (5 fM, 2 fM zus) 3x (30).
15. Rd: (2 fM zus) 3x, 2 fM zus mit Schlaufe, (2 fM zus) 2x, 18 fM (24).
16. Rd: (2 fM zus) 12x, dabei jede 2. M als Schlaufenmaschen arbeiten (12).
17. Rd: fM mit Schlaufen in den ungeraden M.
18. Rd: fM mit Schlaufen in den geraden M.
19. Rd: fM mit Schlaufen in den ungeraden M.
Weiter ohne Schlaufenmaschen.
20. Rd: fM.
21. Rd: (2 fM, 2 fM zus) 3x (9).

BEINE (4x arbeiten)
Nach der Standardanleitung in Camel arbeiten (siehe Seite 16).

OHREN (2x arbeiten)
In Camel arbeiten.
Beginnen Sie mit 6 fM in den Anfangsring (siehe Techniken).
1. Rd: (2 fM, 2 fM in die nächste M) 2x (8).
2. Rd: (3 fM, 2 fM in die nächste M) 2x (10).
3. Rd: (4 fM, 2 fM in die nächste M) 2x (12).
4.-5. Rd: fM (2 Rd).
6. Rd: (5 fM, 2 fM in die nächste M) 2x (14).
7.-8. Rd: fM (2 Rd).
9. Rd: (6 fM, 2 fM in die nächste M) 2x (16).
10.-11. Rd: fM (2 Rd).

SCHWANZ
In Steel arbeiten.
8 Lm mit 1 Km zum Ring schließen.
1.-4. Rd: 4 fM in Camel, 4 fM in Steel (4 Rd).
Nach Anleitung 3 cm große Schlaufenmaschen arbeiten.
5.-7. Rd: 4 fM in Camel in jede M Schlaufenmaschen arbeiten, 4 fM in Steel ohne Schlaufen.
8. Rd: 6 fM in Camel in jede M Schlaufenmaschen arbeiten, 2 fM in Steel ohne Schlaufen.
Weiter nur in Camel in jede M Schlaufenmaschen arbeiten.
9. Rd: 2 fM zus, 6 fM (7).
10. Rd: fM.
11. Rd: 2 fM zus, 5 fM (6).
12.-13. Rd: fM (2 Rd).
14. Rd: 2 fM zus, 4 fM (5).
15. Rd: fM.
16. Rd: 2 fM zus, 3 fM (4).
17.-19. Rd: fM (3 Rd).

HINWEIS
Schlaufen aufschneiden und in die gewünschte Form schneiden.

Dorothy,
der Yorkshire Terrier

Dorothy sammelt alles Mögliche: Teekannen, Fingerhüte, Figurenkrüge und sogar Geschirrtücher. In jeder Ecke ihres Hauses steht ein Eckschrank und in jeder Ecke dieser Eckschränke steht kleiner Nippes, der sie glücklich macht. Jeden Freitag genießt sie ihre Portion Fish & Chips, während sie sich in ihre karierte Decke kuschelt, bewundert den nordöstlichen Horizont und rätselt, wo wohl das kleine Dekoding geblieben ist, das neulich noch dort drüben stand.

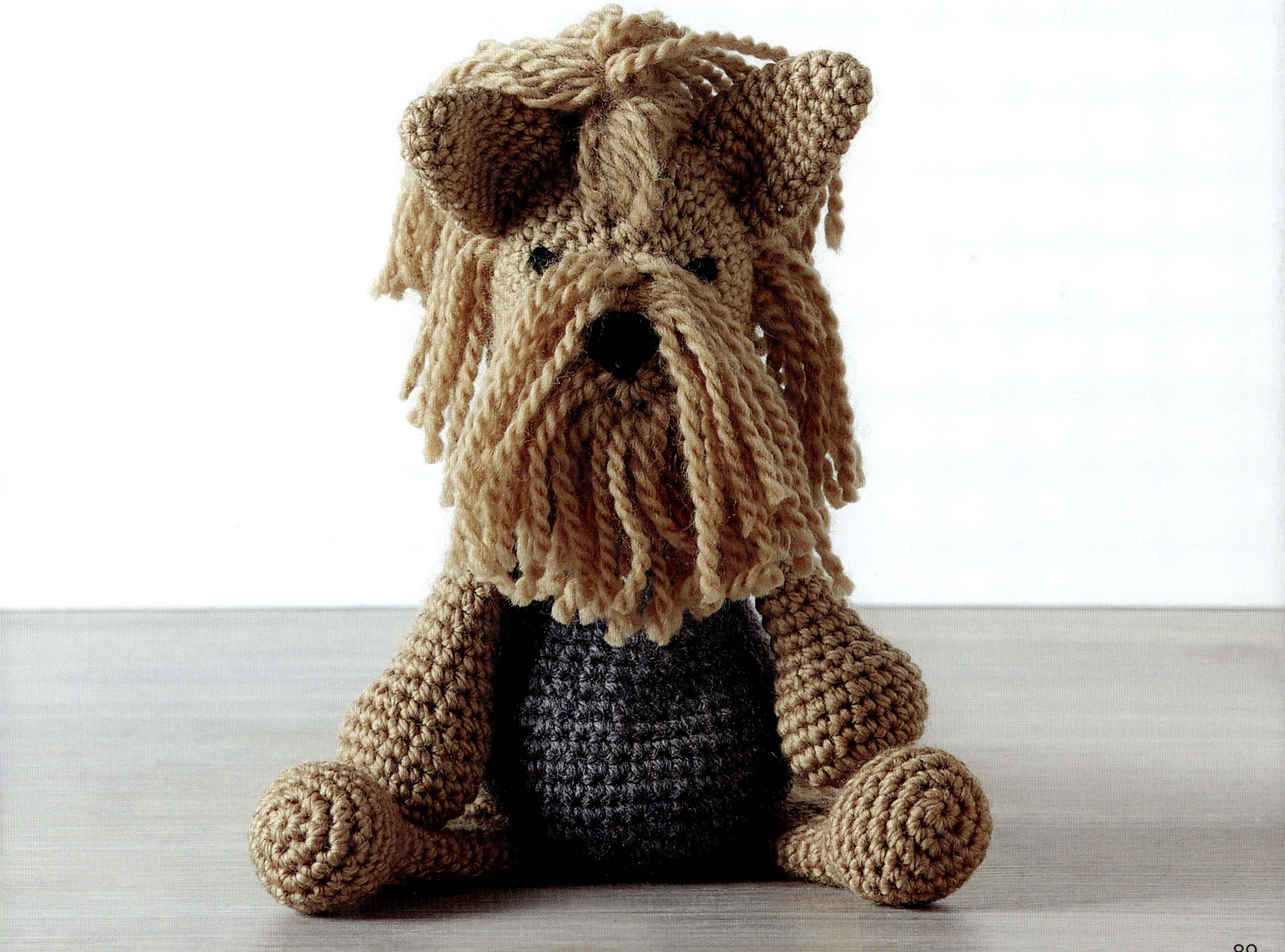

GARNFARBE: Cream und Mushroom
Empfohlene Alternativen: Cream und Black

KÖRPER
Nach der Standardanleitung (siehe Seite 16) in Cream arbeiten.

KOPF
In Cream arbeiten.
Beginnen Sie mit 6 fM in den Anfangsring (siehe Techniken).
1. Rd: (2 fM in die nächste M) 6x (12).
2. Rd: (1 fM, 2 fM in die nächste M) 6x (18).
3. Rd: (2 fM, 2 fM in die nächste M) 6x (24).
4. Rd: (3 fM, 2 fM in die nächste M) 6x (30).
5. Rd: (4 fM, 2 fM in die nächste M) 6x (36).
6. Rd: (5 fM, 2 fM in die nächste M) 6x (42).
7.-11. Rd: 7 fM in Mushroom, 35 fM in Cream (5 Rd).
12. Rd: 5 fM, 2 fM zus, 2 fM in Mushroom, 3 fM, 2 fM zus, (5 fM, 2 fM zus) 4x in Cream (36).
13.-14. Rd: 8 fM in Mushroom, 28 fM in Cream (2 Rd).
15. Rd: 8 fM in Mushroom, 1 fM (1 fM, 2 fM zus) 6x, 9 fM in Cream (30).
16. Rd: 1 fM in Cream, 7 fM in Mushroom, 22 fM in Cream.
17. Rd: 2 fM in Cream, 6 fM in Mushroom, 22 fM in Cream.
18. Rd: 2 fM in Cream, 5 fM in Mushroom, 23 fM in Cream.
Weiter nur in Cream arbeiten.
19. Rd: (3 fM, 2 fM zus) 6x (24).
20.-22. Rd: fM (3 Rd).
23. Rd: (2 fM, 2 fM zus) 6x (18).
24. Rd: fM.
25. Rd: (1 fM, 2 fM zus) 6x (12).
26. Rd: (2 fM, 2 fM zus) 3x (9).

BEINE (4x arbeiten)
Nach der Standardanleitung (siehe Seite 16) in Cream arbeiten.

OHREN (eins in Cream, das andere in Mushroom arbeiten)
Beginnen Sie mit 6 fM in den Anfangsring (siehe Techniken).
1. Rd: (2 fM, 2 fM in die nächste M) 2x (8).
2. Rd: (3 fM, 2 fM in die nächste M) 2x (10).
3. Rd: (4 fM, 2 fM in die nächste M) 2x (12).
4.-5. Rd: fM (2 Rd).
6. Rd: (5 fM, 2 fM in die nächste M) 2x (14).
7.-8. Rd: fM (2 Rd).
9. Rd: (6 fM, 2 fM in die nächste M) 2x (16).
10. Rd: fM.

SCHWANZ
In Cream arbeiten.
8 Lm mit 1 Km zum Ring schließen.
1.-8. Rd: fM (8 Rd).
9. Rd: 2 fM zus, 6 fM (7).
10. Rd: fM.
11. Rd: 2 fM zus, 5 fM (6).
12.-13. Rd: fM (2 Rd).
Zu Mushroom wechseln.
14. Rd: 2 fM zus, 4 fM (5).
15. Rd: fM.
16. Rd: 2 fM zus, 3 fM (4).
17. Rd: fM.
18. Rd: (2 fM zus) 2x (2).

Tyrone,
der Bullterrier

Tyrone ist Kleintierchirurg und hat sich auf Meerschweinchen spezialisiert. Sein Interesse an diesen niedlichen, quiekenden kleinen Nagern fand ihren Anfang, als er in seinen Studentenzeiten durch Peru reiste - seitdem ist er stolzer Meerschweinchenbesitzer. Seit einigen Jahren züchtet er Meerschweinchen und baut kontinuierlich an seinem Ruf, der beste Arzt für alle Meerschweinchenprobleme zu werden.

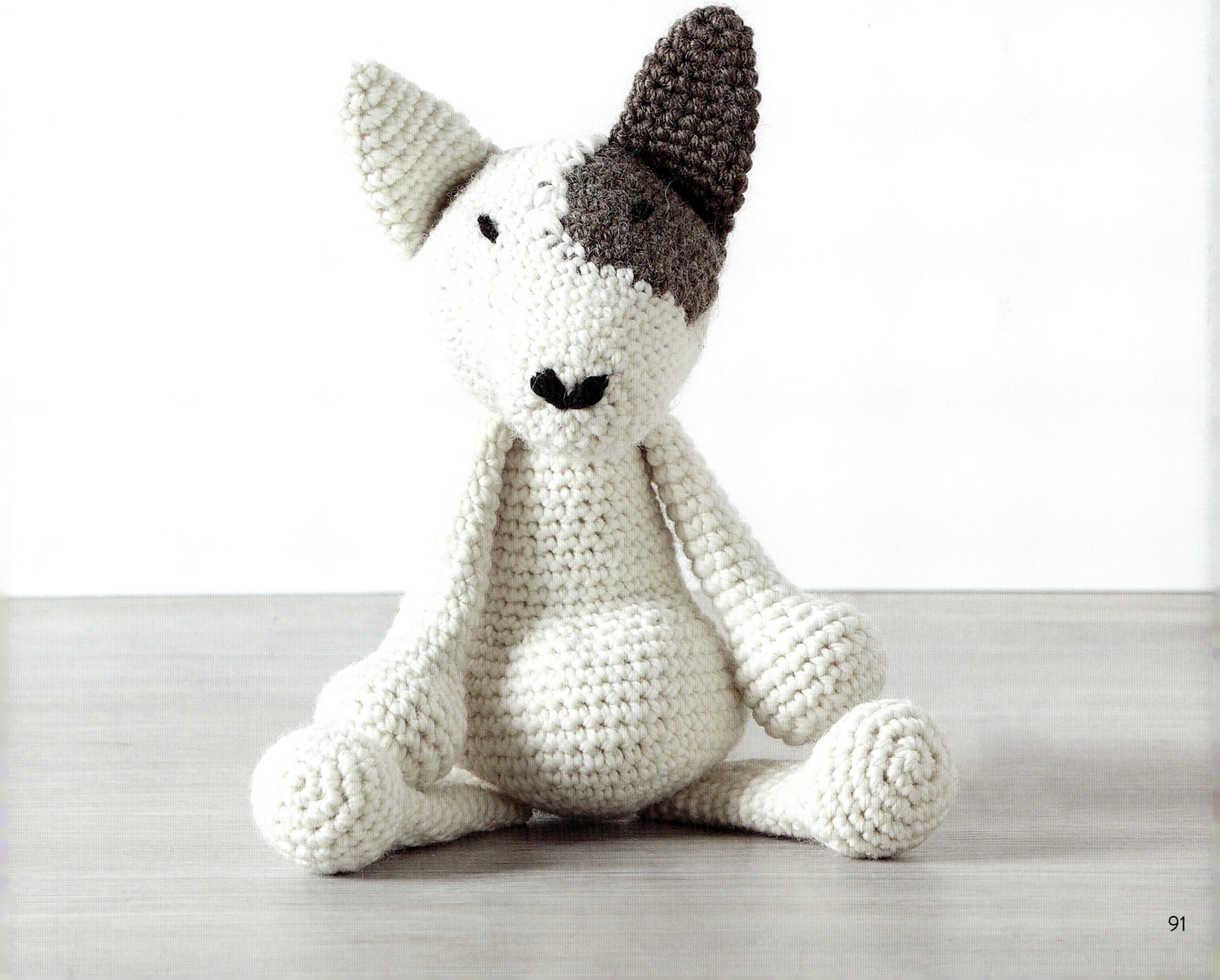

GARNFARBE: Cream, Silver, Stone
Empfohlene Alternativen: Stone, Camel, Charcoal

KÖRPER

Nach der Standardanleitung arbeiten (siehe Seite 16), dabei durch alle Rd die folgende Farbreihenfolge einhalten: 20 fM in Cream, 20 fM in Silver, 20 fM in Cream, 7 fM in Stone, 20 fM in Cream, 7 fM in Silver, 20 fM in Cream, 20 fM in Stone

KOPF

Wie unten beschrieben arbeiten, dabei die folgende Farbreihenfolge einhalten: 20 fM in Cream, 20 fM in Silver, 20 fM in Cream, 7 fM in Stone, 20 fM in Cream, 7 fM in Silver, 20 fM in Cream, 20 fM in Stone
Beginnen Sie mit 6 fM in den Anfangsring (siehe Techniken).
1. Rd: (2 fM in die nächste M) 6x (12).
2. Rd: (1 fM, 2 fM in die nächste M) 6x (18).
3. Rd: (2 fM, 2 fM in die nächste M) 6x (24).
4. Rd: (3 fM, 2 fM in die nächste M) 6x (30).
5. Rd: (4 fM, 2 fM in die nächste M) 6x (36).
6. Rd: (5 fM, 2 fM in die nächste M) 6x (42).
7.-11. Rd: fM (5 Rd).
Zu Cream wechseln.
12. Rd: (5 fM, 2 fM zus) 6x (36).
13. Rd: (4 fM, 2 fM zus) 6x (30).
14.-16. Rd: fM (3 Rd).
17. Rd: (1 fM, 2 fM zus) 6x, 12 fM (24).
18. Rd: (2 fM, 2 fM zus) 4x, 8 fM (20).
19.-21. Rd: fM (3 Rd).
22. Rd: (1 fM, 2 fM zus) 4x, 8 fM (16).
23.-24. Rd: fM (2 Rd).
25. Rd: (2 fM zus) 8x (8).

BEINE (4x arbeiten)

Nach der Standardanleitung (siehe Seite 16) in Cream arbeiten.

OHREN (2x arbeiten)

Wie unten beschrieben arbeiten, dabei die folgende Farbreihenfolge einhalten: 20 fM in Cream, 7 fM in Stone, 20 fM in Cream, 7 fM in Silver.
Beginnen Sie mit 6 fM in den Anfangsring (siehe Techniken).
1. Rd: (1 fM, 2 fM in die nächste M) 3x (9).
2. Rd: (2 fM, 2 fM in die nächste M) 3x (12).
3.-4. Rd: fM (2 Rd).
5. Rd: (3 fM, 2 fM in die nächste M) 3x (15).
6. Rd: fM.
7. Rd: (4 fM, 2 fM in die nächste M) 3x (18).
8. Rd: fM.
9. Rd: (5 fM, 2 fM in die nächste M) 3x (21).
10.-11. Rd: fM (2 Rd).
12. Rd: (1 fM, 2 fM zus) 7x (14).
13. Rd: (2 fM zus) 7x (7).

SCHWANZ

Nach der gleichen Farbreihenfolge wie die Ohren arbeiten.
8 Lm mit 1 Km zum Ring schließen.
1.-8. Rd: fM (8 Rd).
9. Rd: 2 fM zus, 6 fM (7).
10. Rd: fM.
11. Rd: 2 fM zus, 5 fM (6).
12.-16. Rd: fM (5 Rd).
17. Rd: 2 fM zus, 4 fM (5).
18. Rd: fM.
19. Rd: 2 fM zus, 3 fM (4).
20. Rd: fM.
21. Rd: (2 fM zus) 2x (2).

Gemma,
der Whippet

Gemma ist eine vollkommen austrainierte Athletin und ernährt sich von besonders energiereichen Lebensmitteln; zudem ist sie süchtig nach Spinat. Ihr Siegeswille ist erstaunlich: Sie wird niemals müde, jeden einzelnen Muskel in ihrem Körper noch stärker zu trainieren, damit sie auf der Laufbahn immer schneller wird.

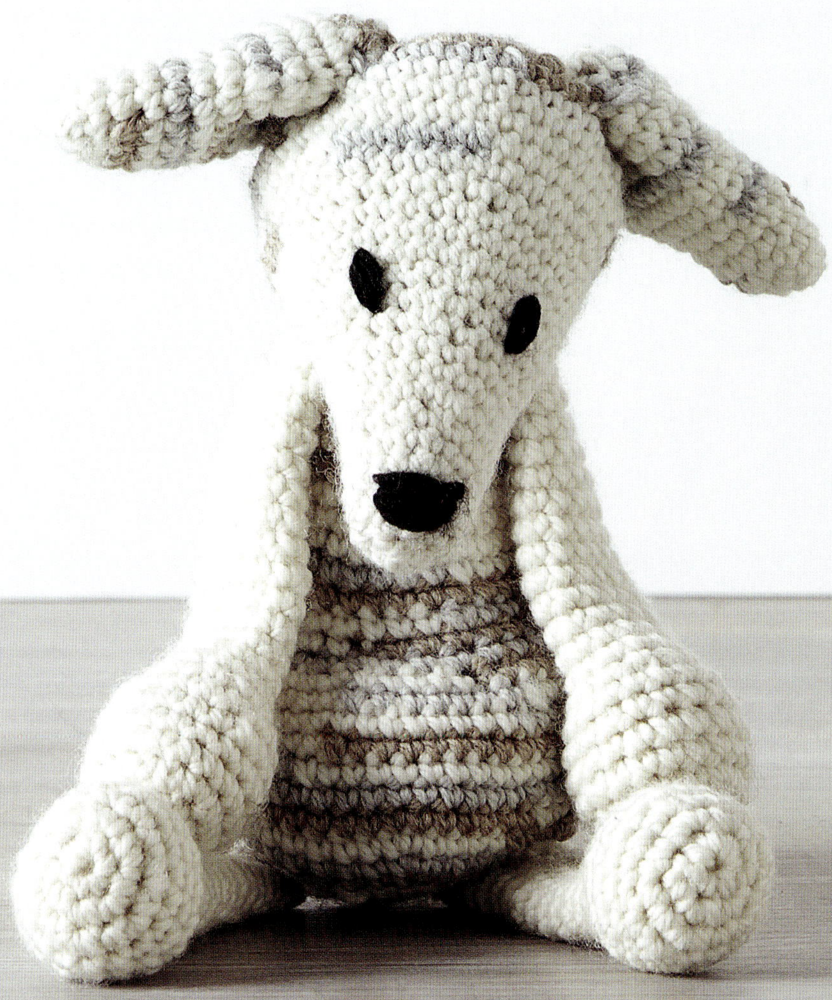

GARNFARBE: Cream
Empfohlene Alternativen: keine

KÖRPER
Nach der Standardanleitung (siehe Seite 16) in Cream arbeiten.

KOPF
In Cream arbeiten.
4 cm große Schlaufenmaschen (siehe Seite 128) in jeder 4. M in geraden Rd und in jeder 5. M in ungeraden Rd arbeiten.
Beginnen Sie mit 6 fM in den Anfangsring (siehe Techniken).
1. Rd: (2 fM in die nächste M) 6x (12).
2. Rd: (1 fM, 2 fM in die nächste M) 6x (18).
3. Rd: (2 fM, 2 fM in die nächste M) 6x (24).
4. Rd: (3 fM, 2 fM in die nächste M) 6x (30).
5. Rd: (4 fM, 2 fM in die nächste M) 6x (36).
6. Rd: (5 fM, 2 fM in die nächste M) 6x (42).
7.-8. Rd: fM (2 Rd).
1,5 cm große Schlaufenmaschen (siehe Seite 128) in jeder 4. M in geraden Rd und in jeder 5. M in ungeraden Rd arbeiten.
9.-11. Rd: fM (3 Rd).
Weiter ohne Schlaufenmaschen.
12. Rd: (2 fM zus, 2 fM) 6x, 18 fM (36).
13. Rd: (2 fM zus, 1 fM) 6x, 18 fM (30).
14. Rd: (2 fM zus) 6x, 18 fM (24).
15.-17. Rd: fM (3 Rd).
18. Rd: (2 fM, 2 fM zus) 6x (18).
19.-21. Rd: fM (3 Rd).
22. Rd: (2 fM zus) 9x (9).

BEINE (4x arbeiten)
Nach der Standardanleitung (siehe Seite 16) in Cream arbeiten.

OHREN (2x arbeiten)
Beginnen Sie mit 6 fM in den Anfangsring (siehe Techniken).
1. Rd: (2 fM, 2 fM in die nächste M) 2x (8).
2. Rd: (3 fM, 2 fM in die nächste M) 2x (10).
3. Rd: (4 fM, 2 fM in die nächste M) 2x (12).
4.-5. Rd: fM (2 Rd).
6. Rd: (5 fM, 2 fM in die nächste M) 2x (14).
7.-8. Rd: fM (2 Rd).
9. Rd: (6 fM, 2 fM in die nächste M) 2x (16).
10. Rd: fM.

SCHWANZ
3 cm große Schlaufenmaschen in jede 2. M arbeiten.
8 Lm mit 1 Km zum Ring schließen.
1.-8. Rd: fM (8 Rd).
9. Rd: 2 fM zus, 6 fM (7).
10. Rd: fM.
11. Rd: 2 fM zus, 5 fM (6).
12.-13. Rd: fM (2 Rd).
14. Rd: 2 fM zus, 4 fM (5).
15. Rd: fM.
16. Rd: 2 fM zus, 3 fM (4).
17. Rd: fM.
18. Rd: (2 fM zus) 2x (2).

Angelina,
der Samojede

Sehr zum Missfallen ihrer Mutter spielt Angelina mit Begeisterung Eishockey. Sie ist nicht bloß irgendeine Spielerin, sondern richtig gut und die beste Torschützin im Team. Sie bewegt sich auf Schlittschuhen, als wäre sie damit geboren, hat bei jedem Strafschuss Nerven aus Stahl und genug Ehrgeiz, um eines Tages eine olympische Medaille zu gewinnen.

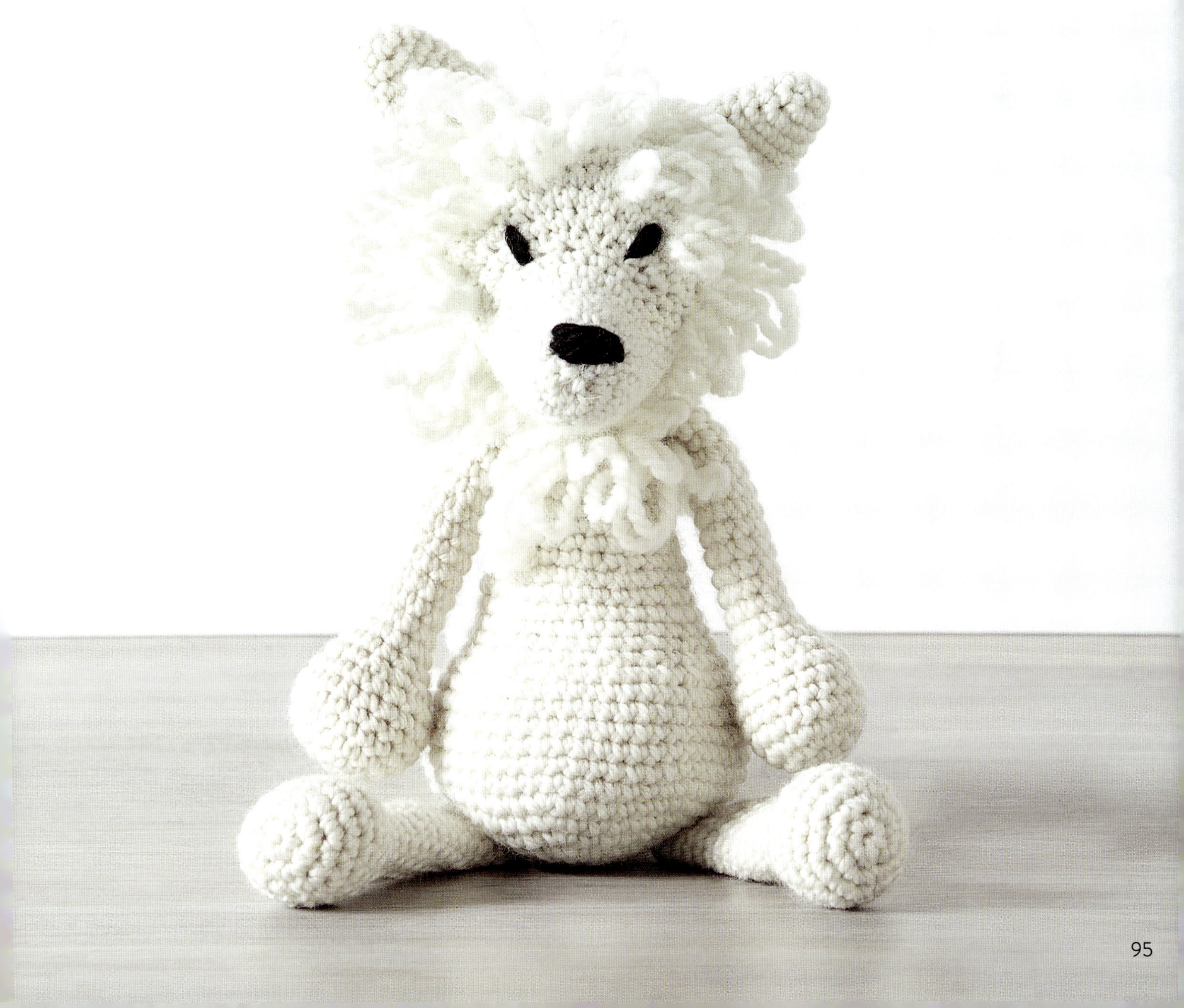

GARNFARBE: Silver und Steel
Empfohlene Alternativen: Steel und Charcoal

KÖRPER

Nach der Standardanleitung (siehe Seite 16) arbeiten. 4 cm große Schlaufenmaschen (siehe Seite 128) in jede 3. M in allen ungeraden Rd und in jede 4. M in allen geraden Rd arbeiten und die Rd in abwechselnden Farben häkeln.

KOPF

4 cm große Schlaufenmaschen in jede 3. M in allen ungeraden Rd und in jede 4. M in allen geraden Rd arbeiten und die Rd in abwechselnden Farben häkeln.
Beginnen Sie mit 6 fM in den Anfangsring (siehe Techniken).
1. Rd: (2 fM in die nächste M) 6x (12).
2. Rd: (1 fM, 2 fM in die nächste M) 6x (18).
3. Rd: (2 fM, 2 fM in die nächste M) 6x (24).
4. Rd: (3 fM, 2 fM in die nächste M) 6x (30).
5. Rd: (4 fM, 2 fM in die nächste M) 6x (36).
6. Rd: (5 fM, 2 fM in die nächste M) 6x (42).
7.-11. Rd: fM (5 Rd).
Weiter nur in Silver arbeiten, dabei nach Anleitung 5 cm große Schlaufenmaschen arbeiten.
12. Rd: 4 fM mit Schlaufen, 1 fM, 2 fM zus, (5 fM, 2 fM zus) 5x (36).
13. Rd: 4 fM mit Schlaufen, 32 fM.
14. Rd: 4 fM mit Schlaufen, 2 fM zus, (4 fM, 2 fM zus) 5x (30).
15.-17. Rd: 3 fM mit Schlaufen, 27 fM.
Weiter in jede 2. M Schlaufenmaschen arbeiten.
18. Rd: (3 fM, 2 fM zus) 6x (24).
19.-20. Rd: fM (2 Rd).
21. Rd: (2 fM, 2 fM zus) 6x (18).
22. Rd: (2 fM zus) 9x (9).

BEINE (4x arbeiten)

Nach der Standardanleitung (siehe Seite 16) in Steel arbeiten.

OHREN (2x arbeiten)

In Steel arbeiten.
Beginnen Sie mit 6 fM in den Anfangsring (siehe Techniken).
1. Rd: (1 fM, 2 fM in die nächste M) 3x (9).
2. Rd: (2 fM, 2 fM in die nächste M) 3x (12).
3.-4. Rd: fM (2 Rd).
5. Rd: (3 fM, 2 fM in die nächste M) 3x (15).
6. Rd: fM.
7. Rd: (4 fM, 2 fM in die nächste M) 3x (18).
8. Rd: fM.
9. Rd: (5 fM, 2 fM in die nächste M) 3x (21).
10.-11. Rd: fM (2 Rd).
12. Rd: (1 fM, 2 fM zus) 7x (14).
13. Rd: (2 fM zus) 7x (7).

SCHWANZ

In Steel arbeiten.
8 Lm mit 1 Km zum Ring schließen.
1.-3. Rd: fM (3 Rd).
4. Rd: (2 fM, 2 fM zus) 2x (6).
5.-7. Rd: fM (3 Rd).
8. Rd: 2 fM zus, 4 fM (5).
9.-11. Rd: fM (3 Rd).
12. Rd: 2 fM zus, 3 fM (4).
13.-15. Rd: fM (3 Rd).

HINWEIS

Schlaufen so unregelmäßig wie möglich aufschneiden und in die gewünschte Form schneiden.

Joyce,
der Irische Wolfshund

Die kurzsichtige Joyce bummelt gerne durch Buchläden und hinterlässt dabei einen muffigen Geruch, der ihr schon seit einem Jahrzehnt anhängt. Sie weiß, dass ein gutes Shampoo zwischen ihren Ohren Wunder wirken könnte, wenn sie seit langem mal wieder zu einem Date ausgeht, doch sie wendet sich schnell von jedem ab, der sie nach ihrem Äußeren beurteilt, bevor sie ihre Geschichte erzählen kann.

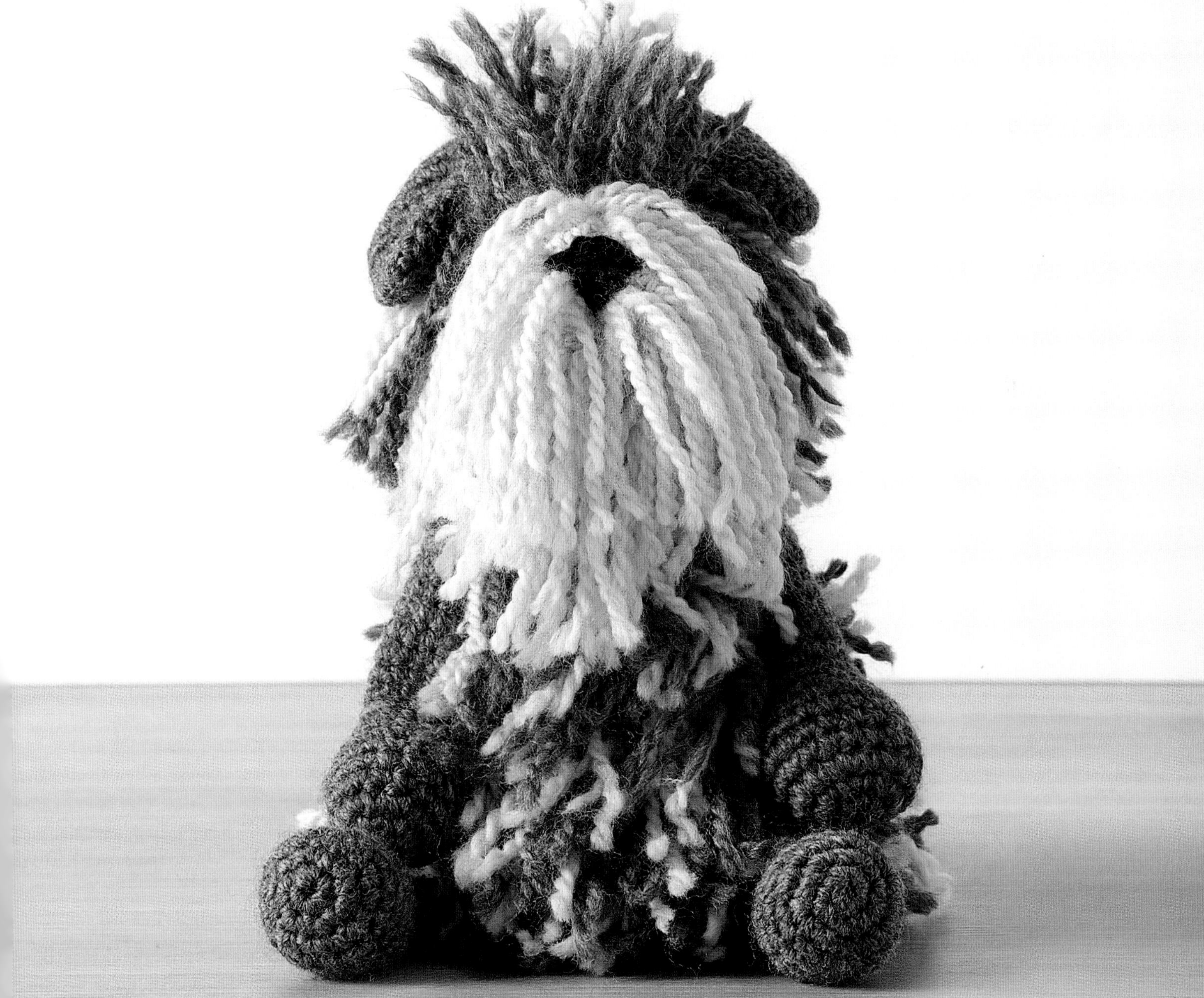

GARNFARBE: Oatmeal
Empfohlene Alternativen: Stone, Cream

KÖRPER

Nach der Standardanleitung (siehe Seite 16) in Oatmeal arbeiten.

KOPF

15 cm große Schlaufenmaschen (siehe Seite 128) in jeder 6. M in ungeraden Rd und in jeder 10. M in geraden Rd arbeiten.
Beginnen Sie mit 6 fM in den Anfangsring (siehe Techniken).
1. Rd: (2 fM in die nächste M) 6x (12).
2. Rd: (1 fM, 2 fM in die nächste M) 6x (18).
3. Rd: (2 fM, 2 fM in die nächste M) 6x (24).
4. Rd: (3 fM, 2 fM in die nächste M) 6x (30).
5. Rd: (4 fM, 2 fM in die nächste M) 6x (36).
6. Rd: (5 fM, 2 fM in die nächste M) 6x (42).
Nach Anleitung 15 cm große Schlaufenmaschen arbeiten.
7. Rd: 8 fM, 1 fM mit Schlaufe, 3 fM, 1 fM mit Schlaufe, 29 fM.
8. Rd: 10 fM, 1 fM mit Schlaufe, 31 fM.
9. Rd: 7 fM, 1 fM mit Schlaufe, (2 fM, 1 fM mit Schlaufe) 2x, 28 fM.
10. Rd: 10 fM, 1 fM mit Schlaufe, 31 fM.
11. Rd: 7 fM, (1 fM mit Schlaufe, 1 fM) 4x, 1 fM mit Schlaufe, 26 fM.
Weiter ohne Schlaufenmaschen.
12. Rd: (5 fM, 2 fM zus) 6x (36).
13. Rd: (4 fM, 2 fM zus) 6x (30).
14.-16. Rd: fM (3 Rd).
17. Rd: (3 fM, 2 fM zus) 6x (24).
18.-19. Rd: fM (2 Rd).
20. Rd: (6 fM, 2 fM zus) 3x (21).
21.-22. Rd: fM (2 Rd).
23. Rd: (5 fM, 2 fM zus) 3x (18).
24.-25. Rd: fM (2 Rd).
26. Rd: (2 fM zus) 9x (9).

BEINE (4x arbeiten)

Schlaufenmaschen in jede 6. M in ungeraden Rd und in jede 10. M in geraden Rd, dabei mit 3 cm großen Schlaufen beginnen und langsam bis auf 10 cm große Schlaufen steigern.
Beginnen Sie mit 6 fM in den Anfangsring (siehe Techniken).
1. Rd: (2 fM in die nächste M) 6x (12).
2. Rd: (1 fM, 2 fM in die nächste M) 6x (18).
3.-6. Rd: fM (4 Rd).
7. Rd: (1 fM, 2 fM zus) 6x (12).
8.-22. Rd: fM (15 Rd).

OHREN (2x arbeiten)

10 cm große Schlaufenmaschen in jede 6. M in ungeraden Rd und in jede 10. M in geraden Rd arbeiten.
Beginnen Sie mit 6 fM in den Anfangsring (siehe Techniken).
1. Rd: (2 fM in die nächste M) 6x (12).
2. Rd: (1 fM, 2 fM in die nächste M) 6x (18).
3. Rd: (2 fM, 2 fM in die nächste M) 6x (24).
4.-5. Rd: fM (2 Rd).
6. Rd: (2 fM zus, 10 fM) 2x (22).
7. Rd: fM.
8. Rd: (2 fM zus, 9 fM) 2x (20).
9. Rd: (2 fM zus, 8 fM) 2x (18).
10.-14. Rd: fM (5 Rd).
15. Rd: (1 fM, 2 fM zus) 6x (12).

SCHWANZ

8 Lm mit 1 Km zum Ring schließen.
1.-3. Rd: fM (3 Rd).
4. Rd: (2 fM, 2 fM zus) 2x (6).
5.-7. Rd: fM (3 Rd).
8. Rd: 2 fM zus, 4 fM (5).
9.-11. Rd: fM (3 Rd).
12. Rd: 2 fM zus, 3 fM (4).
13.-15. Rd: fM (3 Rd).

HINWEIS

Schlaufen aufschneiden und in die gewünschte Form schneiden.

Amy,
der Afghanische Windhund

Mit ihren perfekt gebürsteten langen blonden Locken und einem eleganten Schwung in den Hüften fühlt sich diese umtriebige Hündin an einem sonnigen Strand ebenso zu Hause wie auf einer strahlend weißen Skipiste. Ihr Auge für stabile Kettfäden und ihre Zuneigung zu luxuriösen, erstklassigen Schussfäden zeigt schon, dass diese intelligente Dame einer glänzenden Zukunft in der Welt der Textilien entgegengeht.

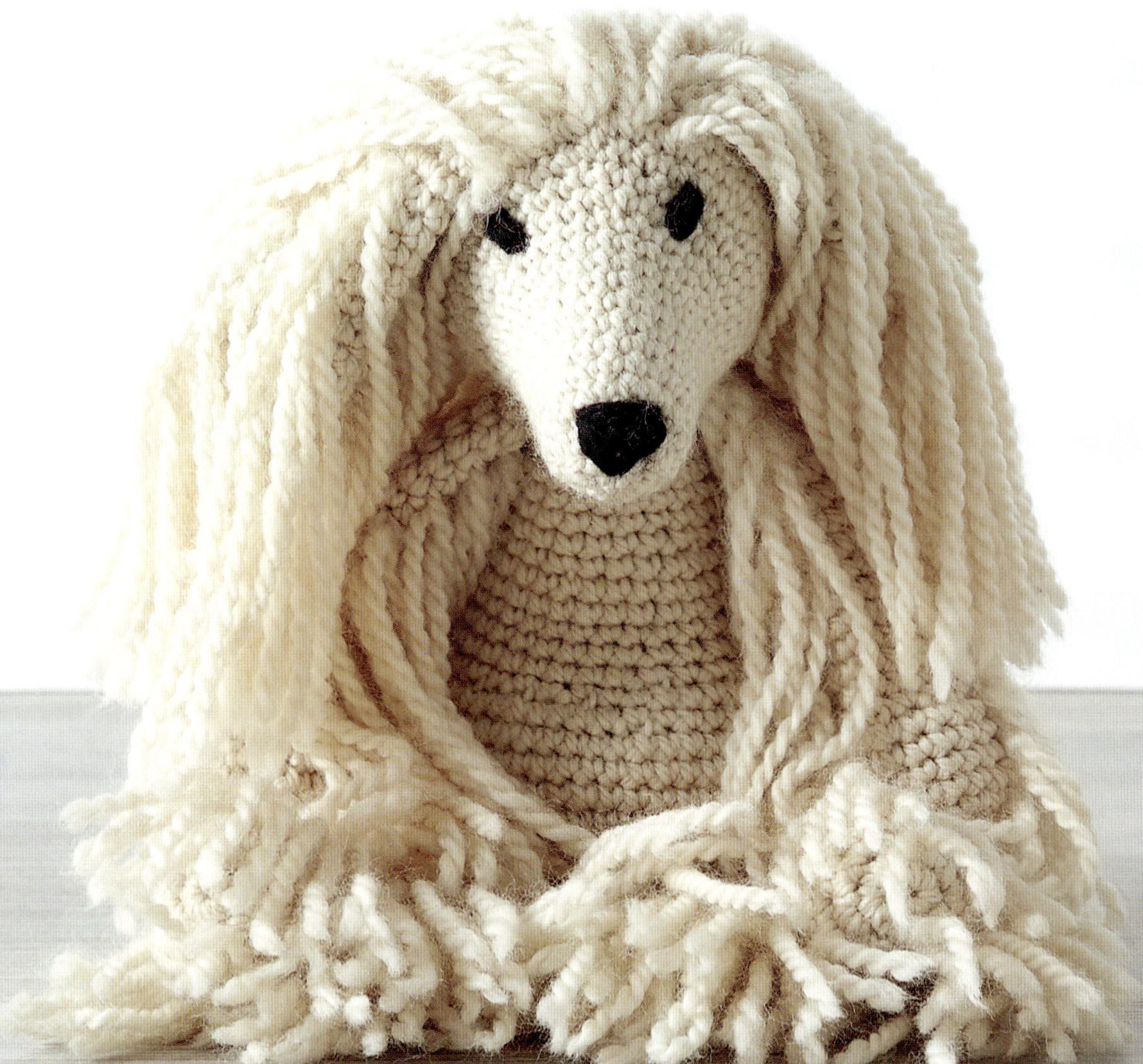

GARNFARBE: Charcoal und Cream
Empfohlene Alternativen: Stone und Charcoal

KÖRPER

In Charcoal arbeiten.
5 cm große Schlaufenmaschen (siehe Seite 128) in jede 3. M in allen ungeraden Rd und in jede 2. M in allen geraden Rd arbeiten.
Beginnen Sie mit 6 fM in den Anfangsring (siehe Techniken).
1. Rd: (2 fM in die nächste M) 6x (12).
2. Rd: (1 fM, 2 fM in die nächste M) 6x (18).
3. Rd: (2 fM, 2 fM in die nächste M) 6x (24).
4. Rd: (3 fM, 2 fM in die nächste M) 6x (30).
5. Rd: (4 fM, 2 fM in die nächste M) 6x (36).
6. Rd: (5 fM, 2 fM in die nächste M) 6x (42).
7. Rd: (6 fM, 2 fM in die nächste M) 6x (48).
8.-12. Rd: fM (5 Rd).
13. Rd: 30 fM (4 fM, 2 fM zus) 3x (45).
14. Rd: fM.
15. Rd: (1 fM, 2 fM zus) 15x (30).
16.-17. Rd: 22 fM in Charcoal, 8 fM in Cream (2 Rd).
18.-19. Rd: 23 fM in Charcoal, 7 fM in Cream (2 Rd).
20. Rd: 24 fM in Charcoal, 6 fM in Cream.
21. Rd: 1 fM in Cream, 2 fM, 2 fM zus (3 fM, 2 fM zus) 3x, 4 fM in Charcoal, 4 fM, 2 fM zus in Cream (25).
22.-23. Rd: 1 fM in Cream, 20 fM in Charcoal, 4 fM in Cream (2 Rd).
24.-25. Rd: 2 fM in Cream, 20 fM in Charcoal, 3 fM in Cream (2 Rd).
26. Rd: 2 fM in Cream, 21 fM in Charcoal, 2 fM in Cream.
27. Rd: 2 fM in Cream, 2 fM zus (2 fM, 2 fM zus) 4x, 3 fM in Charcoal, 2 fM in Cream (20).
28. Rd: 2 fM in Cream, 17 fM in Charcoal, 1 fM in Cream.
29. Rd: (2 fM zus) 10x in Charcoal (10).

BEINE (4x arbeiten)

Nach der Standardanleitung (siehe Seite 16) in Charcoal arbeiten. 5 cm große Schlaufenmaschen in jede 3. M in ungeraden Rd und in jede 2. M in geraden Rd arbeiten.

KOPF

In Charcoal arbeiten.
5 cm große Schlaufenmaschen in jede 3. M in ungeraden Rd und in jede 2. M in geraden Rd arbeiten.
Beginnen Sie mit 6 fM in den Anfangsring (siehe Techniken).
1. Rd: (2 fM in die nächste M) 6x (12).
2. Rd: (1 fM, 2 fM in die nächste M) 6x (18).
3. Rd: (2 fM, 2 fM in die nächste M) 6x (24).
4. Rd: (3 fM, 2 fM in die nächste M) 6x (30).
5. Rd: (4 fM, 2 fM in die nächste M) 6x (36).
6. Rd: (5 fM, 2 fM in die nächste M) 6x (42).
7.-11. Rd: fM (5 Rd).
12. Rd: (5 fM, 2 fM zus) 3x, 21 fM (39).
13. Rd: (4 fM, 2 fM zus) 3x, 21 fM (36).
14. Rd: (3 fM, 2 fM zus) 3x, 21 fM (33).
15. Rd: (2 fM, 2 fM zus) 3x, 21 fM (30).
Weiter ohne Schlaufenmaschen.
16. Rd: (1 fM, 2 fM zus) 5x, 15 fM (25).
17.-18. Rd: fM (2 Rd).
19. Rd: 12 fM, (3 fM, 3 fM in die nächste M) 3x, 1 fM (31).
20.-21. Rd: fM (2 Rd).
22. Rd: 20 fM, 2 fM zus, 9 fM (30).
23. Rd: (3 fM, 2 fM zus) 6x (24).
24. Rd: 12 fM, (2 fM zus) 6x (18).
25. Rd: (2 fM zus) 2x, 4 fM, (2 fM zus) 5x (11).

OHREN (2x arbeiten)

In Charcoal arbeiten.
3 cm große Schlaufenmaschen in jede 3. M in allen ungeraden Rd und in jede 4. M in allen geraden Rd arbeiten.
Beginnen Sie mit 6 fM in den Anfangsring (siehe Techniken).
1. Rd: (2 fM in die nächste M) 6x (12).
2. Rd: (1 fM, 2 fM in die nächste M) 6x (18).
3. Rd: (2 fM, 2 fM in die nächste M) 6x (24).
4. Rd: fM.
5. Rd: (2 fM, 2 fM zus) 6x (18).
6.-11. Rd: fM (6 Rd).
12. Rd: (4 fM, 2 fM zus) 3x (15).

SCHWANZ

In Charcoal arbeiten.
5 cm große Schlaufenmaschen in jede 2. M arbeiten.
8 Lm mit 1 Km zum Ring schließen.
1.-8. Rd: fM (8 Rd).
9. Rd: 2 fM zus, 6 fM (7).
10. Rd: fM.
11. Rd: 2 fM zus, 5 fM (6).
12. Rd: fM.
Zu Cream wechseln.
13. Rd: fM.
14. Rd: 2 fM zus, 4 fM (5).
15. Rd: fM.
16. Rd: 2 fM zus, 3 fM (4).
17. Rd: fM.
18. Rd: (2 fM zus) 2x (2).

Ilana,
der Neufundländer

Das Schrecklichste an Ilana ist, dass sie gerade erst angefangen hat zu wachsen! Diese Junghündin verkündet mit ihrer lauten Stimme gerne ihre riesigen Ideen. Dank ihrer Liebe zu ihrer Familie und zu dicken Umarmungen hat man sie gerne um sich und erhält immer wieder erstaunliche Einblicke in die Gedankenwelt dieser neugierigen Fünfjährigen.

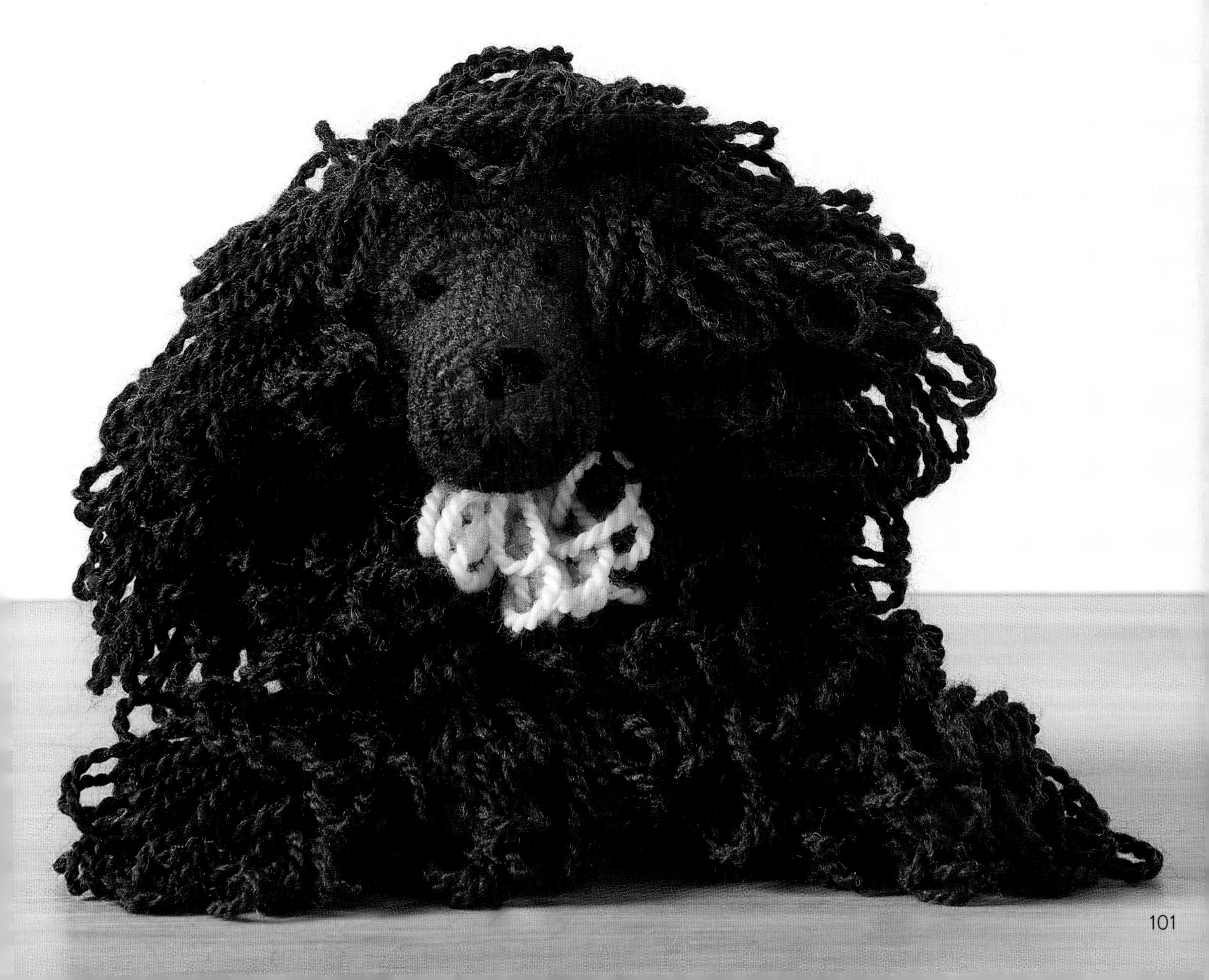

GARNFARBE: Oatmeal und Charcoal
Empfohlene Alternativen: Camel und Black

KÖRPER

Nach der Standardanleitung (siehe Seite 16) in Oatmeal arbeiten. 10 cm große Schlaufenmaschen in jede 3. M in ungeraden Rd und in jede 4. M in geraden Rd arbeiten (siehe Seite 128).
In den ersten 9 Rd mit kürzeren Schlaufen beginnen und die Schlaufen langsam immer größer werden lassen.

KOPF

In Oatmeal arbeiten.
10 cm große Schlaufenmaschen in jede 3. M in ungeraden Rd und in jede 4. M in geraden Rd arbeiten.
Beginnen Sie mit 6 fM in den Anfangsring (siehe Techniken).
1. Rd: (2 fM in die nächste M) 6x (12).
2. Rd: (1 fM, 2 fM in die nächste M) 6x (18).
3. Rd: (2 fM, 2 fM in die nächste M) 6x (24).
4. Rd: (3 fM, 2 fM in die nächste M) 6x (30).
5. Rd: (4 fM, 2 fM in die nächste M) 6x (36).
6. Rd: (5 fM, 2 fM in die nächste M) 6x (42).
7.-11. Rd: fM (5 Rd).
12. Rd: (5 fM, 2 fM zus) 6x (36).
13. Rd: fM.
14. Rd: (4 fM, 2 fM zus) 3x, 18 fM (33).
15. Rd: (3 fM, 2 fM zus) 3x, 18 fM (30).
16. Rd: fM.
Zu Charcoal wechseln und weiter ohne Schlaufenmaschen.
17. Rd: fM.
18. Rd: 9 fM, (2 fM zus) 6x, 9 fM (24).
19. Rd: 6 fM, (2 fM zus) 6x, 6 fM (18).
20. Rd: fM.
21. Rd: (2 fM, 2 fM in die nächste M) 6x (24).
22. Rd: (2 fM zus) 12x (12).

OHREN (2x arbeiten)

In Oatmeal arbeiten.
10 cm große Schlaufenmaschen in jede 3. M in ungeraden Rd und in jede 4. M in geraden Rd arbeiten.
Beginnen Sie mit 6 fM in den Anfangsring (siehe Techniken).
1. Rd: (1 fM, 2 fM in die nächste M) 3x (9).
2. Rd: (2 fM, 2 fM in die nächste M) 3x (12).
3.-4. Rd: fM (2 Rd).
5. Rd: (3 fM, 2 fM in die nächste M) 3x (15).
6. Rd: fM.
7. Rd: (4 fM, 2 fM in die nächste M) 3x (18).
8. Rd: fM.
9. Rd: (5 fM, 2 fM in die nächste M) 3x (21).
10.-11. Rd: fM (2 Rd).
12. Rd: (1 fM, 2 fM zus) 7x (14).
13. Rd: (2 fM zus) 7x (7).

BEINE (2x arbeiten)

Nach der Standardanleitung (siehe Seite 16) in Oatmeal arbeiten.

SCHWANZ

In Oatmeal arbeiten.
5 cm große Schlaufenmaschen in jede 3. M in ungeraden Rd und in jede 4. M in geraden Rd arbeiten.
8 Lm mit 1 Km zum Ring schließen.
1.-8. Rd: fM (8 Rd).
9.-12. Rd: fM (4 Rd).
13. Rd: (2 fM zus) 4x (4).

HINWEIS

Schlaufen aufschneiden und in die gewünschte Form schneiden.

Simay,
der Pekinese

Diese wirklich extravagante Kosmetikerin kennt sich mit allem aus, was mit gutem Aussehen zu tun hat. Simays Aufgabe besteht darin, jedem Kunden ein 1-Million-Dollar-Gefühl zu geben. So bürstet und striegelt sie jeden Kunden nach allen Regeln der Kunst, bis auch der zögerlichste Besucher in ihrem Salon glücklich und entspannt ist und schließlich mit einem eleganten Schwanzwedeln aus der Tür schreitet.

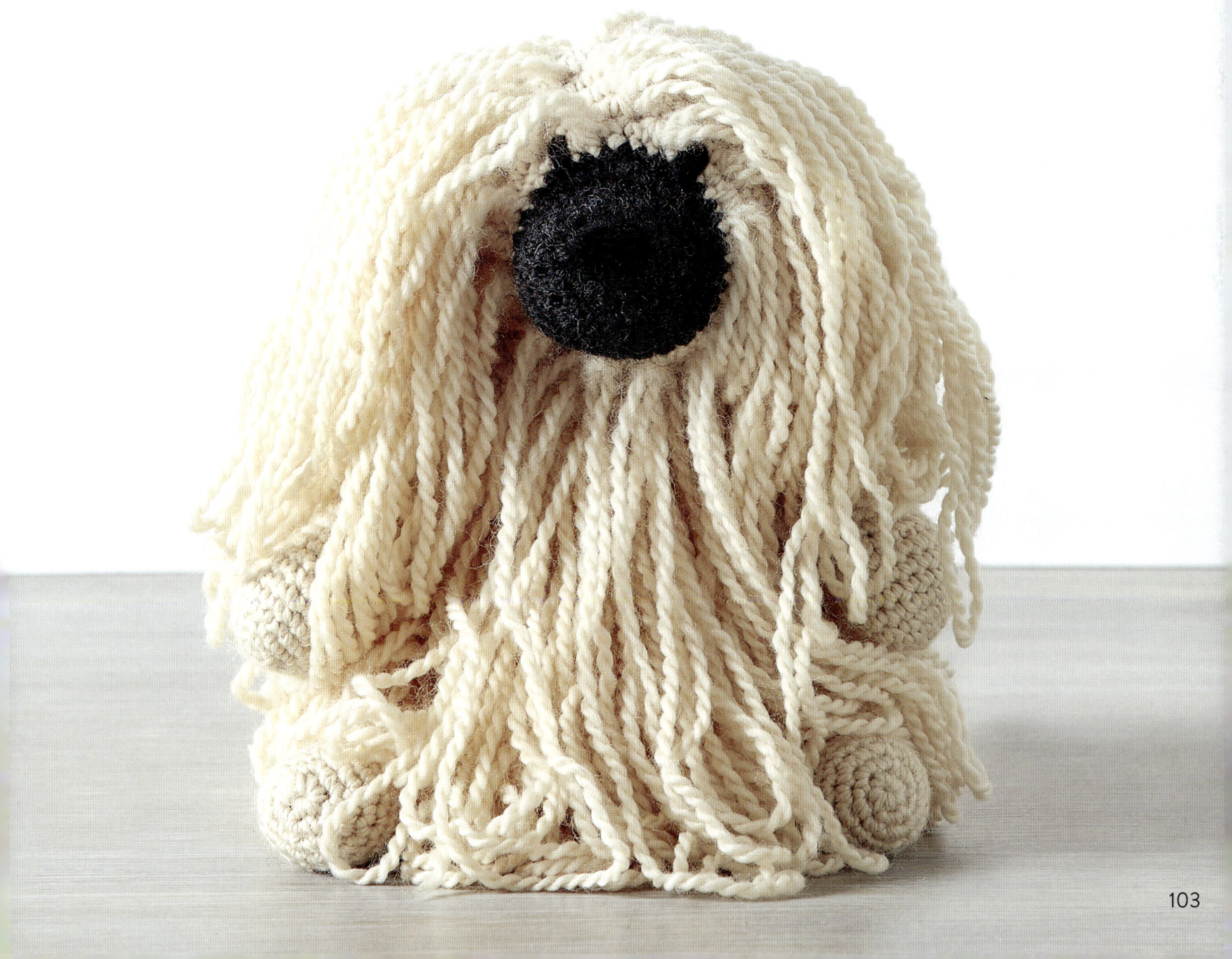

GARNFARBE: Cream und Fudge
Empfohlene Alternativen: Cream und Charcoal

KÖRPER

Nach der Standardanleitung (siehe Seite 16) in Cream arbeiten. 5 cm große Schlaufenmaschen (siehe Seite 128) in jede 2. M der 25.-28. Rd arbeiten.

KOPF

In Cream arbeiten.
Beginnen Sie mit 6 fM in den Anfangsring (siehe Techniken).
1. Rd: (2 fM in die nächste M) 6x (12).
2. Rd: (1 fM, 2 fM in die nächste M) 6x (18).
3. Rd: (2 fM, 2 fM in die nächste M) 6x (24).
4. Rd: (3 fM, 2 fM in die nächste M) 6x (30).
5. Rd: (4 fM, 2 fM in die nächste M) 6x (36).
6. Rd: (5 fM, 2 fM in die nächste M) 6x (42).
7. Rd: fM.
8. Rd: 7 fM in Fudge, 7 fM in Cream, 28 fM in Fudge.
9. Rd: 7 fM in Fudge, 8 fM in Cream, 27 fM in Fudge.
10. Rd: 8 fM in Fudge, 7 fM in Cream, 27 fM in Fudge.
11. Rd: 9 fM, 5 fM in Cream, 28 fM in Fudge.
12. Rd: 3 fM, (1 fM, 2 fM zus) 2x, 1 fM in Fudge, (2 fM zus) in Cream, (1 fM, 2 fM zus) 2x, 12 fM in Fudge (36).
13. Rd: 4 fM, 2 fM zus, 2 fM in Fudge, 2 fM in Cream, 2 fM zus, (4 fM, 2 fM zus) 4x in Fudge (30).
14. Rd: 3 fM, 2 fM zus, 2 fM in Fudge, 2 fM in Cream, 2 fM zus, 2 fM, 2 fM zus (3 fM, 2 fM zus) 3x in Fudge (24).
15. Rd: 2 fM, 2 fM zus, 2 fM in Fudge, 2 fM zus in Cream, (2 fM, 2 fM zus) 4x in Fudge (18).
16. Rd: 3 fM in Fudge, 5 fM in Cream, 10 fM in Fudge.
17. Rd: 2 fM in Fudge, 8 fM in Cream, 8 fM in Fudge.
Weiter nur in Cream arbeiten.
18.-20. Rd: fM (3 Rd).
21. Rd: (2 fM zus) 9x (9).

BEINE (4x arbeiten)

In Cream arbeiten.
Beginnen Sie mit 6 fM in den Anfangsring (siehe Techniken).
1. Rd: (2 fM in die nächste M) 6x (12).
2. Rd: (1 fM, 2 fM in die nächste M) 6x (18).
3.-6. Rd: fM (4 Rd).
7. Rd: (1 fM, 2 fM zus) 6x (12).
Nach Anleitung 3 cm große Schlaufenmaschen arbeiten.
8. Rd: 4 fM mit Schlaufen, 8 fM.
9. Rd: fM.
10. Rd: 1 fM, 4 fM mit Schlaufen, 7 fM.
11. Rd: fM.
12. Rd: 2 fM, 4 fM mit Schlaufen, 6 fM.
13. Rd: fM.
14. Rd: 2 fM, 4 fM mit Schlaufen, 6 fM.
15. Rd: fM.
16. Rd: 3 fM, 4 fM mit Schlaufen, 5 fM.
17. Rd: fM.
18. Rd: 3 fM, 4 fM mit Schlaufen, 5 fM.
Weiter ohne Schlaufenmaschen.
19.-22. Rd: fM (4 Rd).

OHREN (2x arbeiten)

Beginnen Sie mit 6 fM in den Anfangsring (siehe Techniken).
1. Rd: (2 fM, 2 fM in die nächste M) 2x (8).
2. Rd: (3 fM, 2 fM in die nächste M) 2x (10).
3. Rd: (4 fM, 2 fM in die nächste M) 2x (12).
4.-5. Rd: fM (2 Rd).
6. Rd: (5 fM, 2 fM in die nächste M) 2x (14).
7.-8. Rd: fM (2 Rd).
9. Rd: (6 fM, 2 fM in die nächste M) 2x (16).
10. Rd: fM.

SCHWANZ

In Fudge arbeiten.
8 Lm mit 1 Km zum Ring schließen.
1.-4. Rd: 4 fM in Cream, 4 fM in Fudge (2 Rd).
5.-7. Rd: 4 fM in Cream, 5 cm große Schlaufenmaschen (siehe Seite 128) in jede M arbeiten, 4 fM Fudge ohne Schlaufen (3 Rd).
8. Rd: 6 fM in Cream, 5 cm große Schlaufen in jede M, 2 fM Fudge ohne Schlaufen.
Weiter nur in Cream 5 cm große Schlaufenmaschen in jede M arbeiten.
9. Rd: 2 fM zus, 6 fM (7).
10. Rd: fM.
11. Rd: 2 fM zus, 5 fM (6).
12.-13. Rd: fM (2 Rd).
14. Rd: 2 fM zus, 4 fM (5).
15. Rd: fM.
16. Rd: 2 fM zus, 3 fM (4).
17.-19. Rd: fM (3 Rd).

HINWEIS

Schlaufen aufschneiden und in die gewünschte Form schneiden.

Maddison,
der Papillon

Maddison arbeitet im Marketing und macht gerade eine ziemlich schwere Zeit im Büro durch. Sie ist zu lange zu weit zur Arbeit gependelt und daher vom Alltag zermürbt. Jetzt braucht sie unbedingt einen langen Urlaub und eine Veränderung in ihrem Leben. Vielleicht schenkt sie sich ja heute Abend ein schönes Glas Wein ein, schreibt ihre Kündigung und bucht endlich den lang ersehnten Urlaub.

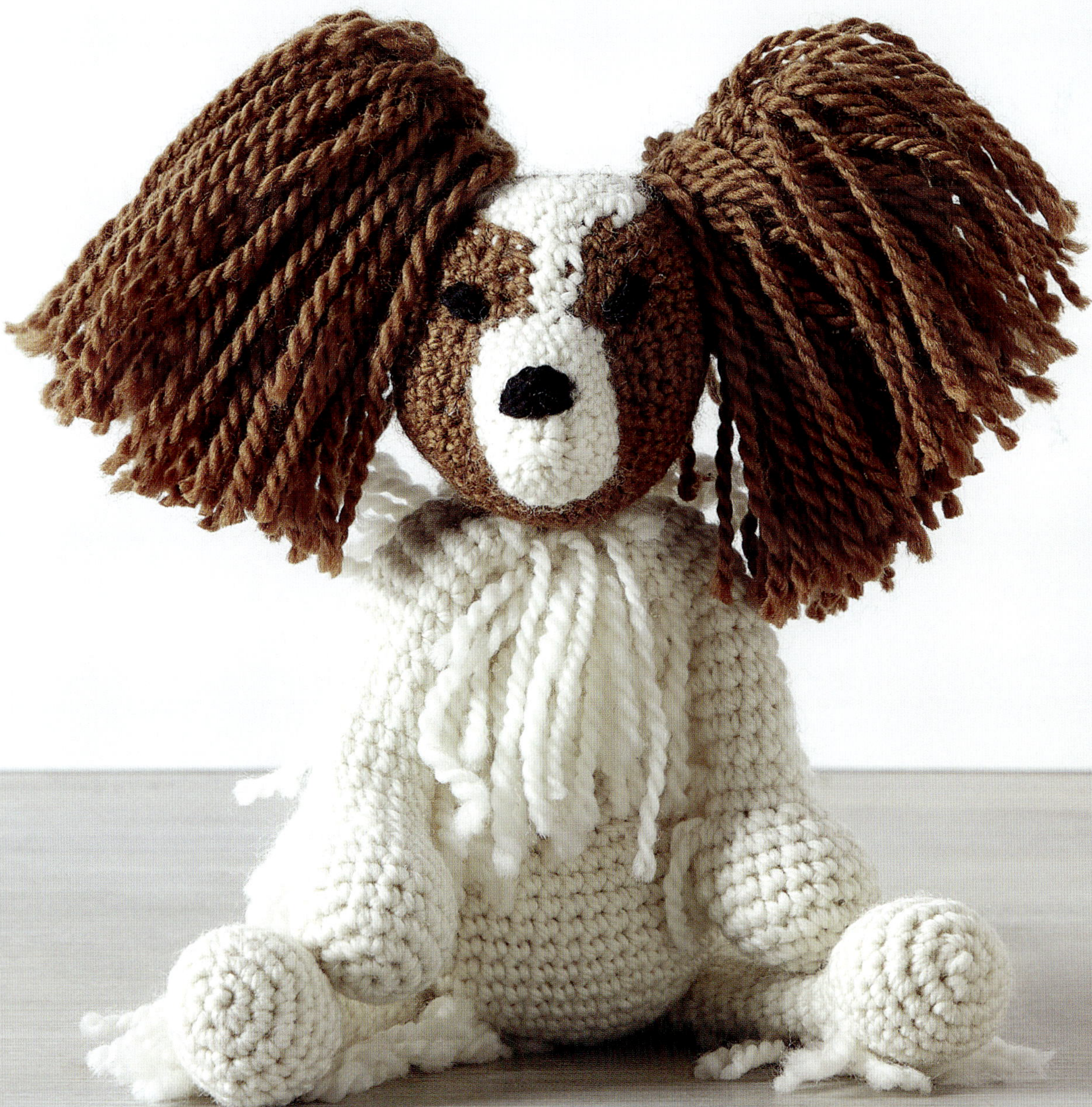

GARNFARBE: Mushroom
Empfohlene Alternativen: Stone und Shale

KÖRPER
Nach der Standardanleitung arbeiten (siehe Seite 16).

KOPF
Beginnen Sie mit 6 fM in den Anfangsring (siehe Techniken).
1. Rd: (2 fM in die nächste M) 6x (12).
2. Rd: (1 fM, 2 fM in die nächste M) 6x (18).
3. Rd: (2 fM, 2 fM in die nächste M) 6x (24).
4. Rd: (3 fM, 2 fM in die nächste M) 6x (30).
5. Rd: (4 fM, 2 fM in die nächste M) 6x (36).
6. Rd: (5 fM, 2 fM in die nächste M) 6x (42).
7.-11. Rd: fM (5 Rd).
12. Rd: (5 fM, 2 fM zus) 6x (36).
13. Rd: (1 fM, 2 fM zus) 6x, 18 fM (30).
14. Rd: fM.
15. Rd: (2 fM zus) 6x, 18 fM (24).
16.-19. Rd: fM (4 Rd).
20. Rd: 12 fM, (2 fM zus) 6x (12).
21. Rd: (1 fM, 2 fM zus) 4x (16).

OHREN (2x arbeiten)
Beginnen Sie mit 6 fM in den Anfangsring (siehe Techniken).
1. Rd: (2 fM, 2 fM in die nächste M) 2x (8).
2. Rd: (3 fM, 2 fM in die nächste M) 2x (10).
3. Rd: (4 fM, 2 fM in die nächste M) 2x (12).
4.-5. Rd: fM (2 Rd).
6. Rd: (5 fM, 2 fM in die nächste M) 2x (14).
7.-8. Rd: fM (2 Rd).
9. Rd: (6 fM, 2 fM in die nächste M) 2x (16).

BEINE (4x arbeiten)
Nach der Standardanleitung arbeiten (siehe Seite 16).

SCHWANZ
Nach der Methode für Schnüre aus Luft- und Kettmaschen (siehe Seite 129) 8 Lm arbeiten und mit Km daran zurückhäkeln.

HINWEISE
Damit der Shar Pei sein typisches Aussehen bekommt, arbeiten Sie am Kopf, am Körper und an den Armen die gewünschte Anzahl an Falten, sobald der Hund ausgestopft und zusammengenäht ist.

Dazu Schnüre aus Luft- und Kettmaschen (siehe Seite 129) von vorne nach hinten um den jeweiligen Körperteil herumarbeiten, am besten im Uhrzeigersinn (Linkshänder arbeiten gegen den Uhrzeigersinn):

1. Rd: 2 fM in jede Km, um die Maschenanzahl zu verdoppeln.
2. Rd: 2 fM zus über alle M, um die Maschenanzahl wieder zu reduzieren.
3. Rd: Km in die Rd entlang der Rd, in der Sie begonnen haben.

Byron,
der Shar Pei

Byron besitzt eine Fabrik, in der Lutscherstiele hergestellt werden. Dort trägt er seit den letzten fünf Jahren mindestens einmal pro Woche einen Helm und ein Haarnetz. Er hat diesen Familienbetrieb unfreiwillig geerbt, doch seitdem interessiert er sich immer mehr für dieses merkwürdige Herstellungsverfahren und das Team engagierter Mitarbeiter. Als Chef legt er auch gerne mal selber Hand an, hat einen Wachstumsplan entworfen und jederzeit Zuckerwatte zur Hand.

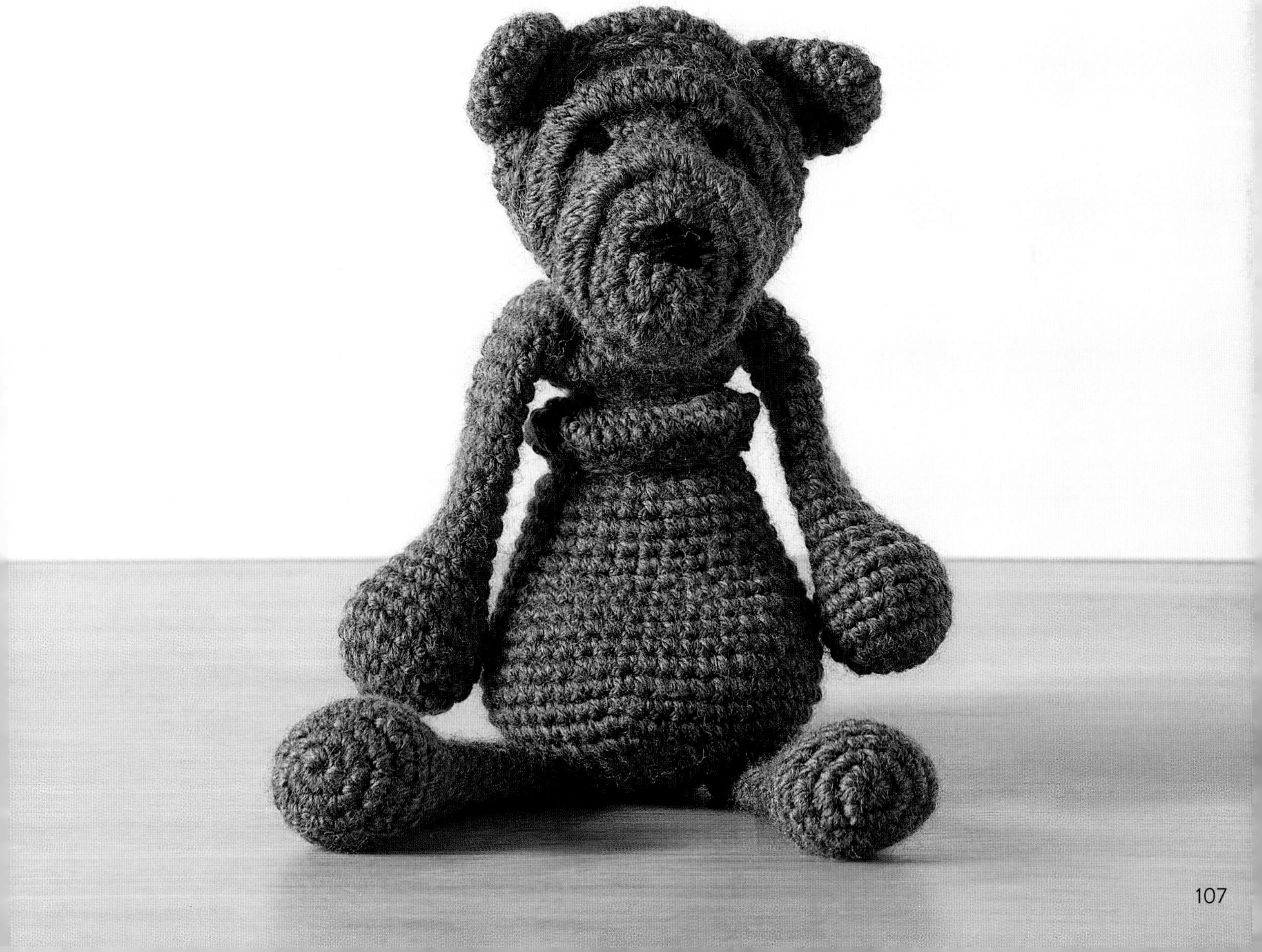

GARNFARBE: Camel und Charcoal
Empfohlene Alternativen: Fudge und Steel

KÖRPER
Nach der Standardanleitung arbeiten (siehe Seite 16). Mit Camel beginnen und für die 21.-29. Rd zu Charcoal wechseln.

KOPF
In Camel arbeiten.
Beginnen Sie mit 6 fM in den Anfangsring (siehe Techniken).
1. Rd: (2 fM in die nächste M) 6x (12).
2. Rd: (1 fM, 2 fM in die nächste M) 6x (18).
3. Rd: (2 fM, 2 fM in die nächste M) 6x (24).
4. Rd: (3 fM, 2 fM in die nächste M) 6x (30).
5. Rd: (4 fM, 2 fM in die nächste M) 6x (36).
6. Rd: (5 fM, 2 fM in die nächste M) 6x (42).
7. Rd: fM.
Nach Anleitung 2 cm große Schlaufenmaschen (siehe Seite 128) arbeiten.
8. Rd: 7 fM, (1 fM mit Schlaufe, 1 fM) 4x, 27 fM.
9. Rd: 5 fM, 2 fM zus, (1 fM mit Schlaufe, 1 fM) 2x, 1 fM, 2 fM zus mit Schlaufe, (5 fM, 2 fM zus) 4x (36).
10.-11. Rd: 6 fM, (1 fM mit Schlaufe, 1 fM) 4x, 22 fM (2 Rd).
12. Rd: 4 fM, 2 fM zus, (1 fM mit Schlaufe, 1fM) 2x, 2 fM zus, (1 fM mit Schlaufe, 1 fM) 2x, 2 fM zus, (4 fM, 2 fM zus) 3x (30).
13. Rd: 6 fM, (1 fM mit Schlaufe, 1 fM) 3x, 18 fM.
14. Rd: 3 fM, 2 fM zus, 2 fM, 1 fM mit Schlaufe, 2 fM zus, 1 fM mit Schlaufe, 1 fM, 1 fM, 2 fM zus (3 fM, 2 fM zus) 3x (24).
15.-16. Rd: 6 fM, (1 fM mit Schlaufe, 1 fM) 3x, 12 fM.
Weiter in jede 2. M Schlaufenmaschen arbeiten.
17.-21. Rd: fM (5 Rd).
22. Rd: (2 fM zus) 12x (12).
23. Rd: (2 fM, 2 fM zus) 3x (9).

OHREN (2x arbeiten)
In Camel arbeiten.
Beginnen Sie mit 6 fM in den Anfangsring (siehe Techniken).
1. Rd: (1 fM, 2 fM in die nächste M) 3x (9).
2. Rd: (2 fM, 2 fM in die nächste M) 3x (12).
3.-4. Rd: fM (2 Rd).
5. Rd: (3 fM, 2 fM in die nächste M) 3x (15).
6. Rd: fM.
7. Rd: (4 fM, 2 fM in die nächste M) 3x (18).
8. Rd: fM.
9. Rd: (5 fM, 2 fM in die nächste M) 3x (21).
10.-11. Rd: fM (2 Rd).
12. Rd: (1 fM, 2 fM zus) 7x (14).
13. Rd: (2 fM zus) 7x (7).

BEINE (4x arbeiten)
In Camel arbeiten, dabei 2 cm große Schlaufenmaschen (siehe Seite 128) in jede 3. M in allen ungeraden Rd und in jede 4. M in allen geraden Rd arbeiten.

SCHWANZ
In Camel arbeiten.
6 Lm mit 1 Km zum Ring schließen.
1.-5. Rd: fM.
6. Rd: 2 fM zus, 4 fM (5).
7. Rd: fM.
8. Rd: 2 fM zus, 3 fM (4).

Wainwright,
der Lakeland Terrier

Wainwright hat schon einige Gedichte veröffentlicht. Dieses große Lyriktalent hat eine kristallklare Sicht der Dinge auf die Welt um ihn herum. Inspirationen bezieht er aus allen banalen, langweiligen und monotonen Dingen in seiner Umwelt und kann nur mit Worten selbst ein gestrecktes Bein zu einem lyrischen Wunderwerk werden lassen. Er behauptet, das Geheimnis hinter seinem Talent stamme aus der Landschaft und er laufe mindestens fünf Meilen für jedes Wort, das er zu Papier bringt.

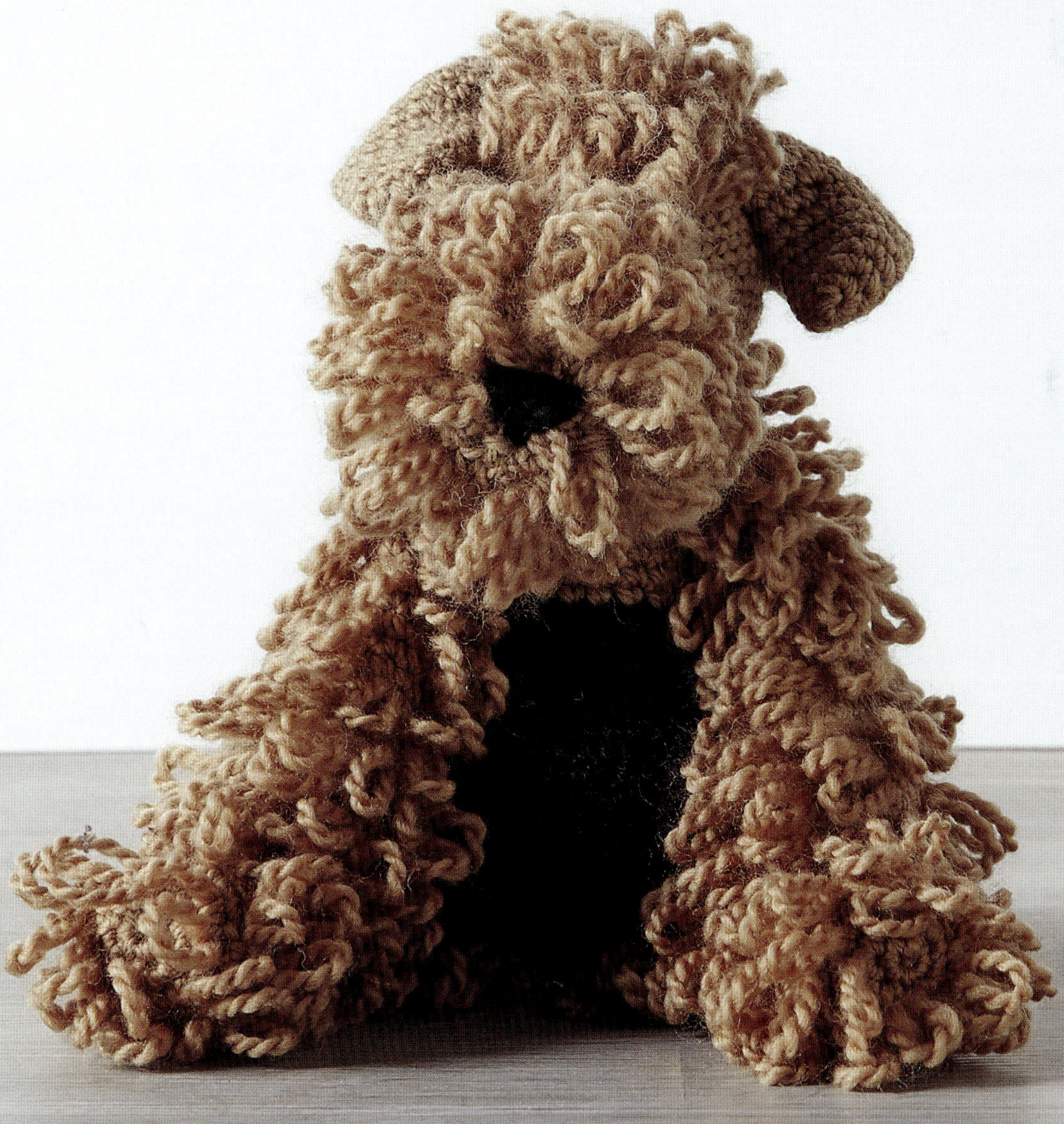

GARNFARBE: Camel und Cream
Empfohlene Alternativen: Oatmeal und Cream

KÖRPER
In Camel arbeiten.
Beginnen Sie mit 6 fM in den Anfangsring (siehe Techniken).
1. Rd: (2 fM in die nächste M) 6x (12).
2. Rd: (1 fM, 2 fM in die nächste M) 6x (18).
3. Rd: (2 fM, 2 fM in die nächste M) 6x (24).
4. Rd: (3 fM, 2 fM in die nächste M) 6x (30).
5. Rd: (4 fM, 2 fM in die nächste M) 6x (36).
6. Rd: (5 fM, 2 fM in die nächste M) 6x (42).
7. Rd: (6 fM, 2 fM in die nächste M) 6x (48).
8.-12. Rd: fM (5 Rd).
13. Rd: 30 fM (4 fM, 2 fM zus) 3x (45).
14. Rd: fM.
15. Rd: (1 fM, 2 fM zus) 15x (30).
16.-17. Rd: 22 fM in Camel, 8 fM in Cream (2 Rd).
18.-19. Rd: 23 fM in Camel, 7 fM in Cream (2 Rd).
20. Rd: 24 fM in Camel, 6 fM in Cream.
21. Rd: 1 fM in Cream, 2 fM, 2 fM zus (3 fM, 2 fM zus) 3x, 4 fM in Camel, 4 fM, 2 fM zus in Cream (25).
22.-23. Rd: 1 fM in Cream, 20 fM in Camel, 4 fM in Cream (2 Rd).
24. Rd: 2 fM in Cream, 8 fM in Camel, 15 fM in Cream.
Weiter in Cream arbeiten.
25.-26. Rd: fM (2 Rd).
27. Rd: (3 fM, 2 fM zus) 5x (20).
28. Rd: fM.
29. Rd: (2 fM zus) 10x (10).

KOPF
In Camel arbeiten.
Beginnen Sie mit 6 fM in den Anfangsring (siehe Techniken).
1. Rd: (2 fM in die nächste M) 6x (12).
2. Rd: (1 fM, 2 fM in die nächste M) 6x (18).
3. Rd: (2 fM, 2 fM in die nächste M) 6x (24).
4. Rd: (3 fM, 2 fM in die nächste M) 6x (30).
5. Rd: (4 fM, 2 fM in die nächste M) 6x (36).
6. Rd: (5 fM, 2 fM in die nächste M) 6x (42).
7.-8. Rd: fM (2 Rd).
9.-10. Rd: 22 fM in Cream, 20 fM in Camel (2 Rd).
11. Rd: 22 fM in Cream, 8 fM in Camel, 4 fM in Cream, 8 fM in Camel.
12. Rd: 22 fM in Cream, (2 fM zus, 1 fM) 2x, 2 fM zus in Camel, 4 fM in Cream, (2 fM zus, 1 fM) 2x, 2 fM zus in Camel (36).
13. Rd: 2 fM zus, 18 fM, 2 fM zus in Cream, 6 fM in Camel, 3 fM in Cream, 5 fM in Camel (34).
14. Rd: 1 fM in Camel, 2 fM zus, 15 fM, 2 fM zus in Cream, 4 fM, 2 fM zus in Camel, 3 fM in Cream, 2 fM zus, 3 fM in Camel (30).
15. Rd: 1 fM in Camel, 2 fM zus, 1 fM, 2 fM zus, 7 fM, 2 fM zus, 1 fM, 2 fM zus in Cream, 6 fM in Camel, 2 fM in Cream, 4 fM in Camel (26).
16. Rd: 2 fM in Camel, 12 fM in Cream, 2 fM zus, 2 fM, 2 fM zus in Camel, 2 fM in Cream, (2 fM zus) 2x in Camel (22).
Weiter nur in Cream arbeiten.
17. Rd: 2 fM zus, 20 fM (21).
18. Rd: (2 fM zus, 5 fM) 3x (18).
19. Rd: (2 fM zus, 4 fM) 3x (15).
20.-21. Rd: fM (2 Rd).
22. Rd: (1 fM, 2 fM zus) 5x (10).

VORDERBEINE (2x arbeiten)
In Cream arbeiten.
Beginnen Sie mit 6 fM in den Anfangsring (siehe Techniken).
1. Rd: (2 fM in die nächste M) 6x (12).
2. Rd: (1 fM, 2 fM in die nächste M) 6x (18).
3.-6. Rd: fM (4 Rd).
7. Rd: (1 fM, 2 fM zus) 6x (12).
8.-18. Rd: fM (11 Rd).

HINTERBEINE (2x arbeiten)
Wie die Vorderbeine bis zum Ende der 12. Rd arbeiten.
Zu Camel wechseln.
13.-18. Rd: fM (6 Rd).

OHREN (2x arbeiten)
In Camel arbeiten.
Beginnen Sie mit 6 fM in den Anfangsring (siehe Techniken).
1. Rd: (1 fM, 2 fM in die nächste M) 3x (9).
2. Rd: (2 fM, 2 fM in die nächste M) 3x (12).
3.-4. Rd: fM (2 Rd).
5. Rd: (3 fM, 2 fM in die nächste M) 3x (15).
6. Rd: fM.
7. Rd: (4 fM, 2 fM in die nächste M) 3x (18).
8. Rd: fM.
9. Rd: (5 fM, 2 fM in die nächste M) 3x (21).
10.-11. Rd: fM (2 Rd).
12. Rd: (6 fM, 2 fM in die nächste M) 3x (24).
13.-16. Rd: fM (4 Rd).
17. Rd: (2 fM zus) 12x (12).
18. Rd: (2 fM zus) 6x (6).

SCHWANZ
In Camel arbeiten.
8 Lm mit 1 Km zum Ring schließen.
1.-8. Rd: fM (8 Rd).
Zu Cream wechseln.
9.-12. Rd: fM (4 Rd).
13. Rd: (2 fM zus) 4x (4).

Honey,
der Corgi

Diese temperamentvolle Corgi-Hündin hat eine erfolgreiche Karriere als preisgekrönte Architektin hingelegt. Sie wuchs in neo-klassizistischen und neogotischen Gebäuden auf, was ihren architektonischen Stil beeinflusste. In ihren schweren Arbeiten aus Glas und Stahl verwirft sie Eklektizismus und Ausschmückungen. Diese Innovatorin und Visionärin, die einige Glasdecken zerstörte, wird noch lange in Erinnerung bleiben.

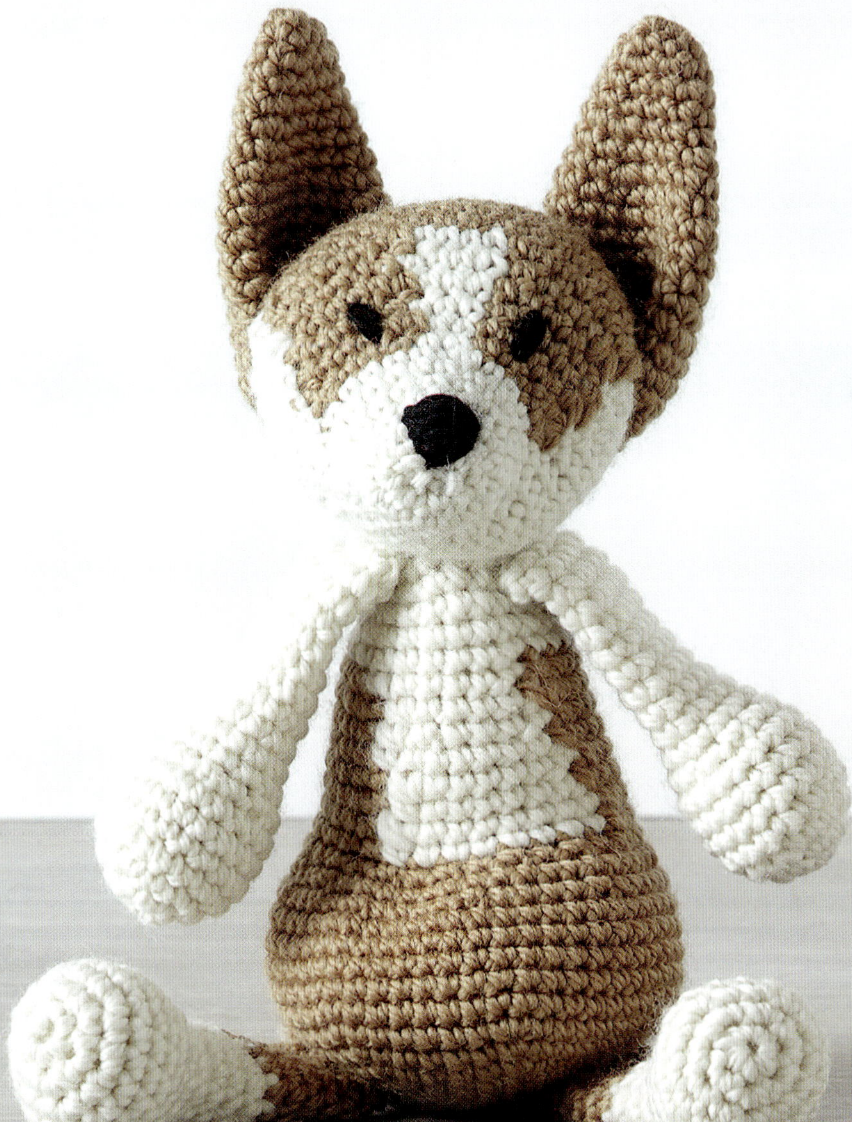

GARNFARBE: Silver und Charcoal
Empfohlene Alternativen: Charcoal
S = SILVER, C = CHARCOAL

KÖRPER
Nach der Standardanleitung (siehe Seite 16) in der folgenden Farbreihenfolge arbeiten:
Anfangsring S
1. Rd: 2 S, 2 C.
2. Rd: 3 S, 2 C.
3. Rd: 2 C, 2 S.
4. Rd: 3 S, 2 C.
5. Rd: 2 S, 2 C.
6. Rd: 2 C, 3 S.
7. Rd: 2 S, 2 C.
8.-12. Rd: 3 S, 2 C (5 Rd).
13. Rd: 3 S, 2 C, mit 1 C enden.
14. Rd: 2 C, 3 S, mit 2 S enden.
15. Rd: 3 S, 2 C, mit 2 S enden.
16. Rd: 1 S, 2 C, 3 S, mit 1 C enden.
17. Rd: 3 S, 2 C.
18. Rd: 2 S, 2 C, 3 S, mit 2 S enden.
19. Rd: 2 S, 2 C, mit 1 S enden.
20. Rd: 2 S, 2 C, mit 3 S enden.
21. Rd: 2 S, 2 C, mit 1 C enden.
22. Rd 2: 2 S, 2 C, mit 1 S enden.
23. Rd: 2 C, 2 S, 1 C.
24. Rd: 2 S, 2 C, mit 1 S enden.
25. Rd: 2 C, 2 S, mit 1 C enden.
26. Rd: 2 S, 2 C, mit 1 S enden.
27. Rd: 2 C, 1 S, mit 2 S enden.
28. Rd: 1 C, 2 S, mit 1 C enden.
29. Rd: 1 C, 1 S.

BEINE (4x arbeiten)
Nach der Standardanleitung (siehe Seite 16) in der folgenden Farbreihenfolge arbeiten:
Lm-Kette S.
1. Rd: 3 S, 2 C.
2. Rd: 1 S, 2 C, 3 S.
3. Rd: 4 S, 2 C, 3 S, mit 2 S enden.
4. Rd: 2 S, 2 C, 3 S.
5. Rd: 3 C, 3 S, 2 C.
6. Rd: 4 S, 2 C.
7. Rd: 2 C, 3 S.
8.-22. Rd: 3 S, 2 C.

KOPF
In S arbeiten.
Beginnen Sie mit 6 fM in den Anfangsring (siehe Techniken). Die folgende Farbreihenfolge, wie in jeder Rd beschrieben, einhalten.
1. Rd: abwechselnd 2 S, 2 C; (2 fM in die nächste M) 6x (12).
2. Rd: abwechselnd 3 S, 2 C; (1 fM, 2 fM in die nächste M) 6x (18).
3. Rd: abwechselnd 2 S, 2 C; (2 fM, 2 fM in die nächste M) 6x (24).
4. Rd: abwechselnd 3 S, 2 C; (3 fM, 2 fM in die nächste M) 6x (30).
5. Rd: abwechselnd 2 S, 2 C; (4 fM, 2 fM in die nächste M) 6x (36).
6. Rd: abwechselnd 2 S, 3 C; (5 fM, 2 fM in die nächste M) 6x (42).
7.-10. Rd: abwechselnd 3 S, 2 C; fM (4 Rd).
11. Rd: abwechselnd 1 C, 3 S, nach den Abnahmen abwechselnd 1 C, 3 S, 2 C; (5 fM, 2 fM zus) 3x, 21 fM (39).
12. Rd: abwechselnd 1 C, 3 S, nach den Abnahmen abwechselnd 3 S, 2 C, mit 1 S enden; (4 fM, 2 fM zus) 3x, 21 fM (36).
13. Rd: abwechselnd 2 S, 2 C, 3 S; (4 fM, 2 fM zus) 6x (30).
14. Rd: abwechselnd 2 C, 2 S; (3 fM, 2 fM zus) 6x (24).
15. Rd: abwechselnd 2 S, 2 C; fM.
16. Rd: abwechselnd 2 S, 2 C, 3 S; letzte M in C; fM.
17. Rd: abwechselnd 2 C, 3 S, mit 1 C enden; (2 fM zus) 2x, 8 fM, (2 fM zus) 6x (16).
18. Rd: abwechselnd 3 S, 2 C, mit 1 S enden; fM.
19. Rd: abwechselnd 1 S, 2 C, 3 S, mit 1 C enden; fM.
20. Rd: abwechselnd 2 S, 2 C, 3 S, 1 C; fM.
21. Rd: abwechselnd 1 C, 3 S, 2 C; fM.
22. Rd: abwechselnd 3 S, 2 C, mit 2 S enden; (2 fM zus) 2x, 8 fM, (2 fM zus) 2x (12).
23. Rd: abwechselnd 1 S, 2 C, 3 S; (2 fM zus) 2x, 4 fM, (2 fM zus) 2x (8).

OHREN (2x arbeiten)
In C arbeiten.
Beginnen Sie mit 6 fM in den Anfangsring (siehe Techniken).
1. Rd: (1 fM, 2 fM in die nächste M) 3x (9).
2. Rd: (2 fM, 2 fM in die nächste M) 3x (12).
3.-4. Rd: fM (2 Rd).
5. Rd: (3 fM, 2 fM in die nächste M) 3x (15).
6. Rd: fM.
7. Rd: (4 fM, 2 fM in die nächste M) 3x (18).
8. Rd: fM.
9. Rd: (5 fM, 2 fM in die nächste M) 3x (21).
10.-11. Rd: fM (2 Rd).
12. Rd: (6 fM, 2 fM in die nächste M) 3x (24).
13.-16. Rd: fM (4 Rd).
17. Rd: (2 fM zus) 12x (12).
18. Rd: (2 fM zus) 6x (6).

SCHWANZ
In S arbeiten.
8 Lm mit 1 Km zum Ring schließen.
1.-8. Rd: fM (8 Rd).
Zu C wechseln.
9.-12. Rd: fM (4 Rd).
13. Rd: (2 fM zus) 4x (4).

Andreas,
der Mudi

Kunsthändler Andreas hat sich auf unbekannte Schätze und unterschätzte Antiquitäten spezialisiert. Wirtschaftlich ist er damit nicht besonders erfolgreich, da er mehr Zeit damit verbringt, gegen Markttrends zu argumentieren, als die erworbenen Werke zu verkaufen. Wirtschaftliches Denken ist nicht gerade seine Stärke, das Entdecken von Fälschungen hingegen schon und so hat er im Laufe seines Lebens bereits einige wahre Meisterwerke aufgedeckt.

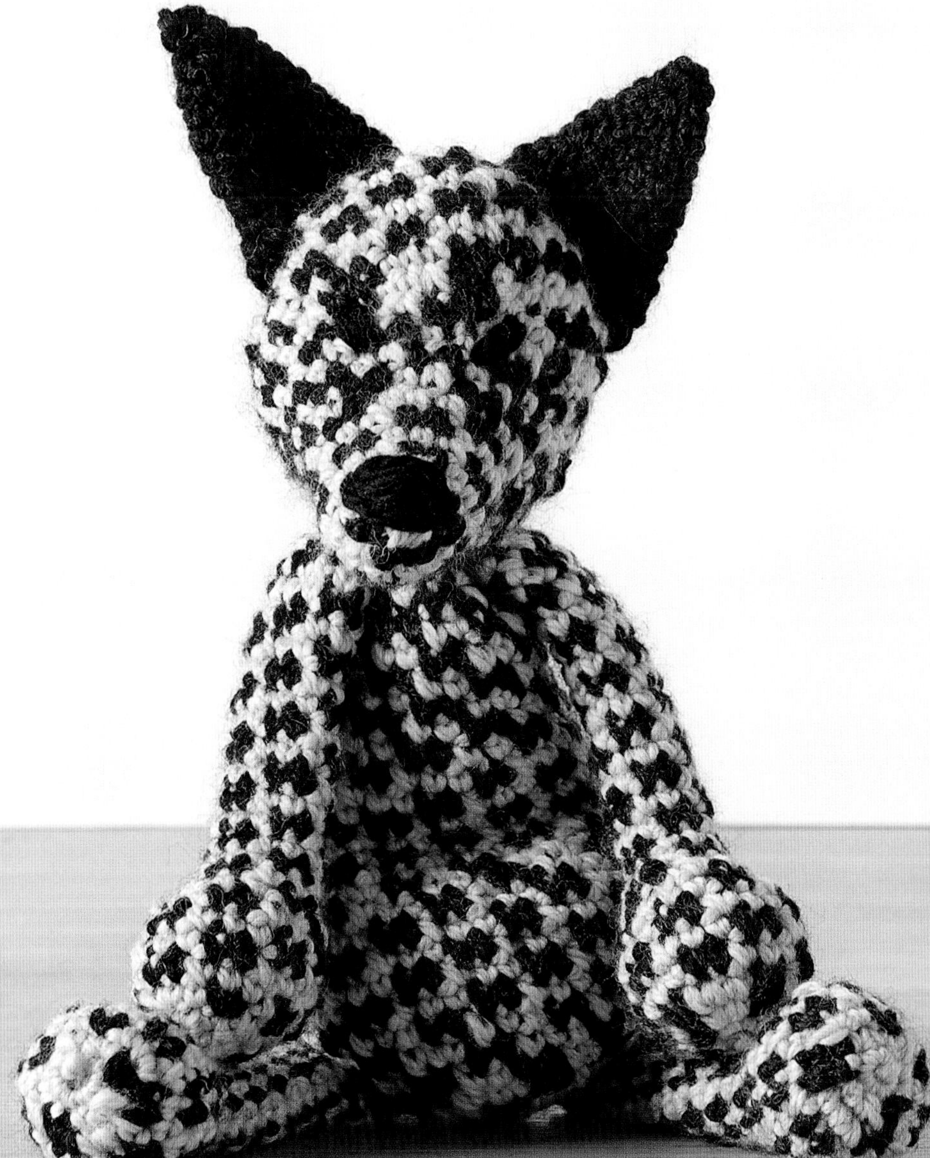

GARNFARBE: Camel und Charcoal
Empfohlene Alternativen: Stone und Charcoal

KÖRPER
Nach der Standardanleitung in Camel arbeiten (siehe Seite 16).

KOPF
In Camel arbeiten.
Beginnen Sie mit 6 fM in den Anfangsring (siehe Techniken).
1. Rd: (2 fM in die nächste M) 6x (12).
2. Rd: (1 fM, 2 fM in die nächste M) 6x (18).
3. Rd: (2 fM, 2 fM in die nächste M) 6x (24).
4. Rd: (3 fM, 2 fM in die nächste M) 6x (30).
5. Rd: (4 fM, 2 fM in die nächste M) 6x (36).
6. Rd: (5 fM, 2 fM in die nächste M) 6x (42).
7.-11. Rd: fM (5 Rd).
12. Rd: (5 fM, 2 fM zus) 6x (36).
Nach Anleitung 8 cm große Schlaufenmaschen (siehe Seite 128) arbeiten.
13. Rd: 24 fM, 12 fM mit Schlaufen in jede 2. M.
14. Rd: (2 fM, 2 fM zus) 6x, 12 fM mit Schlaufen (30).
15. Rd: (1 fM, 2 fM zus) 6x, 12 fM mit Schlaufen (24).
16.-18. Rd: fM mit Schlaufen in jede 2. M (3 Rd).
Weiter in jede M Schlaufen arbeiten.
19. Rd: fM.
20. Rd: (2 fM, 2 fM zus) 6x (18).
21. Rd: (2 fM zus) 9x (9).

OHREN (2x arbeiten)
In Charcoal arbeiten.
Beginnen Sie mit 4 fM in den Anfangsring (siehe Techniken).
1. Rd: fM.
2. Rd: 2 fM in die nächste M, 3 fM (5).
3. Rd: 2 fM in die nächste M, 4 fM (6).
4. Rd: fM.
5. Rd: (2 fM in die nächste M, 2 fM) 2x (8).
6. Rd: fM.
7. Rd: (2 fM in die nächste M, 3 fM) 2x (10).
8. Rd: (2 fM in die nächste M, 4 fM) 2x (12).
9. Rd: fM.

BEINE (4x arbeiten)
Nach der Standardanleitung (siehe Seite 16) in Camel arbeiten.

SCHWANZ
In Camel arbeiten.
8 Lm mit 1 Km zum Ring schließen.
1.-8. Rd: fM (8 Rd).
9. Rd: 2 fM zus, 6 fM (7).
10. Rd: fM.
11. Rd: 2 fM zus, 5 fM (6).
Zu Charcoal wechseln.
12.-13. Rd: fM (2 Rd).
14. Rd: 2 fM zus, 4 fM (5).

HINWEIS
Schlaufen aufschneiden und in die gewünschte Form schneiden.

Hugo,

der Brüsseler Griffon

Hugo ist der geborene Fallschirmspringer. Er liebt es, wenn der Wind an seinem Bart zerrt, während er mit fast 200 km/h auf ein winziges Ziel zustürzt! Seit ihm sein erster Bartflaum wuchs und er sich im Spiegel mit limonengrüner Maske und Helm sah wusste er, dass er Fallschirmspringer werden würde. Dieses Jahr wird besonders erfolgreich für den kleinen Kerl, da er noch vor Weihnachten einen Weltrekord brechen möchte.

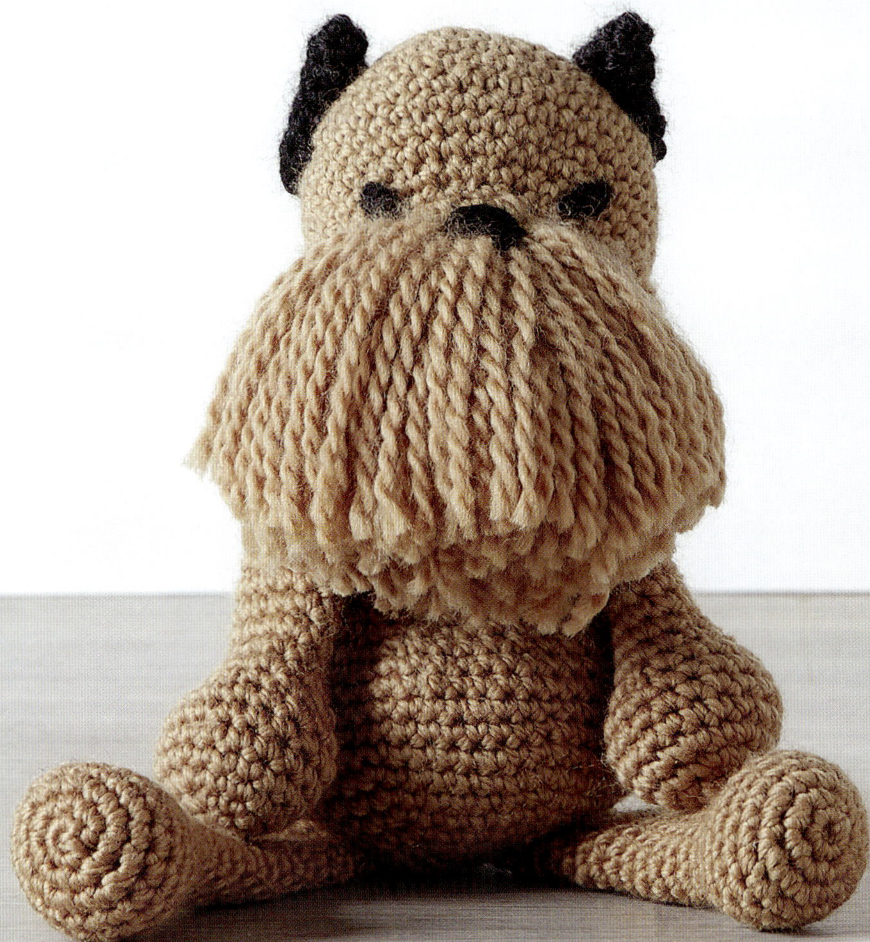

GARNFARBE: Camel, Cream und Charcoal
Empfohlene Alternativen: Camel, Oatmeal und Charcoal

KÖRPER
In Camel arbeiten.
Beginnen Sie mit 6 fM in den Anfangsring (siehe Techniken).
1. Rd: (2 fM in die nächste M) 6x (12).
2. Rd: (1 fM, 2 fM in die nächste M) 6x (18).
3. Rd: (2 fM, 2 fM in die nächste M) 6x (24).
4. Rd: (3 fM, 2 fM in die nächste M) 6x (30).
5. Rd: (4 fM, 2 fM in die nächste M) 6x (36).
6. Rd: (5 fM, 2 fM in die nächste M) 6x (42).
7. Rd: (6 fM, 2 fM in die nächste M) 6x (48).
8.-12. Rd: fM (5 Rd).
13. Rd: 30 fM (4 fM, 2 fM zus) 3x (45).
14. Rd: fM.
15. Rd: (1 fM, 2 fM zus) 15x (30).
16.-17. Rd: 22 fM in Charcoal, 8 fM in Cream (2 Rd).
18.-19. Rd: 23 fM in Charcoal, 7 fM in Cream (2 Rd).
20. Rd: 24 fM in Charcoal, 6 fM in Cream.
21. Rd: 1 fM in Cream, 2 fM, 2 fM zus (3 fM, 2 fM zus) 3x, 4 fM in Charcoal, 4 fM, 2 fM zus in Cream (25).
22.-23. Rd: 1 fM in Cream, 20 fM in Charcoal, 4 fM in Cream (2 Rd).
24.-25. Rd: 2 fM in Cream, 20 fM in Charcoal, 3 fM in Cream (2 Rd).
26. Rd: 2 fM in Cream, 21 fM in Charcoal, 2 fM in Cream.
27. Rd: 2 fM in Cream, 2 fM zus (2 fM, 2 fM zus) 4x, 3 fM in Charcoal, 2 fM in Cream (20).
28. Rd: 2 fM in Cream, 17 fM in Charcoal, 1 fM in Cream.
29. Rd: (2 fM zus) 10x in Charcoal (10).

KOPF
In Camel arbeiten.
Beginnen Sie mit 6 fM in den Anfangsring (siehe Techniken).
1. Rd: (2 fM in die nächste M) 6x (12).
2. Rd: (1 fM, 2 fM in die nächste M) 6x (18).
3. Rd: (2 fM, 2 fM in die nächste M) 6x (24).
4. Rd: (3 fM, 2 fM in die nächste M) 6x (30).
5. Rd: (4 fM, 2 fM in die nächste M) 6x (36).
6. Rd: (5 fM, 2 fM in die nächste M) 6x (42).
7.-11. Rd: fM (5 Rd).
12. Rd: 5 fM, 2 fM zus, 4 fM in Camel, 2 fM in Cream, 2 fM zus, 4 fM, 2 fM zus, 21 fM in Camel (39).
13. Rd: 4 fM, 2 fM zus, 4 fM in Camel, 2 fM zus, 1 fM in Cream, 3 fM, 2 fM zus, 21 fM in Camel (36).
14. Rd: (1 fM, 2 fM zus) 3x in Camel, 2 fM in Cream, (2 fM zus, 1 fM) 2x, 2 fM zus, 17 fM in Camel (30).
15. Rd: 3 fM, 2 fM zus, 1 fM in Camel, 2 fM in Cream, 2 fM zus, (3 fM, 2 fM zus) 4x in Camel (24).
16. Rd: 2 fM, 2 fM zus, 1 fM in Camel, 2 fM in Cream, 2 fM zus, 1 fM, 2 fM zus, 12 fM in Camel (21).
Zu Cream wechseln.
17.-19. Rd: fM (3 Rd).
20. Rd: (5 fM, 2 fM zus) 3x (18).
21. Rd: (1 fM, 2 fM zus) 6x (12).
22. Rd: (2 fM zus) 6x (6).

OHREN (2x arbeiten)
In Camel arbeiten.
Beginnen Sie mit 6 fM in den Anfangsring (siehe Techniken).
1. Rd: (2 fM in die nächste M) 6x (12).
2. Rd: fM.
3. Rd: 11 fM, 2 fM in die nächste M (13).
4. Rd: 2 fM in die erste M, 11 fM, 2 fM in die nächste M (15).
5. Rd: (2 fM, 2 fM in die nächste M) 5x (20).
6. Rd: (3 fM, 2 fM in die nächste M) 5x (25).
7. Rd: 2 fM in die erste M, 23 fM, 2 fM in die nächste M (27).
8.-13. Rd: fM (6 Rd).
14. Rd: 25 fM, 2 fM zus (26).
15. Rd: 24 fM, 2 fM zus (25).
16. Rd: 23 fM, 2 fM zus (24).
17. Rd: 22 fM, 2 fM zus (23).
18. Rd: 21 fM, 2 fM zus (22).
19. Rd: 20 fM, 2 fM zus (21).
20. Rd: 19 fM, 2 fM zus (20).
21. Rd: (2 fM zus) 10x (10).

BEINE (4x arbeiten)
Nach der Standardanleitung (siehe Seite 16) in Cream arbeiten.

SCHWANZ
In Camel arbeiten.
8 Lm mit 1 Km zum Ring schließen.
1.-8. Rd: fM (8 Rd).
9. Rd: 2 fM zus, 6 fM (7).
10. Rd: fM.
11. Rd: 2 fM zus, 5 fM (6).
12.-13. Rd: fM (2 Rd).
14. Rd: 2 fM zus, 4 fM (5).
15. Rd: fM.
Zu Cream wechseln.
16. Rd: 2 fM zus, 3 fM (4).
17. Rd: fM.
18. Rd: (2 fM zus) 2x (2).

Lola,
der Beagle

Lola ist Stewardess und hat ihr erstes Jahr über den Wolken rundum genossen. Perfekt gebräunt und frisiert macht sie mit einem strahlenden Lächeln nichts lieber, als dafür zu sorgen, dass die Flugpassagiere den Flug in den Urlaub genießen und in guter Erinnerung behalten. Ein Arbeitsplatz in 30.000 m Fuß Höhe und ständige Reisen um die Welt – das war genau die richtige Veränderung in ihrem Leben.

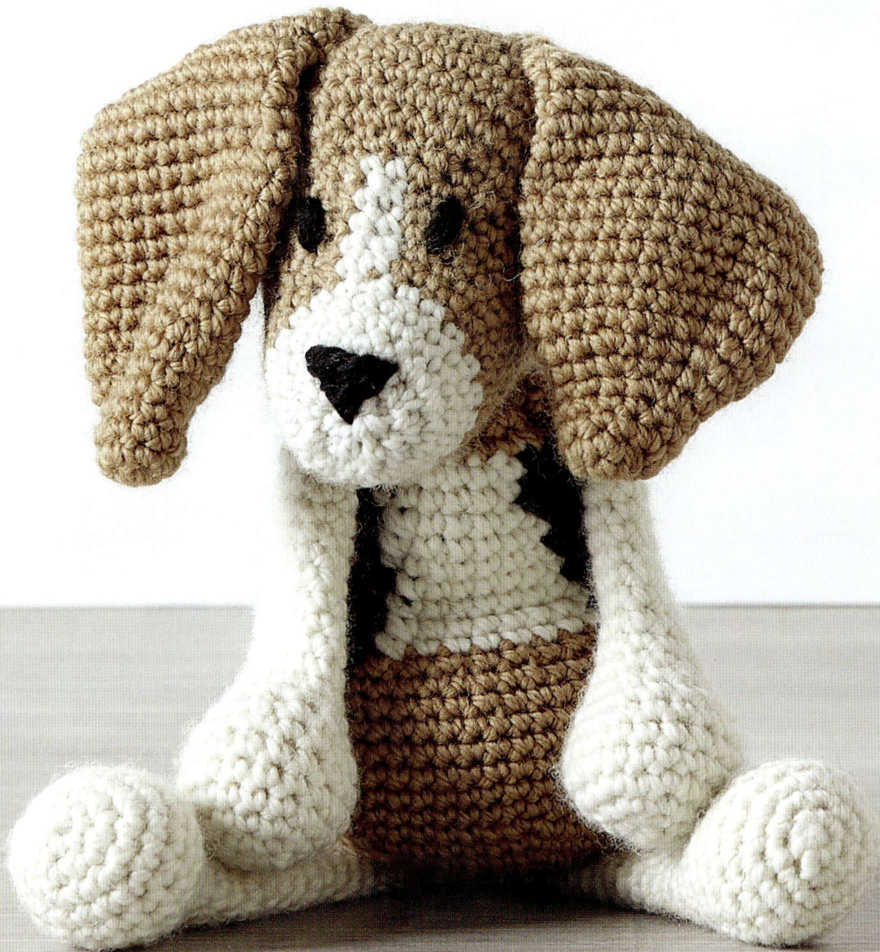

GARNFARBE: Fudge
Empfohlene Alternative: Chestnut

KÖRPER

Nach der Standardanleitung (siehe Seite 16) in Fudge arbeiten. 6 cm große Schlaufenmaschen in jede 4. M in geraden Rd und in jede 5. M in ungeraden Rd arbeiten (siehe Seite 128).

KOPF

In Fudge arbeiten.
6 cm große Schlaufenmaschen in jede 3. M in ungeraden Rd und in jede 2. M in geraden Rd arbeiten.
Beginnen Sie mit 6 fM in den Anfangsring (siehe Techniken).
1. Rd: (2 fM in die nächste M) 6x (12).
2. Rd: (1 fM, 2 fM in die nächste M) 6x (18).
3. Rd: (2 fM, 2 fM in die nächste M) 6x (24).
4. Rd: (3 fM, 2 fM in die nächste M) 6x (30).
5. Rd: (4 fM, 2 fM in die nächste M) 6x (36).
6. Rd: (5 fM, 2 fM in die nächste M) 6x (42).
7.-11. Rd: fM (5 Rd).
12. Rd: (5 fM, 2 fM zus) 3x, 21 fM (39).
13. Rd: (4 fM, 2 fM zus) 3x, 21 fM (36).
14. Rd: (3 fM, 2 fM zus) 3x, 21 fM (33).
15. Rd: (2 fM, 2 fM zus) 3x, 21 fM (30).
Weiter ohne Schlaufenmaschen.
16. Rd: (3 fM, 2 fM zus) 6x (24).
17.-19. Rd: fM (3 Rd).
20. Rd: (3 fM, 2 fM in die nächste M) 6x (30).
21.-22. Rd: fM (2 Rd).
23. Rd: (3 fM, 2 fM zus) 6x (24).
24. Rd: (2 fM, 2 fM zus) 6x (18).
25. Rd: (2 fM zus) 9x (9).

OHREN (2x arbeiten)

In Fudge arbeiten.
3 cm große Schlaufenmaschen in jede 3. M in ungeraden Rd und in jede 4. M in geraden Rd arbeiten.
Beginnen Sie mit 6 fM in den Anfangsring (siehe Techniken).
1. Rd: (2 fM in die nächste M) 6x (12).
2. Rd: (1 fM, 2 fM in die nächste M) 6x (18).
3. Rd: (2 fM, 2 fM in die nächste M) 6x (24).
4. Rd: fM.
5. Rd: (2 fM, 2 fM zus) 6x (18).
6.-11. Rd: fM (6 Rd).
12. Rd: (4 fM, 2 fM zus) 3x (15).

BEINE (4x arbeiten)

Nach der Standardanleitung (siehe Seite 16) in Fudge arbeiten. 6 cm große Schlaufenmaschen in jede 4. M in allen geraden Rd und in jede 5. M in allen ungeraden Rd arbeiten.

SCHWANZ

In Fudge arbeiten.
6 cm große Schlaufenmaschen in jede 2. M arbeiten.
8 Lm mit 1 Km zum Ring schließen.
1.-8. Rd: fM (8 Rd).
9. Rd: 2 fM zus, 6 fM (7).
10. Rd: fM.
11. Rd: 2 fM zus, 5 fM (6).
12.-13. Rd: fM (2 Rd).
14. Rd: 2 fM zus, 4 fM (5).
15. Rd: fM.
16. Rd: 2 fM zus, 3 fM (4).
17. Rd: fM.
18. Rd: (2 fM zus) 2x (2).

HINWEIS

Schlaufen aufschneiden und in die gewünschte Form schneiden.

Columbus,
die Tibetdogge

Columbus ist Entertainer im Kinderfernsehen und kann eine ganze Schulklasse voller ungeduldiger Kinder mit seiner erstaunlichen Bauchredekunst unterhalten. Mit diesem Talent könnte er sogar den sarkastischsten Kritiker in die Irre führen! Bereits als frecher Schüler brachte er sich bei, seine Stimme zu verstellen, und verwirrte auf diese Weise etliche Lehrer. Am meisten Spaß bereitete es ihm jedoch, den Schiedsrichter beim Hockey zu verunsichern.

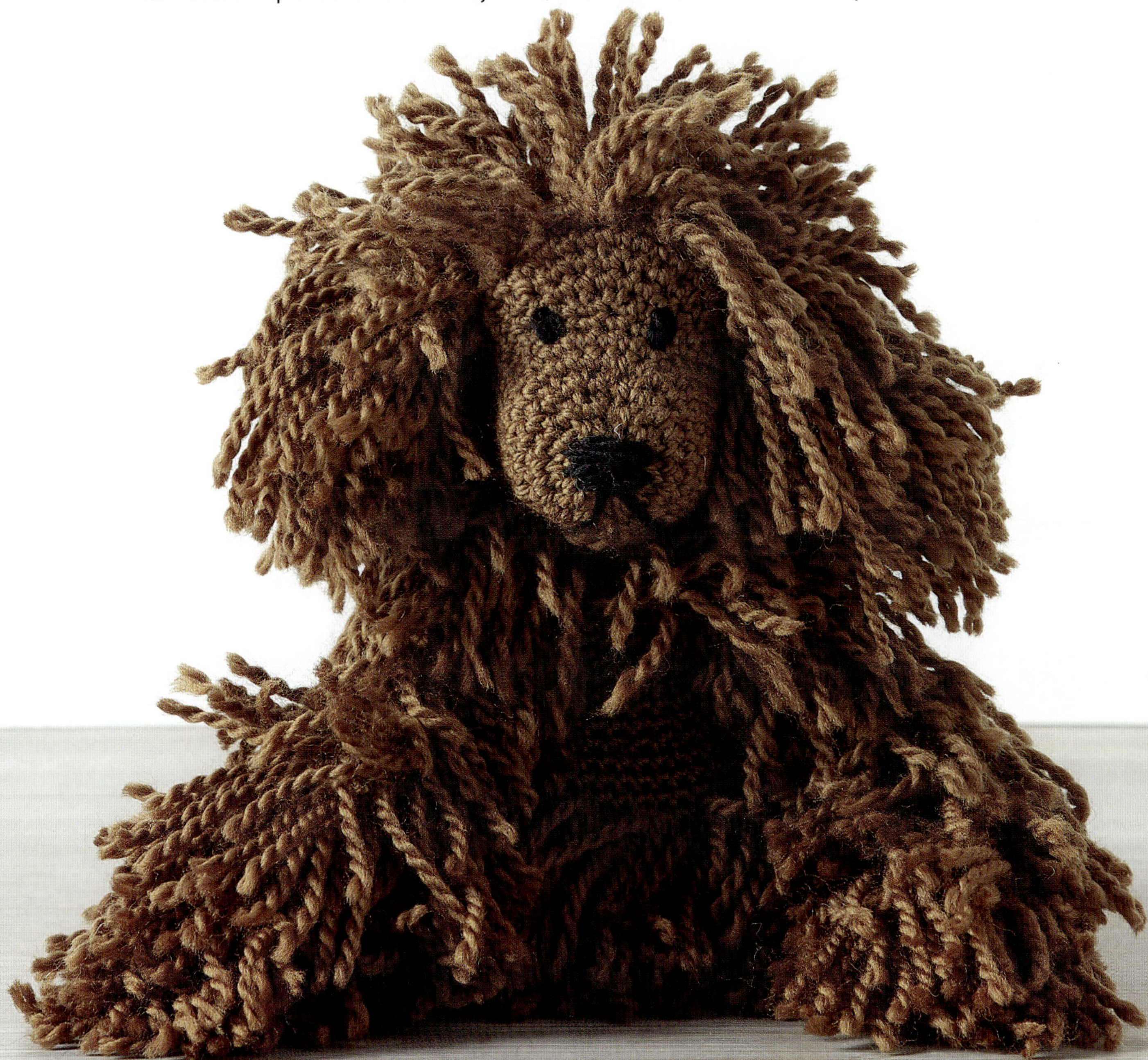

GARNFARBE: Chestnut und Cream
Empfohlene Alternativen: Cocoa und Cream, Charcoal und Cream

KÖRPER
In Chestnut arbeiten.
Beginnen Sie mit 6 fM in den Anfangsring (siehe Techniken).
1. Rd: (2 fM in die nächste M) 6x (12).
2. Rd: (1 fM, 2 fM in die nächste M) 6x (18).
3. Rd: (2 fM, 2 fM in die nächste M) 6x (24).
4. Rd: (3 fM, 2 fM in die nächste M) 6x (30).
5. Rd: (4 fM, 2 fM in die nächste M) 6x (36).
6. Rd: (5 fM, 2 fM in die nächste M) 6x (42).
7. Rd: (6 fM, 2 fM in die nächste M) 6x (48).
8. Rd: 30 fM in Chestnut, 18 fM in Cream.
9. Rd: 2 fM in Cream, 26 fM in Chestnut, 20 fM in Cream.
10. Rd: 4 fM in Cream, 22 fM in Chestnut, 22 fM in Cream.
11. Rd: 6 fM in Cream, 18 fM in Chestnut, 24 fM in Cream.
12. Rd: 8 fM in Cream, 14 fM in Chestnut, 26 fM in Cream.
13. Rd: 8 fM in Cream, 14 fM in Chestnut, 12 fM, 2 fM zus, (4 fM, 2 fM zus) 2x in Cream (45).
14. Rd: 8 fM in Cream, 16 fM in Chestnut, 21 fM in Cream.
15. Rd: (1 fM, 2 fM zus) 2x, 1 fM in Cream, 2 fM zus (1 fM, 2 fM zus) 6x in Chestnut, (1 fM, 2 fM zus) 6x in Cream (30).
16. Rd: 5 fM in Cream, 13 fM in Chestnut, 12 fM in Cream.
17.-18. Rd: fM in Cream (2 Rd).
19. Rd: 10 fM in Cream, 5 fM in Chestnut, 15 fM in Cream.
20. Rd: 8 fM in Cream, 10 fM in Chestnut, 12 fM in Cream.
21. Rd: 3 fM, 2 fM zus, 2 fM in Cream, 1 fM, 2 fM zus, (3 fM, 2 fM zus) 2x, 1 fM in Chestnut, 2 fM, 2 fM zus, 3 fM, 2 fM zus in Cream (24).
22.-23. Rd: 6 fM in Cream, 10 fM in Chestnut, 8 fM in Cream. (2 Rd)
24. Rd: 8 fM in Cream, 7 fM in Chestnut, 9 fM in Cream.
25. Rd: 10 fM in Cream, 4 fM in Chestnut, 10 fM in Cream.
Weiter in Cream arbeiten.
26. Rd: fM.
27. Rd: (2 fM, 2 fM zus) 6x (18).
28. Rd: fM.
29. Rd: (2 fM zus) 9x (9).

KOPF
In Chestnut arbeiten.
Beginnen Sie mit 6 fM in den Anfangsring (siehe Techniken).
1. Rd: (2 fM in die nächste M) 6x (12).
2. Rd: (1 fM, 2 fM in die nächste M) 6x (18).
3. Rd: (2 fM, 2 fM in die nächste M) 6x (24).
4. Rd: (3 fM, 2 fM in die nächste M) 6x (30).
5. Rd: (4 fM, 2 fM in die nächste M) 6x (36).
6. Rd: (5 fM, 2 fM in die nächste M) 6x (42).
7.-9. Rd: fM (3 Rd).
10. Rd: 10 fM in Chestnut, 3 fM in Cream, 29 fM in Chestnut.
11. Rd: 11 fM in Chestnut, 2 fM in Cream, 29 fM in Chestnut.
12. Rd: 5 fM, 2 fM zus, 4 fM in Chestnut, 2 fM in Cream, 2 fM zus, 4 fM, 2 fM zus, 21 fM in Chestnut (39).
13. Rd: 4 fM, 2 fM zus, 4 fM in Chestnut, 2 fM zus, 1 fM in Cream, 3 fM, 2 fM zus, 21 fM in Chestnut (36).
14. Rd: (1 fM, 2 fM zus) 3x in Chestnut, 2 fM in Cream, (2 fM zus, 1 fM) 2x, 2 fM zus, 17 fM in Chestnut (30).
15. Rd: 3 fM, 2 fM zus, 1 fM in Chestnut, 2 fM in Cream, 2 fM zus, (3 fM, 2 fM zus) 4x in Chestnut (24).
16. Rd: 2 fM, 2 fM zus, 1 fM in Chestnut, 2 fM in Cream, 2 fM zus, 1 fM, 2 fM zus, 12 fM in Chestnut (21).
Weiter nur in Cream arbeiten.
17.-21. Rd: fM (5 Rd).
22. Rd: (5 fM, 2 fM zus) 3x (18).
23. Rd: (1 fM, 2 fM zus) 6x (12).
24. Rd: (2 fM zus) 6x (6).

OHREN (2x arbeiten)
In Chestnut arbeiten.
3 cm große Schlaufenmaschen (siehe Seite 128) in jede 2. M arbeiten.
Beginnen Sie mit 6 fM in den Anfangsring (siehe Techniken).
1. Rd: (2 fM in die nächste M) 6x (12).
2. Rd: (1 fM, 2 fM in die nächste M) 6x (18).
3. Rd: (2 fM, 2 fM in die nächste M) 6x (24).
4.-5. Rd: fM (2 Rd).
6. Rd: (2 fM zus, 10 fM) 2x (22).
7. Rd: fM.
8. Rd: (2 fM zus, 9 fM) 2x (20).
9. Rd: (2 fM zus, 8 fM) 2x (18).
10.-14. Rd: fM (5 Rd).
15. Rd: (1 fM, 2 fM zus) 6x (12).

Fortsetzung auf Seite 122 »

Len,
der Springer Spaniel

Len fährt einen zerbeulten alten Land Rover und steckt ständig knietief in irgendeiner Matschpfütze. Im Gegensatz zu den Vorurteilen gegenüber Gentlemen wie ihn trägt er lieber Lycra als Tweed und liebt die Bergläufe durch die grasbedeckten Hügel Großbritanniens.

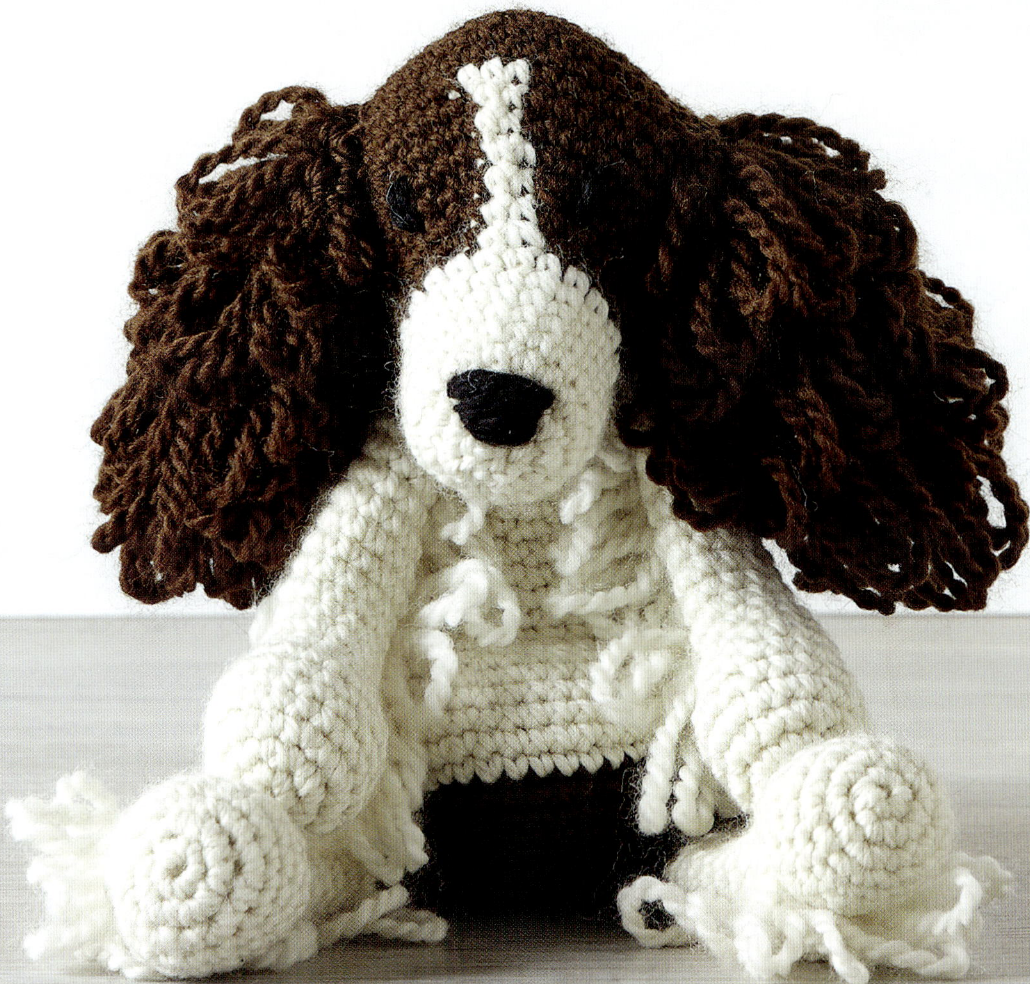

VORDERBEINE (2x arbeiten)
In Cream arbeiten.
Beginnen Sie mit 6 fM in den Anfangsring (siehe Techniken).
1. Rd: (2 fM in die nächste M) 6x (12).
2. Rd: (1 fM, 2 fM in die nächste M) 6x (18).
3.-6. Rd: fM (4 Rd).
7. Rd: (1 fM, 2 fM zus) 6x (12).
Nach Anleitung 3 cm große Schlaufenmaschen arbeiten.
8. Rd: 4 fM mit Schlaufen, 8 fM.
9. Rd: fM.
10. Rd: 1 fM, 4 fM mit Schlaufen, 7 fM.
11. Rd: fM.
12. Rd: 2 fM, 4 fM mit Schlaufen, 6 fM.
13. Rd: fM.
14. Rd: 2 fM, 4 fM mit Schlaufen, 6 fM.
15. Rd: fM.
16. Rd: 3 fM, 4 fM mit Schlaufen, 5 fM.
Weiter ohne Schlaufenmaschen.
17.-22. Rd: fM (6 Rd).

VORDERBEINE (2x arbeiten)
Wie die Vorderbeine bis zum Ende der 16. Rd arbeiten.
Zu Chestnut wechseln.
17.-22. Rd: fM (6 Rd).

SCHWANZ
In Chestnut arbeiten.
Nach Anleitung 3 cm große Schlaufenmaschen arbeiten.
8 Lm mit 1 Km zum Ring schließen.
1. Rd: 1 fM, 1 fM mit Schlaufe, 1 fM, 1 fM mit Schlaufe, 4 fM.
2. Rd: 1 fM mit Schlaufe, 1 fM, 1 fM mit Schlaufe, 5 fM.
3.-4. Rd: 2 fM, 1 fM mit Schlaufe, 1 fM, 1 fM mit Schlaufe, 3 fM (2 Rd).
5.-7. Rd: 3 fM, 1 fM mit Schlaufe, 1 fM, 1 fM mit Schlaufe, 2 fM (3 Rd).
8. Rd: 4 fM, 1 fM mit Schlaufe, 1 fM, 1 fM mit Schlaufe, 1 fM.
In jede 2. M Schlaufenmaschen arbeiten.
9. Rd: 2 fM zus, 6 fM (7).
10. Rd: fM.
11. Rd: 2 fM zus, 5 fM (6).
12.-13. Rd: fM (2 Rd).
14. Rd: 2 fM zus, 4 fM (5).
Zu Cream wechseln.
15. Rd: fM.
16. Rd: 2 fM zus, 3 fM (4).
17. Rd: fM.
18. Rd: (2 fM zus) 2x (2).

HINWEIS
Schlaufen aufschneiden und in die gewünschte Form schneiden.

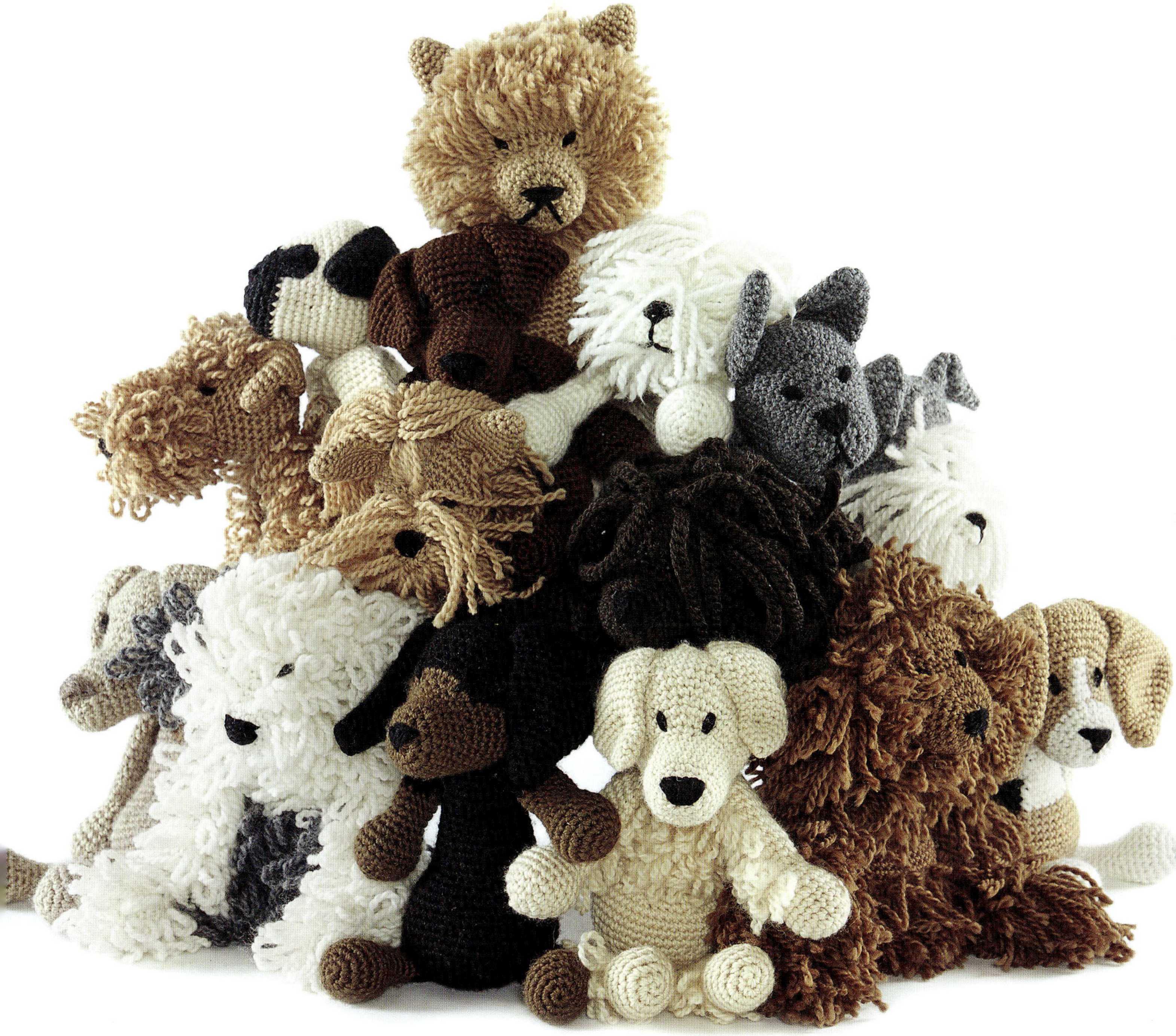

Techniken
Grundlagen

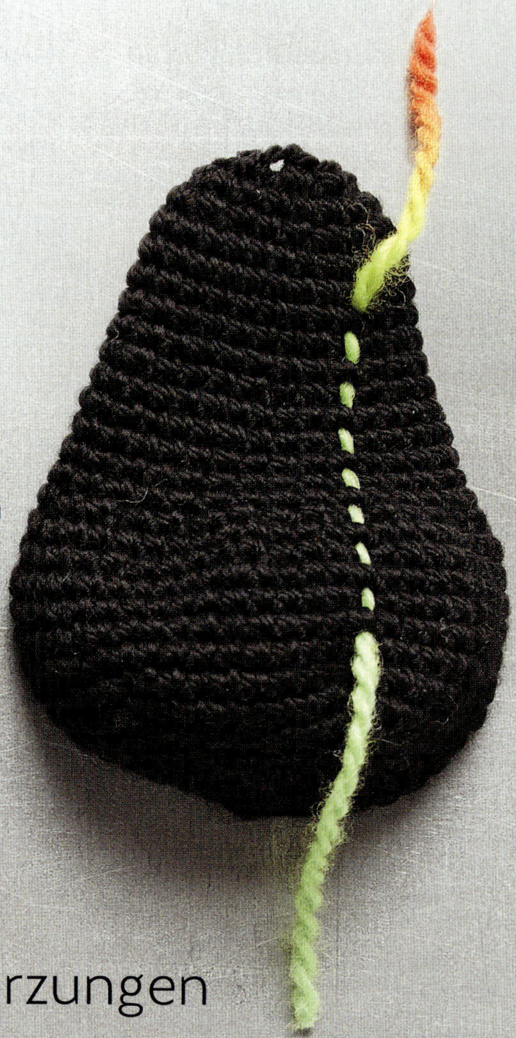

Auf den folgenden Seiten möchte ich Häkelanfängern alles erklären, was sie können müssen, um ein oder vielleicht sogar alle Projekte in diesem Buch zu häkeln. Auch wenn Sie schon viel Häkelerfahrung haben, sollten Sie ruhig einen Blick auf diese Seiten werfen, denn vielleicht sind bestimmte Techniken wie „2 M zus“ oder Schlaufenmaschen auch für Sie neu.

Markieren

Beim Häkeln betrachte ich meinen Markierungsfaden als eine Art Rettungsleine. Ich empfehle Ihnen, einen Faden von etwa 15 cm Länge in einer Kontrastfarbe zu verwenden, den Sie ab der 2. Rd einsetzen. Sobald Sie 12 Maschen gehäkelt haben, können Sie einfacher erkennen, wo Sie den Faden einsetzen müssen. Wenn Sie nach einer Runde wieder beim Markierungsfaden ankommen, ziehen Sie ihn nach vorne oder hinten durch eine Masche oder zwischen Maschen hindurch, sodass sich der Faden durch Ihre ganze Häkelarbeit zieht. Sollten Sie am Ende einer Runde feststellen, dass nicht die richtige Maschenanzahl vorliegt (oder wenn Sie während einer Runde die Arbeit unterbrechen müssen und vergessen haben, wo Sie sind), können Sie jederzeit zu Ihrem Markierungsfaden zurückkehren. Sie werden schnell feststellen, dass Sie in einer Spiralform arbeiten und dass der Anfang der nächsten Runde nicht immer genau dort ist, wo Sie ihn erwartet hätten. Nach Abschluss der Arbeit ziehen Sie einfach den Faden heraus.

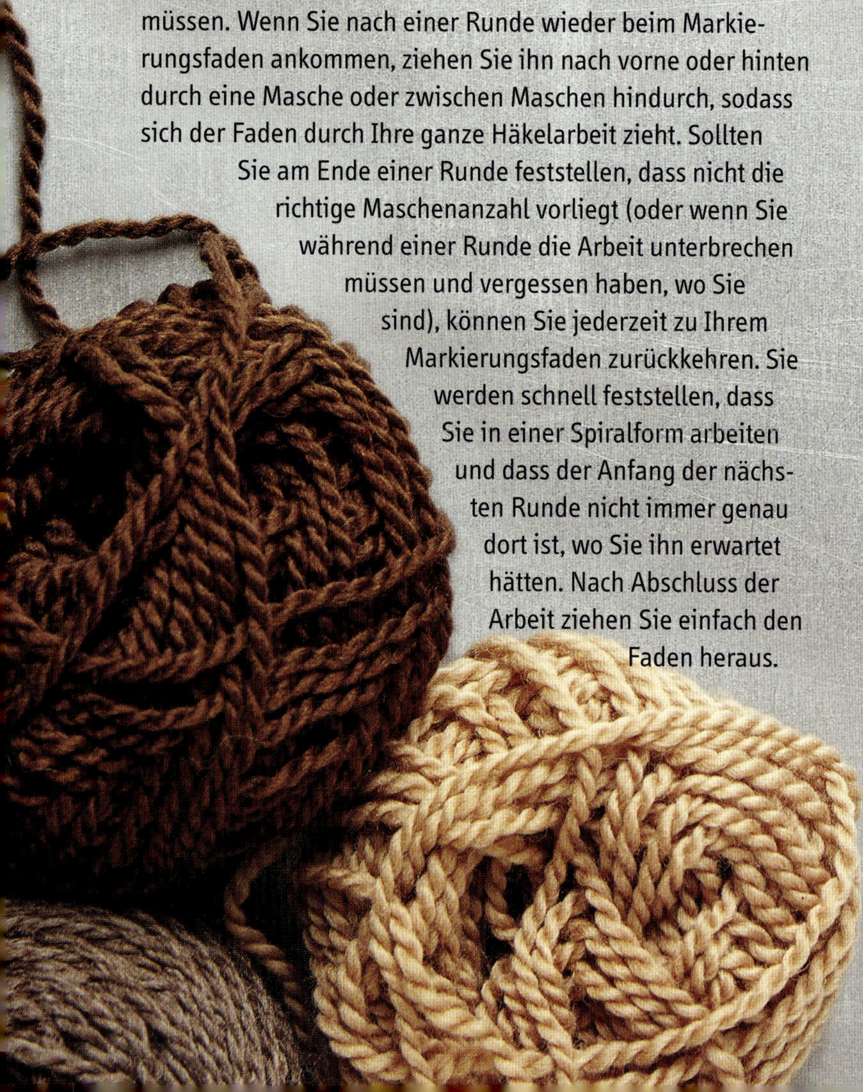

Abkürzungen

Lm (Luftmasche): Die Luftmasche ist die grundlegende Häkelmasche, die oftmals als Maschenanschlag verwendet wird.

fM (feste Masche): Feste Maschen ergeben eine kompakte und dichte Häkelarbeit.

2 fM zus (2 feste Maschen zusammenhäkeln): Eine Masche abnehmen.

Rd (Runde): Eine Runde ist abgeschlossen, wenn Sie einmal um die Häkelarbeit herumgehäkelt haben und wieder beim Maschenmarkierer angekommen sind. Bei diesen Anleitungen häkeln Sie keine Kettmasche am Ende der Runde, sodass ein Kreis entsteht, sondern Sie häkeln einfach in einer Spirale weiter in die nächste Runde.

RS (rechte Seite): Die rechte Seite Ihrer Häkelarbeit zeigt kleine ‚V‘-Formen zwischen waagrechten Linien und ist damit die Außenseite.

Km (Kettmasche): Das ist die einfachste Häkelmasche.

M (Masche(n)): Die Maschen werden an der Kante rundherum um Ihre Häkelarbeit gezählt.

LS (linke Seite): Auf der linken Seite Ihrer Häkelarbeit sehen Sie senkrechte, spiralförmige Furchen. Zu dieser Seite hängen alle losen Fäden, denn diese Seite ist die Innenseite.

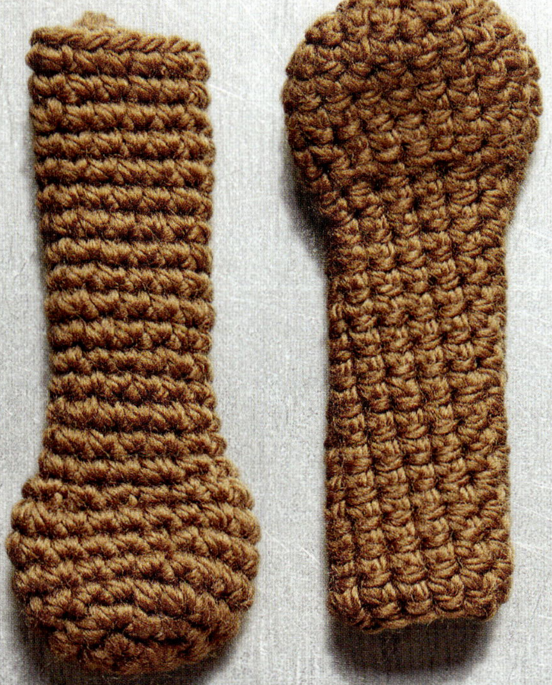

Rechte Seite **Linke Seite**

Rechte und linke Seite der Häkelarbeit

Wenn die Häkelmethode dieses Buchs neu für Sie ist, müssen Sie darauf achten, dass es eine rechte (RS) und eine linke (LS) Seite Ihrer Häkelarbeit gibt. Die linke Seite liegt auf der Innenseite. Wenn Sie Rechtshänder sind und so häkeln, dass die rechte Seite nach außen zeigt, häkeln Sie gegen den Uhrzeigersinn an der Kante der Häkelarbeit entlang (Linkshänder häkeln im Uhrzeigersinn). Viele haben gelernt, beim Häkeln die linke Seite nach außen zu halten (so habe ich es anfangs auch gelernt). In diesem Fall wenden Sie das Körperteil vor dem Ausstopfen einfach auf die rechte Seite. Bei einigen Teilen ist das überhaupt kein Problem, da sie sich vor dem Ausstopfen und Zunähen problemlos wenden lassen. Haben die Teile jedoch kürzere Runden, wie bei den Schwänzen, wird diese Arbeitsweise unmöglich. Achten Sie daher darauf, dass Sie in die rechte Seite der Arbeit häkeln, die dann auf der Außenseite der Form liegt. Auf der rechten Seite der Häkelarbeit sehen Sie die Maschen waagerecht liegen. Auf der linken Seite sehen Sie senkrechte Linien, die sich spiralförmig um die Arbeit winden.

Zählen

Eine der Grundlagen, die Sie auf jeden Fall beherrschen sollten, ist das Zählen der Maschen am Ende einer Runde. In jeder Runde, in der Sie laut Anleitung zu- oder abnehmen müssen, ist in Klammern angegeben, wie viele Maschen die Runde am Ende haben sollte. Wenn Sie eine Runde gehäkelt haben und weniger oder mehr Maschen zählen, trennen Sie alle Maschen der Runde bis zum Markierungsfaden auf und häkeln die Runde noch einmal.

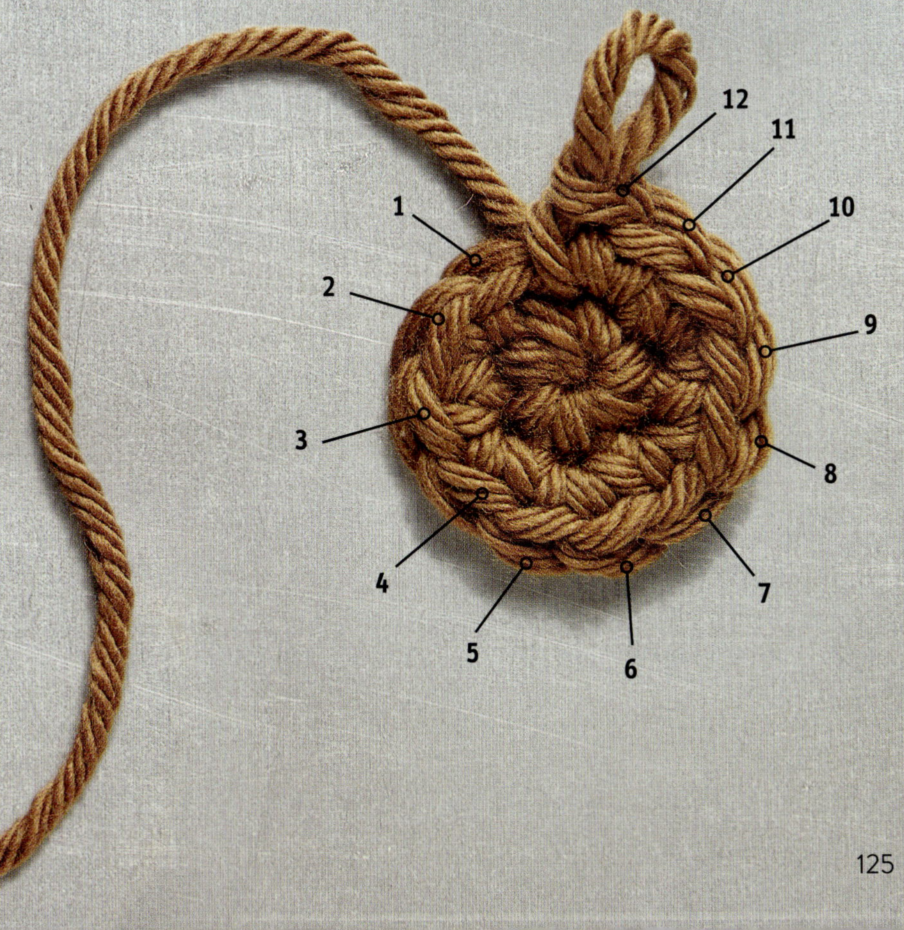

Die Maschen

Grundlegende Maschen

Anfangsschlinge

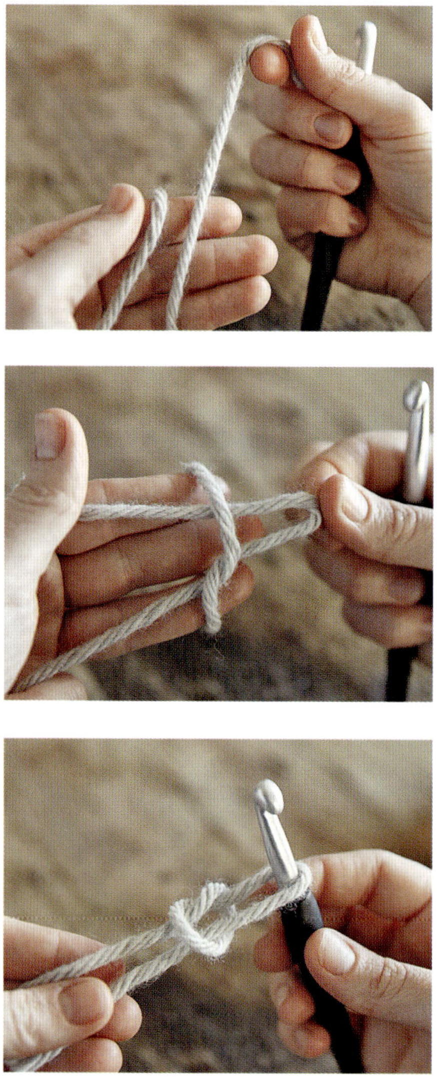

1. Den Faden zu einer Schlaufe legen.
2. Den Faden durch die Schlaufe ziehen.
3. Die Nadel durch die Schlaufe stecken und den Knoten zuziehen; der Knoten muss näher am Fadenende als am Knäuel liegen.

Luftmasche

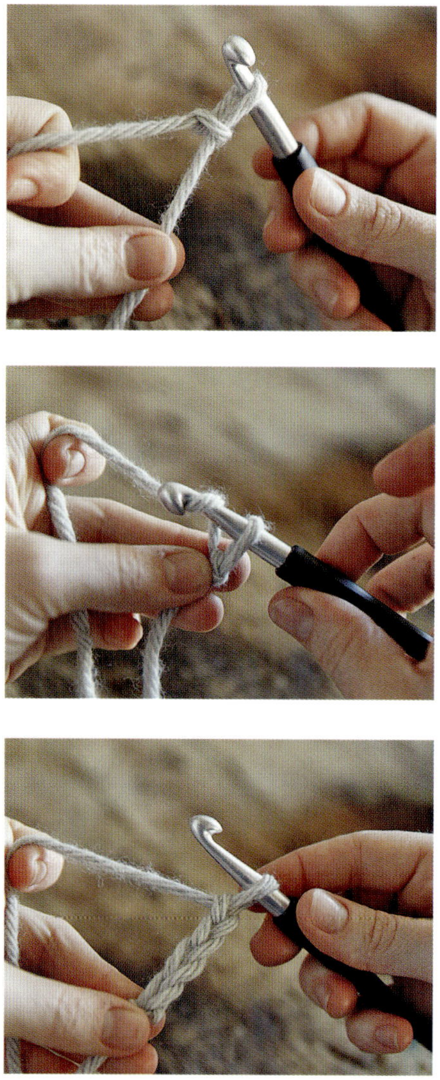

1. Eine Anfangsschlinge machen.
2. Den Faden mit der Nadel (Faden oben) aufnehmen und nicht zu fest durch die Schlinge ziehen (1 Luftmasche gehäkelt).
3. Wiederholen, bis die gewünschte Länge der Luftmaschenkette erreicht ist.

Anfangsring

(6 fM zum Ring schließen)

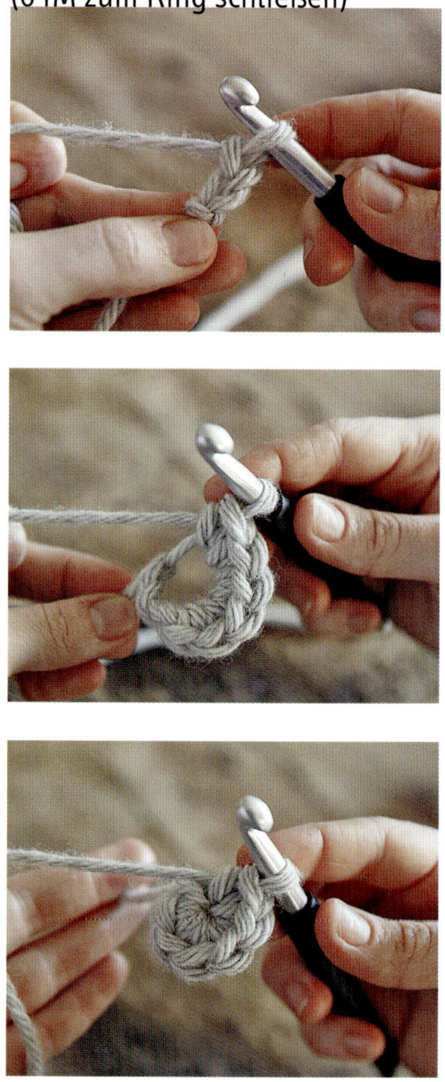

1. Eine Anfangsschlinge machen und danach zwei Luftmaschen häkeln.
2. In die erste Luftmasche sechs feste Maschen häkeln.
3. Den Ring mit dem Fadenende fest zusammenziehen.

Feste Masche (fM)

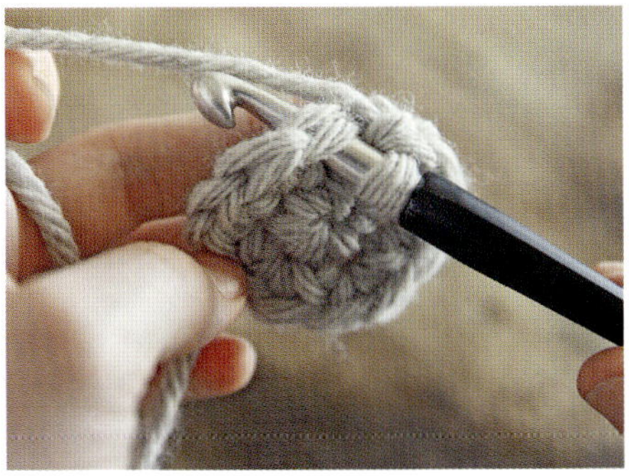

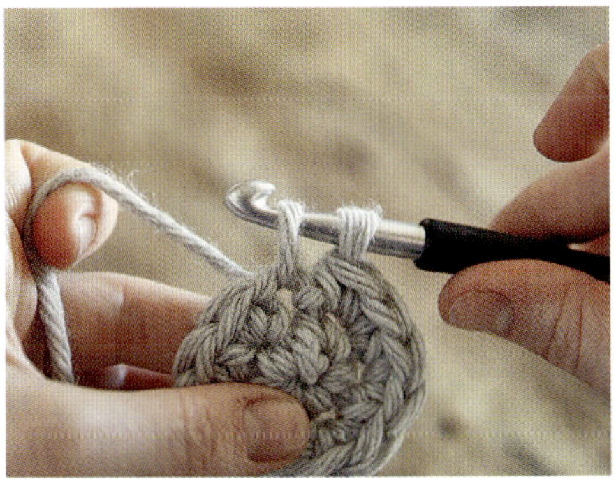

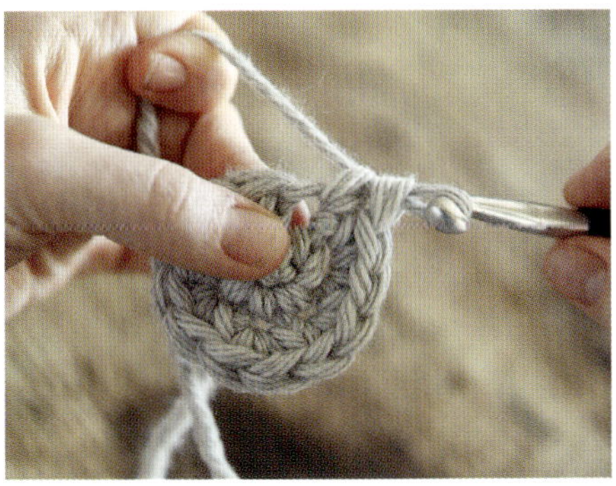

1. Die Nadel durch die Masche stechen (unter beiden Fäden hindurch).
2. Den Faden über die Nadel legen und durch die Masche ziehen.
3. Noch einmal den Faden aufnehmen und durch beide Schlingen auf der Nadel ziehen, dann haben Sie eine feste Masche gearbeitet.

Hinweis: In der amerikanischen Terminologie wird die feste Masche als „single crochet" (sc) bezeichnet.

Abnahmen (2 fM zus)

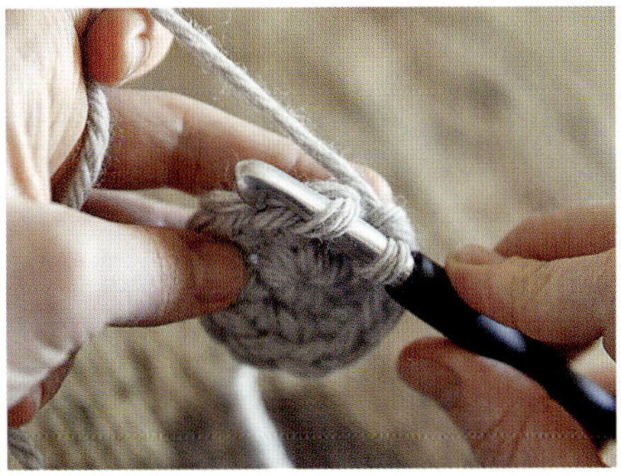

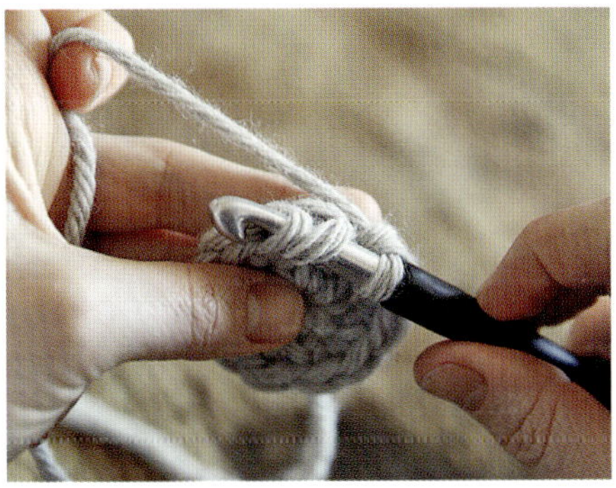

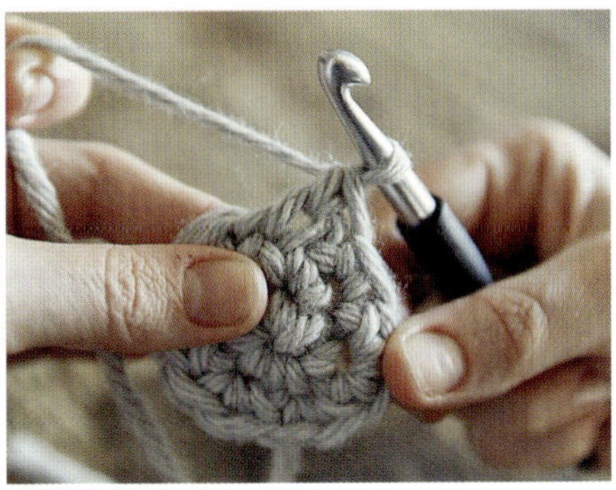

1. Die Nadel nur durch den vorderen Faden der Masche stechen (zwei Schlingen auf der Nadel).
2. Die Nadel nur durch den vorderen Faden der nächsten Masche stechen (drei Schlingen auf der Nadel).
3. Faden mit der Nadel aufnehmen, durch die ersten beiden Schlingen auf der Nadel ziehen, erneut Faden aufnehmen und durch die restlichen beiden Schlingen ziehen, um eine feste Masche zu häkeln.

Kettmasche (Km)

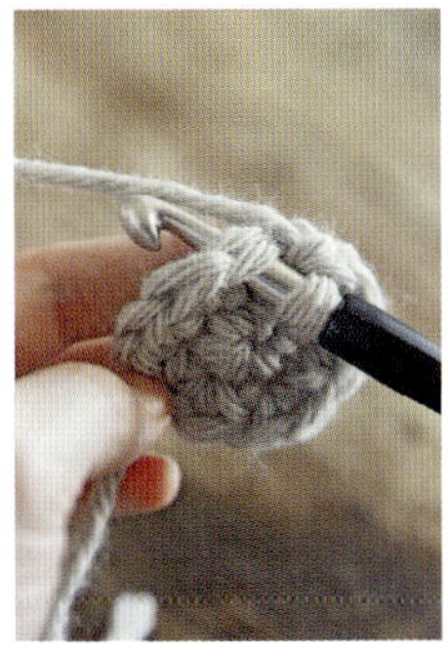

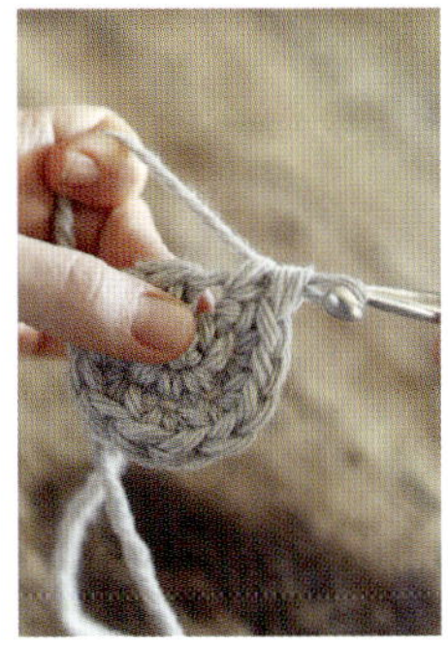

1. Die Nadel durch beide Fäden der Masche stechen.
2. Den Faden über die Nadel legen und gleichzeitig durch beide Schlingen auf der Nadel ziehen.

Kettmasche (zum Ring schließen)

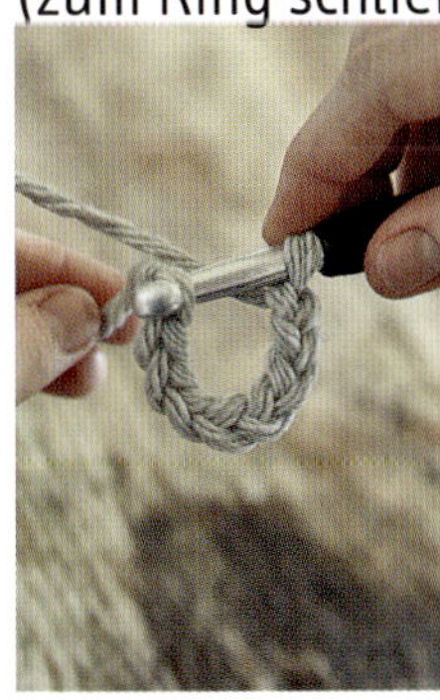

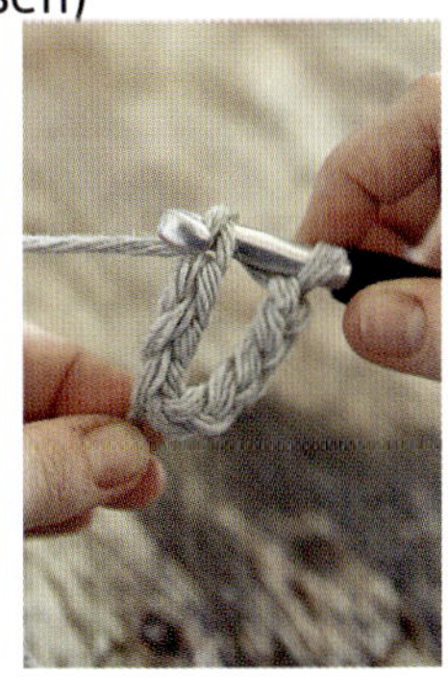

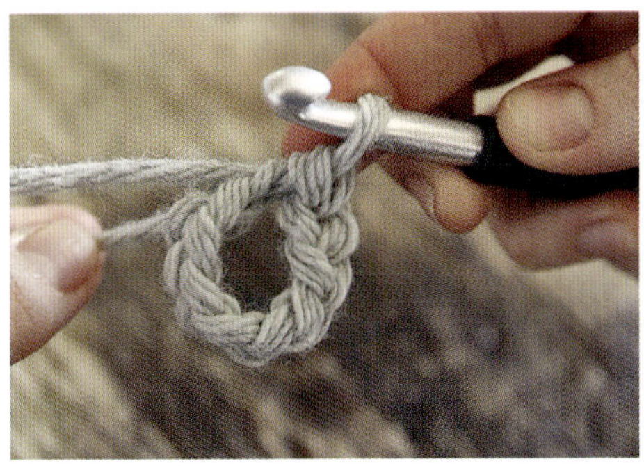

1. Die Nadel durch die Masche direkt neben der Anfangsschlinge stechen.
2. Den Faden über die Nadel legen.
3. Den Faden gleichzeitig durch die Masche und durch die Schlinge auf der Nadel ziehen.

Maschen für die Projekte für Fortgeschrittene

Farbwechsel

(und Garn neu ansetzen)

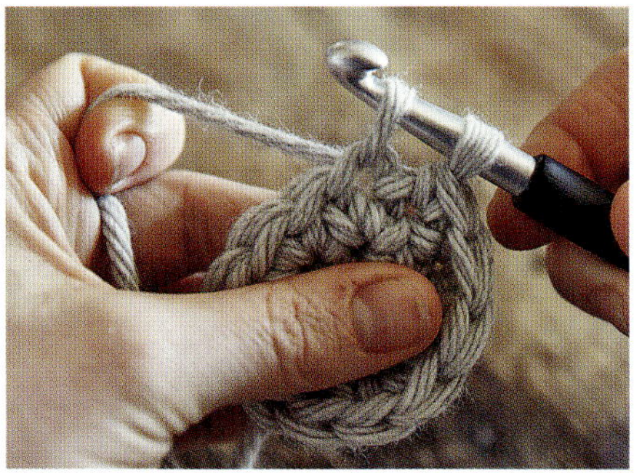

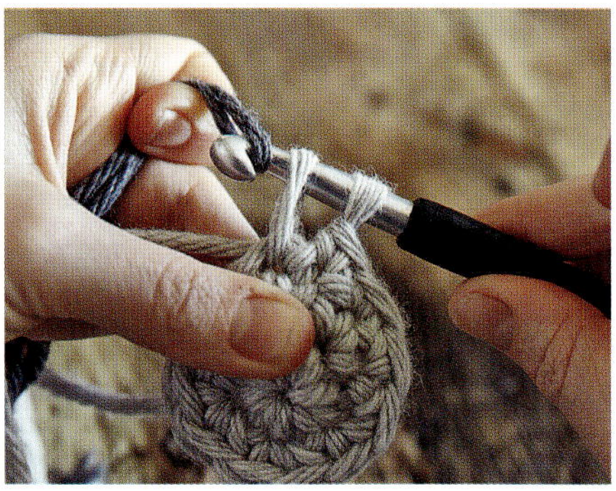

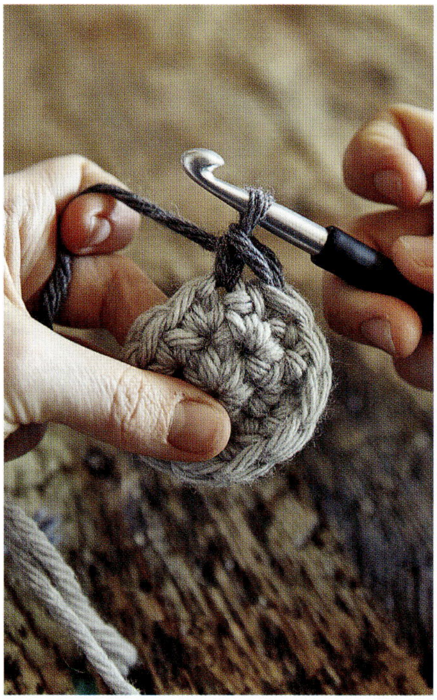

1. Nadel durch die nächste Masche stechen, Faden über die Nadel legen und durch die Masche ziehen (zwei Schlingen auf der Nadel).
2. Faden der neuen Farbe/des neuen Garns aufnehmen und die feste Masche mit diesem Faden fertig häkeln.
3. Mit der neuen Farbe bzw. dem neuen Garn weiterhäkeln, dabei den Faden der ersten Farbe bzw. des ersten Garns auf der Rückseite der Arbeit hängen lassen. Faden abschneiden oder auf der Rückseite mitführen, wenn Sie bald wieder zu dieser Farbe wechseln.

Hinweis: Sie arbeiten diesen Farbwechsel am Ende der Masche VOR dem Farbwechsel laut Anleitung.

Schlaufenmasche

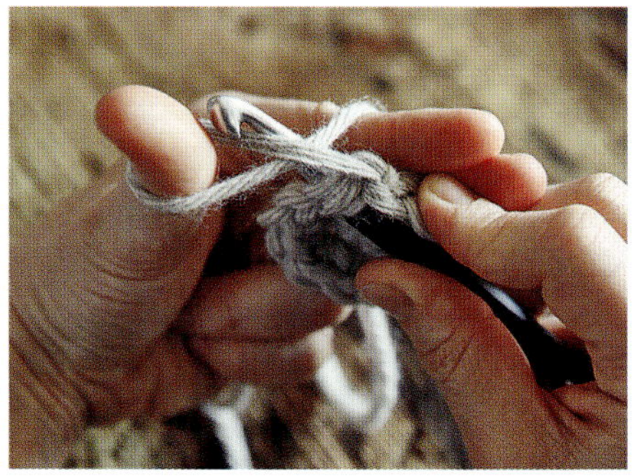

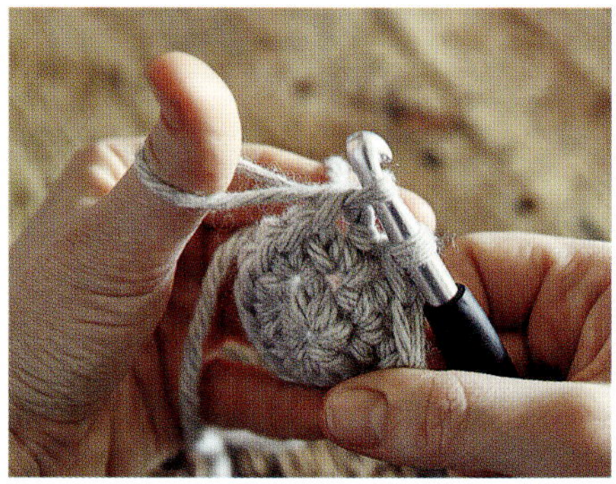

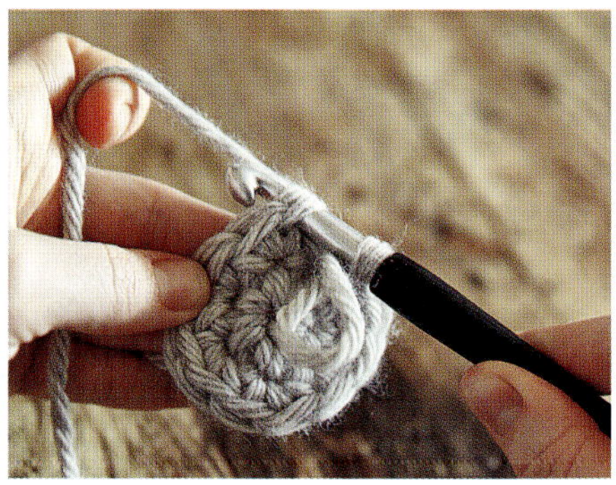

1. Nadel in die Masche stechen und den Faden von vorne nach hinten über den Daumen der Hand schlingen; den Faden aufnehmen, während die Schlaufe auf dem Daumen bleibt.
2. Die Schlaufe auf dem Daumen festhalten und die feste Masche beenden.
3. Den Daumen nach vorne bewegen und die Schlaufe auf die rechte Seite der Arbeit fallen lassen. So oft häkeln wie angegeben.

Luftmaschen-schlaufen

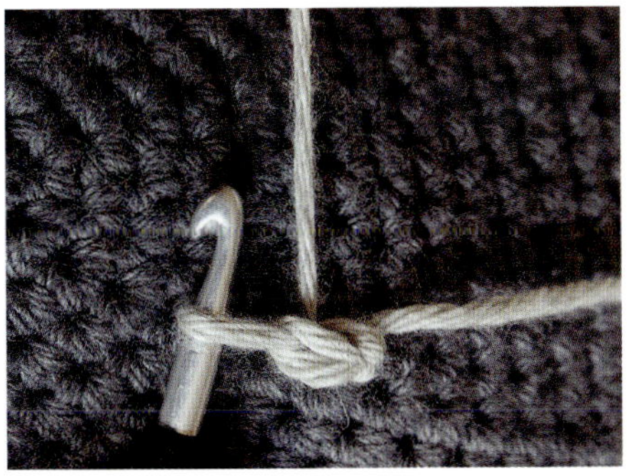

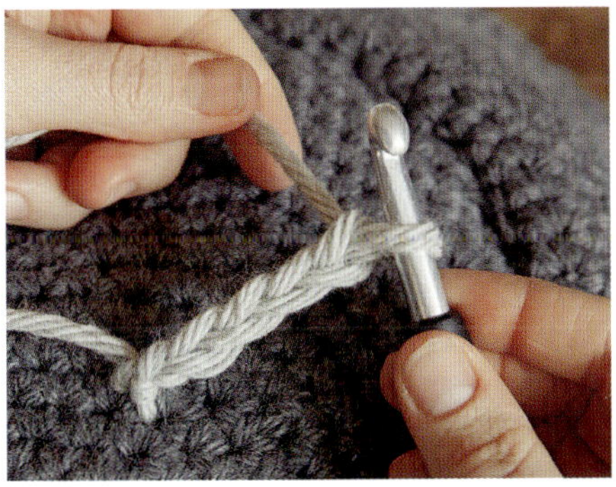

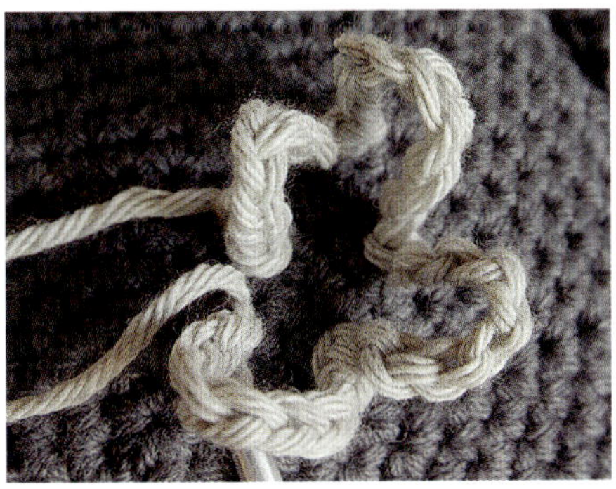

1. Eine Anfangsschlinge machen, die Nadel an der gewünschten Position der ersten Schlaufe durch die Häkelarbeit stechen und mit einer Kettmasche fixieren.
2. So viele Luftmaschen häkeln, wie in der Anleitung angegeben.
3. Die Luftmaschenschlaufe mit einer Kettmasche fixieren; bei mehreren Schlaufen jeweils eine Masche und eine Reihe Abstand von der letzten Schlaufe halten.

Schnüre aus Luft- und Kettmaschen

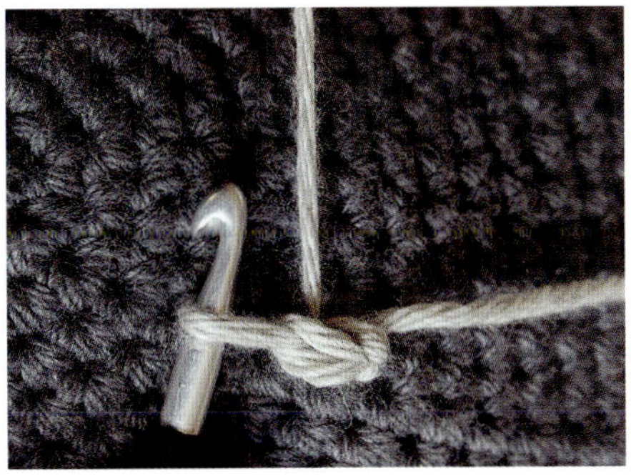

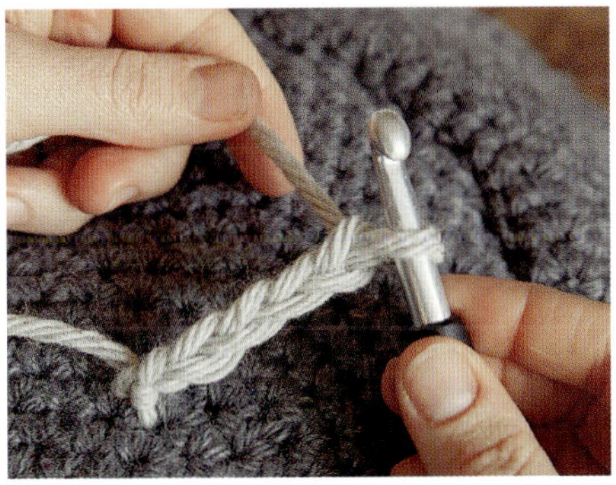

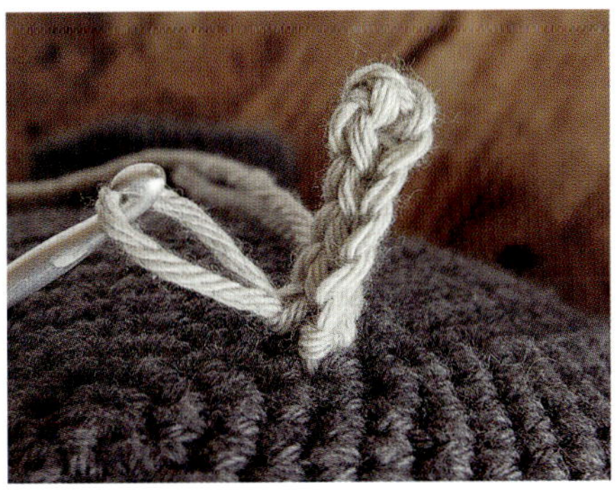

1. Eine Anfangsschlinge machen, die Nadel an der gewünschten Position der ersten Schlaufe durch die Häkelarbeit stechen und mit einer Kettmasche fixieren.
2. So viele Luftmaschen häkeln, wie in der Anleitung angegeben.
3. Jeweils eine Kettmasche in jede Luftmasche häkeln und nach Anleitung wiederholen, falls erforderlich.

Kettmaschen-reihe

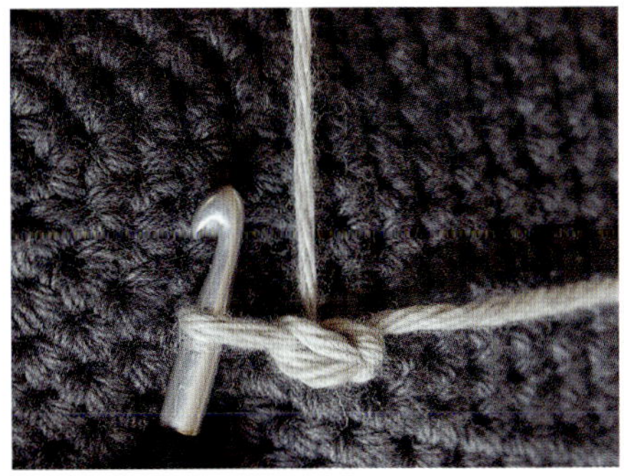

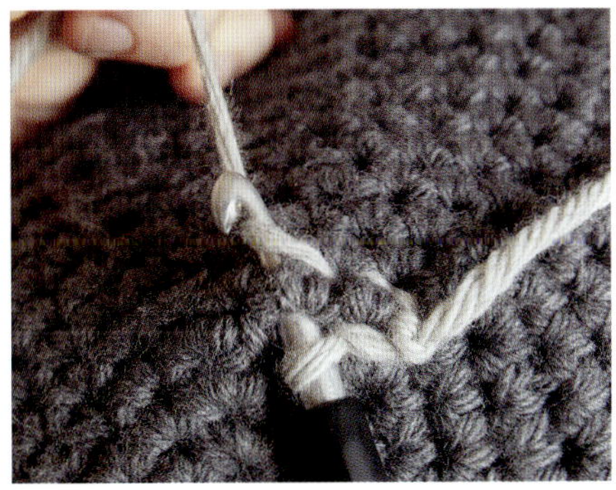

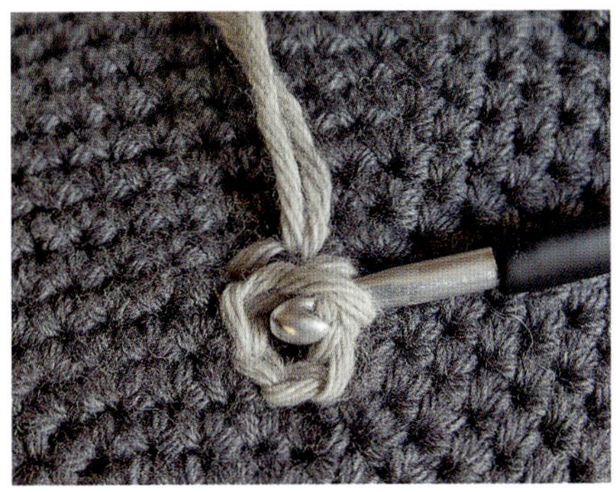

1. Eine Anfangsschlinge machen, die Nadel an der gewünschten Position der ersten Schlaufe in die Häkelarbeit stechen und mit einer Kettmasche fixieren.
2. Den Faden über die Nadel legen und gleichzeitig durch die Arbeit und die Schlinge auf der Nadel ziehen.
3. Kreisförmig über die Häkelarbeit häkeln, dabei X Maschen in einen Ring häkeln, wie in der Anleitung angegeben (hier sind 6 Maschen gezeigt).

Ausstopfen und Zusammennähen

Meine gehäkelten Tiere werden typischerweise nicht allzu fest ausgestopft. Damit die Form des Körpers und die Weichheit des Luxusgarns zur Geltung kommen, empfiehlt es sich, beim Ausstopfen vorsichtig vorzugehen. Zu fest ausgestopfte Teile erhalten eine unansehnliche Form und sind nicht mehr weich und kuschelig.

Körper ausstopfen

Alle Körper werden locker ausgestopft, bevor sie zugenäht werden und der Kopf angenäht wird. Nachdem Sie den Körper ausgestopft haben, rollen Sie ihn in Ihren Händen: So sehen Sie deutlich, wo das „Bäuchlein" ist, damit der Kopf an die richtige Stelle kommt.

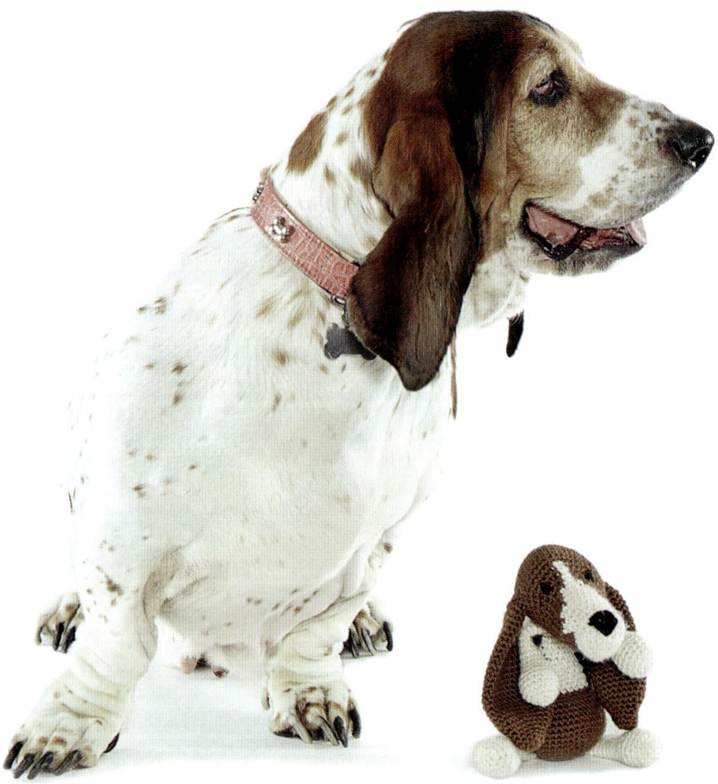

Pfoten und Beine ausstopfen

Typisch für meine Hunde ist, dass die Beine nicht ausgestopft werden, nur eine kleine Kugel Füllmaterial kommt in die Pfoten. So können die Hunde sitzen und ihren Kopf stützen, außerdem sehen sie allerliebst und reizvoll aus, wenn sie nur an einem Körperglied gehalten werden.

Ohren

Die Ohren werden nicht ausgestopft.

Schwänze ausstopfen

Die meisten Schwänze werden mit ein wenig Füllmaterial ausgestopft, damit sie schwungvoll vom Körper abstehen. Wenn Sie einen echten Hund mit einem eher unterwürfigen Charakter häkeln möchten, können Sie den Schwanz auch unausgestopft lassen. Achten Sie genau darauf, an welcher Stelle Sie den Schwanz annähen. Kleiner Tipp: Lassen Sie den Hund „Sitz" machen, bevor Sie die Position des Schwanzes festlegen, denn er wird sich niemals auf Befehl hinsetzen, wenn der Schwanz zu tief sitzt!

Fäden vernähen

Um die Fäden zu vernähen, fädeln Sie das Fadenende einfach auf eine Stopfnadel und nähen Sie ein paar Heftstiche. Um das Fadenende zu verstecken, stechen Sie die Nadel tief in das Körperteil und schneiden Sie den Faden ab. Erleichtern Sie sich diese Arbeitsschritte, indem Sie gleich am Anfang und am Ende jedes Teils einen 20 cm langen Faden hängen lassen, der sich leicht vernähen lässt.

Reihenfolge beim Zusammennähen

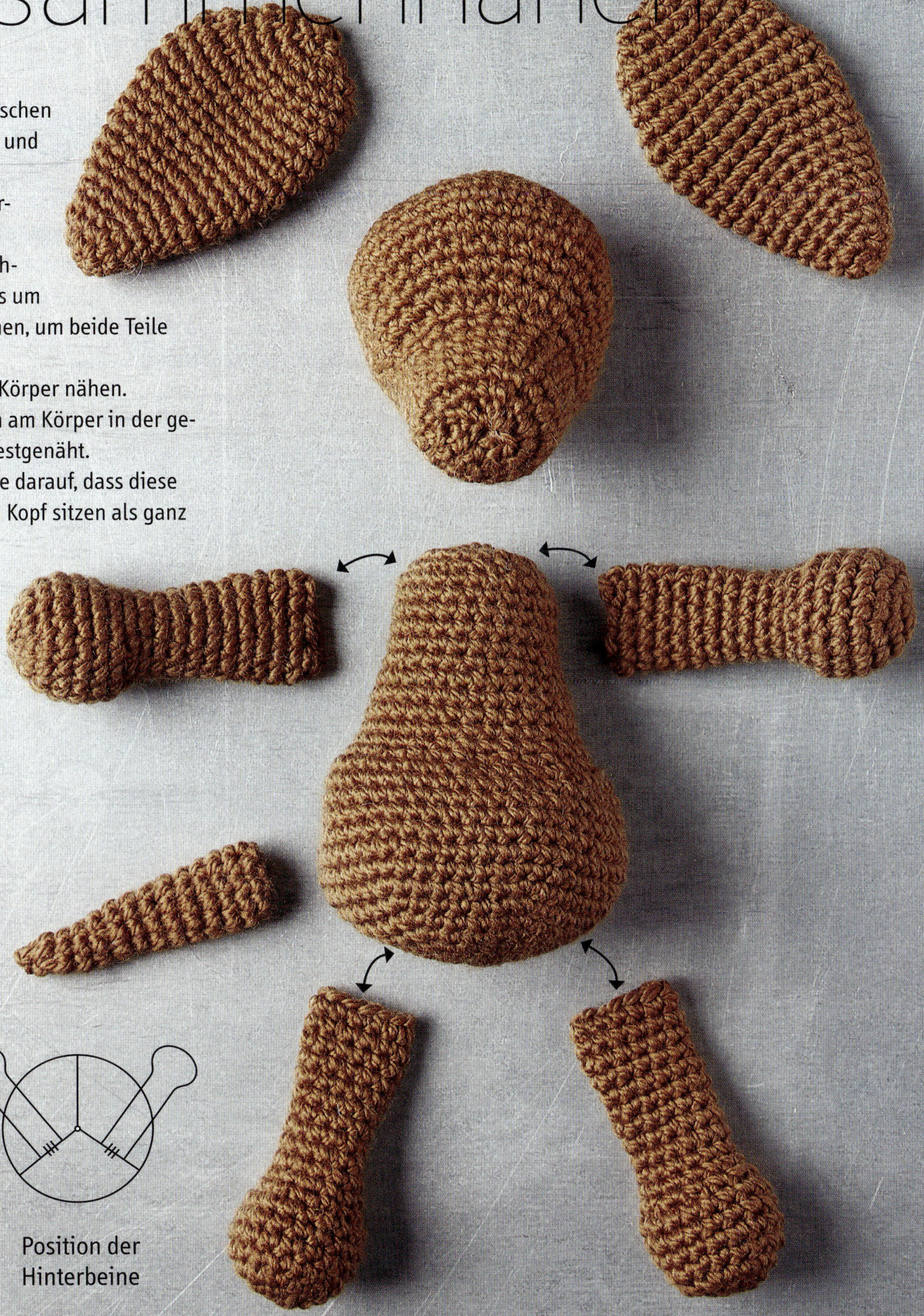

1. Den Kopf mit zwei Stichen zwischen dem oberen Ende des Körpers und der Kopfunterseite festnähen (alle Köpfe werden vom Hinterkopf nach vorne zur Schnauze gearbeitet). Wenn der Kopf richtig sitzt, in einem kleinen Kreis um diese beiden Stiche herumnähen, um beide Teile gut aneinander zu befestigen.
2. Die Vorderbeine oben an den Körper nähen.
3. Die Hinterbeine werden unten am Körper in der gezeigten gespreizten Haltung festgenäht.
4. Die Ohren annähen. Achten Sie darauf, dass diese oftmals eher weiter hinten am Kopf sitzen als ganz oben.
5. Augen und Nase aufsticken.
6. Den Schwanz an der richtigen Position festnähen und eventuelle Details aus Luftmaschen arbeiten.

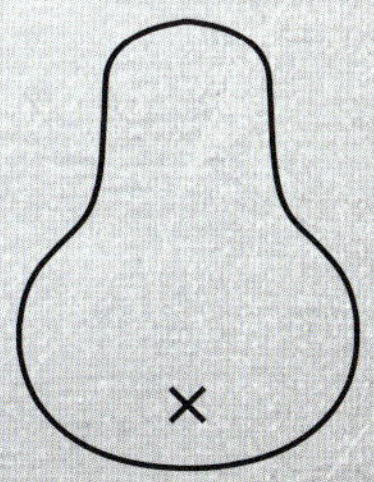

Position des Schwanzes

Position der Hinterbeine

OHREN

Charakteristisch für die Hunde in diesem Buch sind die übergroßen Ohren. Wenn Sie zum ersten Mal die Ohren arbeiten, wundern Sie sich vielleicht, warum sie im Vergleich zum Kopf so groß aussehen. In vielen Anleitungen wird die Kopfform durch die Ohren bestimmt, die an der Rückseite des Kopfes angenäht werden und dann nach vorne fallen. Damit Ihr Hund den gewünschten Ausdruck bekommt, können Sie die Ohren beim Festnähen etwas zusammendrücken und mit ein paar Stichen in nach vorne geklappter Position fixieren oder ein Stehohr und ein Hängeohr gestalten.

Der Ausdruck im Gesicht des Hundes hängt in erster Linie von der Position der Ohren ab. Lassen Sie sich daher ruhig ein wenig Zeit, um die richtige Position zu finden (weitere Beispiele finden Sie auf Seite 134–135).

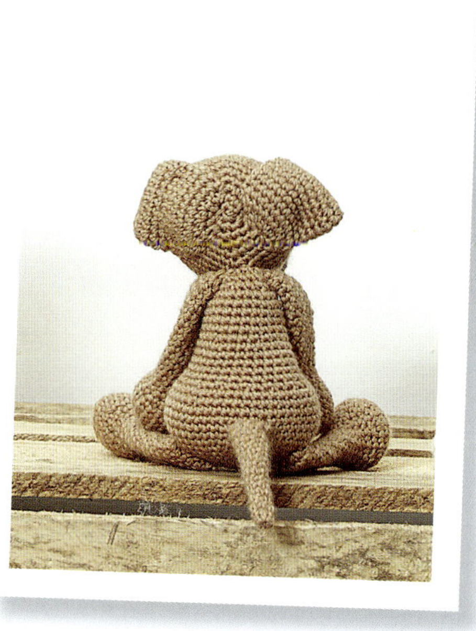

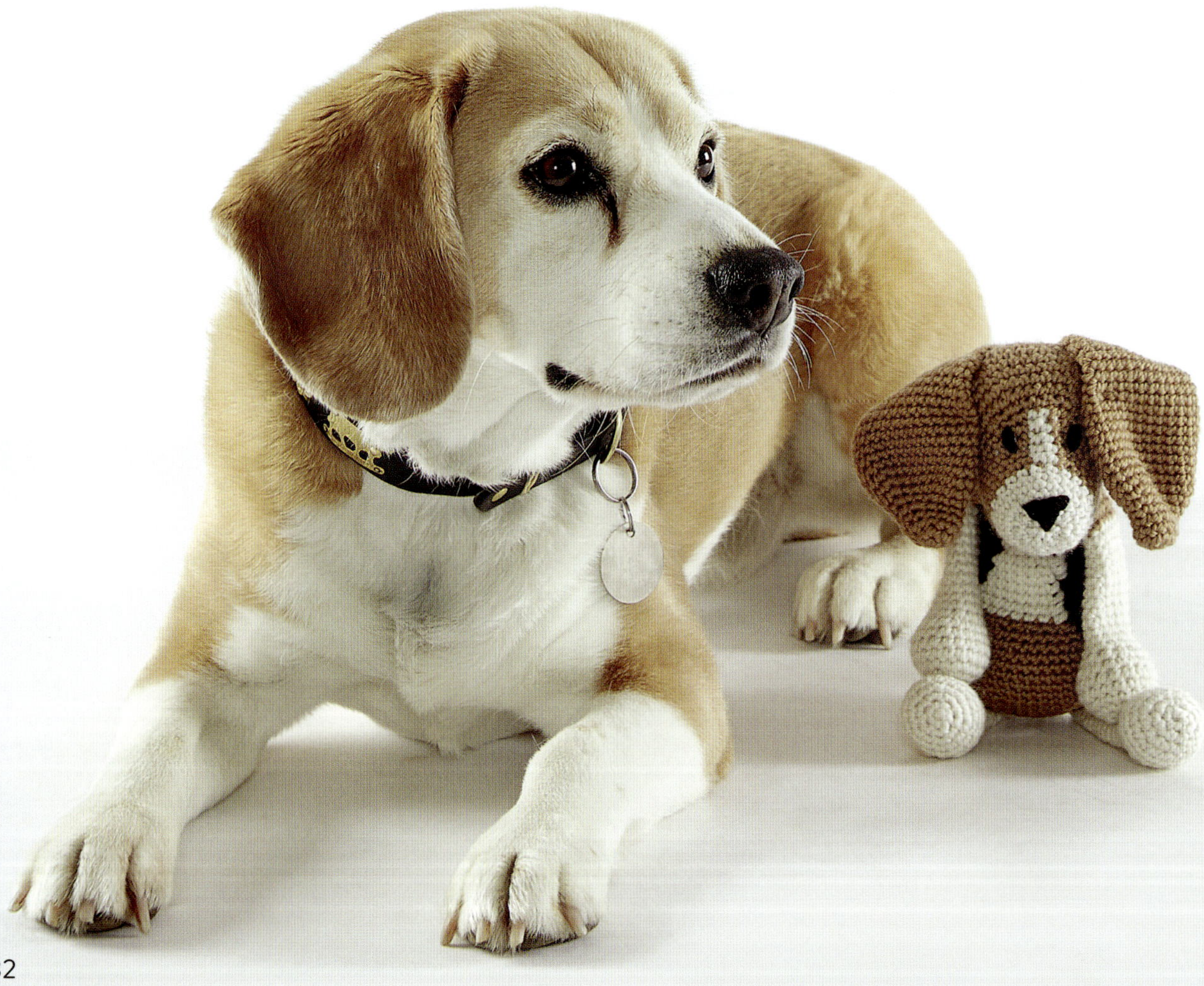

Gesichtszüge

Alle Gesichtszüge meiner Tiere habe ich mit TOFT DK in Black aufgestickt. Nehmen Sie sich ruhig Zeit, um die Gesichtszüge aufzusticken, denn damit legen Sie die Persönlichkeit Ihres Hundes fest.

Augen

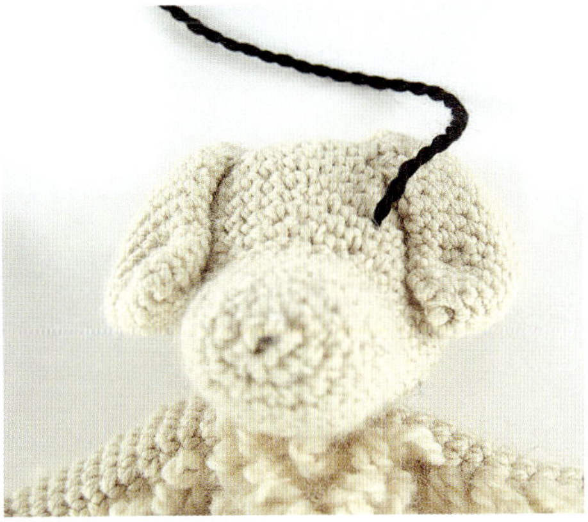

1. Das Garn oben an der gewünschten Position der Augen festnähen.

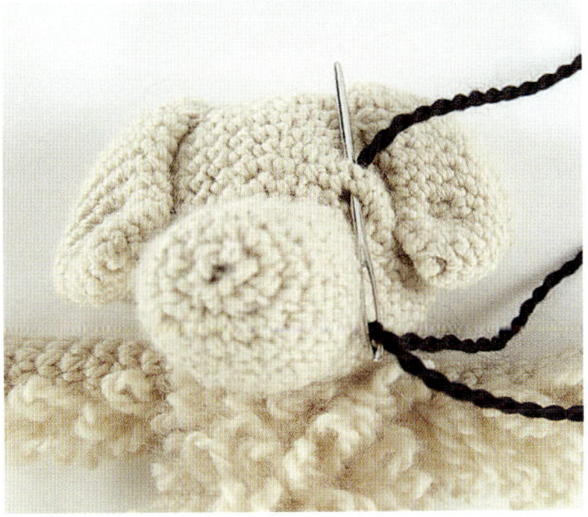

2. Sticken Sie über zwei Runden nach unten und wieder zurück an die Ausgangsposition.

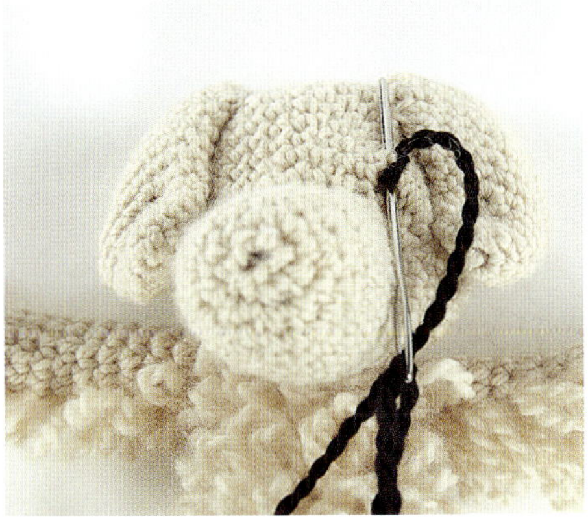

3. Drei Mal wiederholen. Fadenenden abschneiden.

Nase

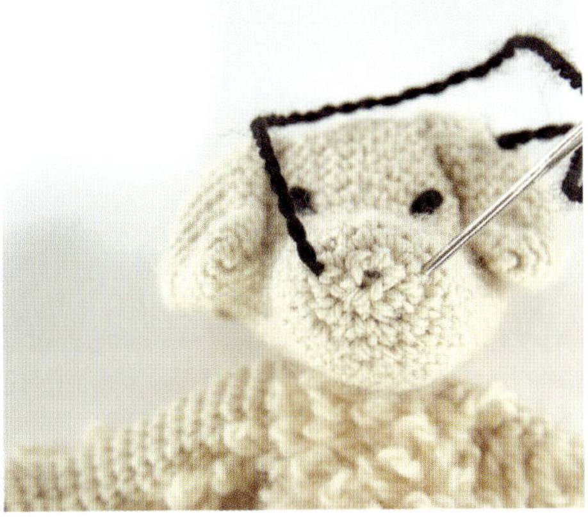

1. Das Garn oben links an der gewünschten Position für die Nase festnähen.

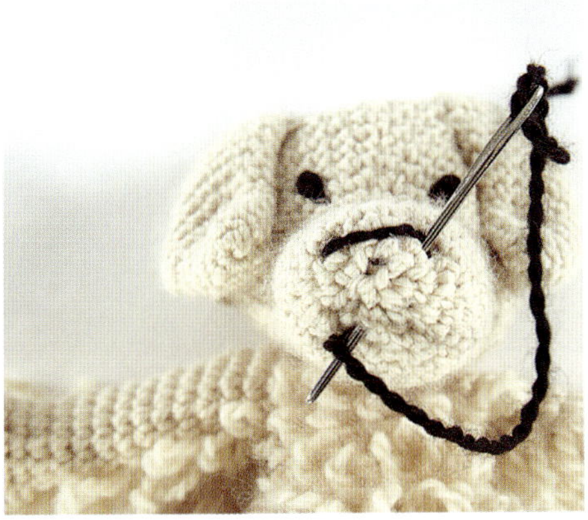

2. Sticken Sie in einer geraden Linie quer über die Schnauze, um die Oberkante der Nase festzulegen, dann durch die Innenseite nach unten, sodass ein Dreieck entsteht.

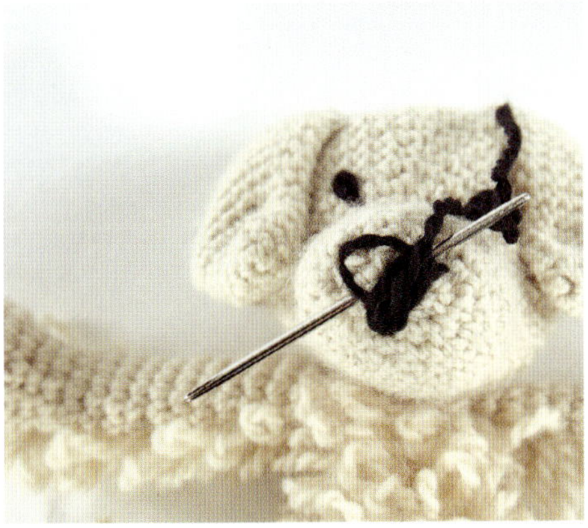

3. Das Dreieck mit Stichen zwischen der Einstichstelle unten und der Linie oben ausfüllen.

Schwänze

Es gibt viele verschiedene Möglichkeiten zur Gestaltung von Schwänzen, die sich ungefähr in die unten dargestellten Kategorien einteilen lassen. Keiner meiner Hunde hat einen kupierten Schwanz oder kupierte Ohren.

1
Für Golden Retriever, Bobtail, Shih Tzu, Chow-Chow, Bichon Frisé, Samojede, Neufundländer, Pekinese und Tibetdogge.

2
Für Französische Bulldogge und Shar Pei.

3
Für den Mops.

4
Für Chihuahua, Yorkshire Terrier und Springer Spaniel.

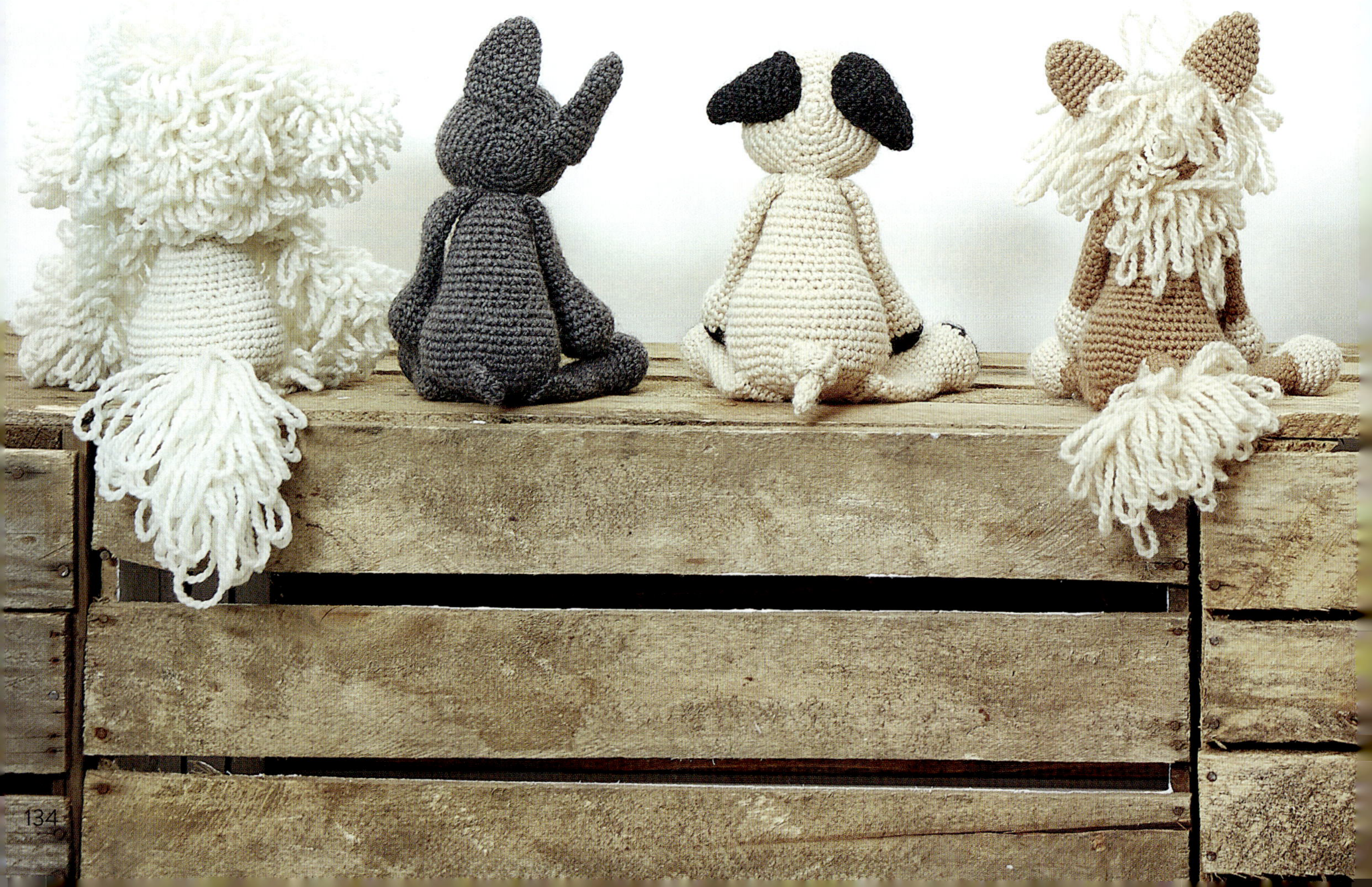

5

Für Labrador, Weimaraner, Porcelaine, Pudel, Wasserspaniel, Bordeauxdogge, Bedlington Terrier, Basset, Border Terrier, Dalmatiner, Boxer, Whippet, Mudi und Beagle.

6

Für Border Collie, Husky, Deutscher Schäferhund, Chinesischer Schopfhund und Papillon.

7

Für Irischer Setter und Cocker Spaniel.

8

Für Scottish Terrier, Puli, Pumi, West Highland Terrier, Staffordshire Bullterrier, Lakeland Terrier, Brüsseler Griffon, Corgi, Dackel, Schnauzer, Rottweiler, Irischer Wolfshund und Afghanischer Windhund.

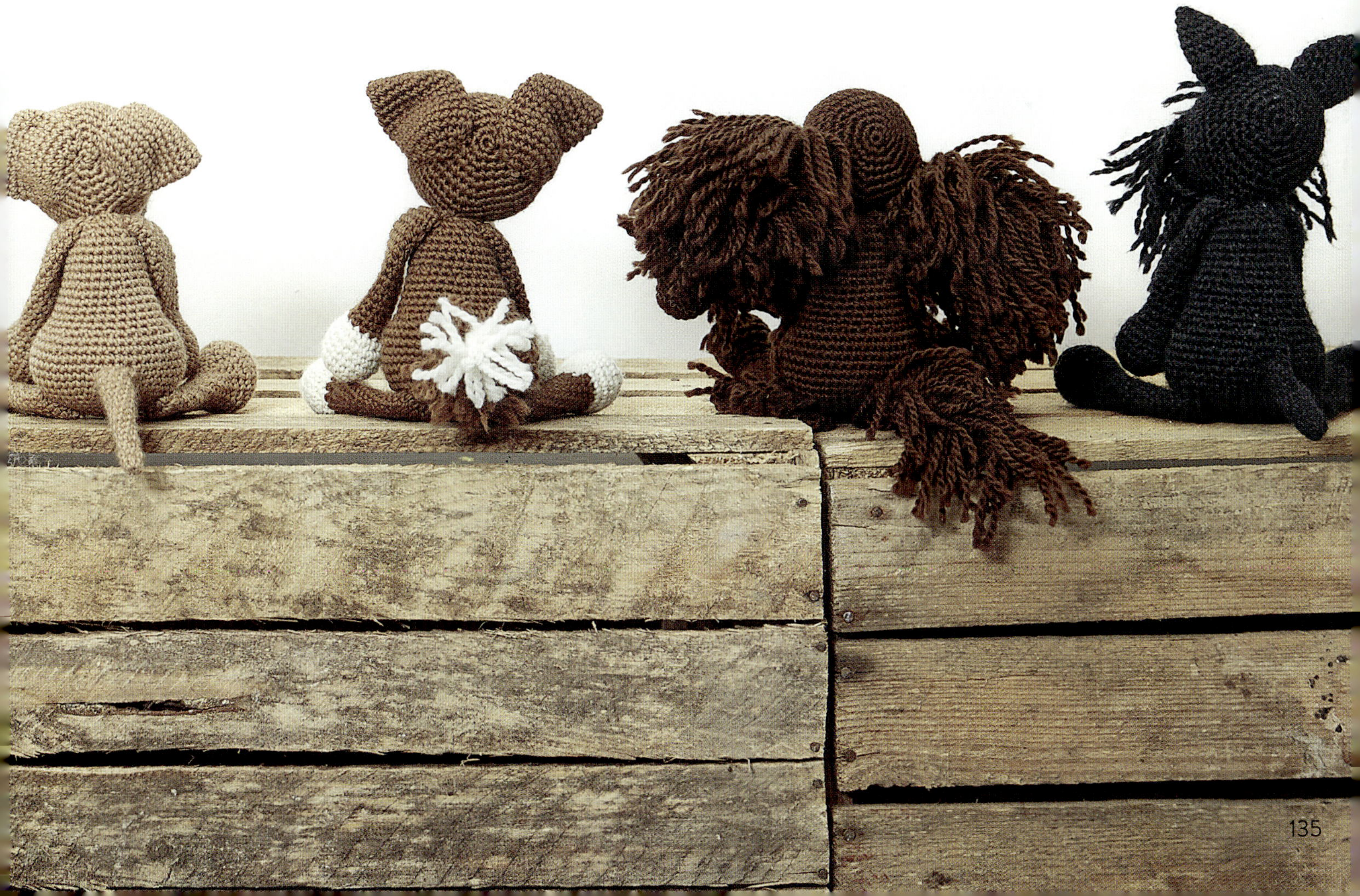

Entwerfen Sie Ihren eigenen Hund

Wenn Sie einen echten Hund nacharbeiten möchten, müssen Sie zunächst entscheiden, welches Garn Sie in welcher Farbe nehmen möchten. Am besten suchen Sie in Ihrer Nähe ein hundefreundliches Wollgeschäft (wie TOFT HQ!). Nehmen Sie Ihren Hund mit und suchen Sie sich dort ein passendes Garn aus. Sollte das nicht möglich sein, fotografieren Sie den Hund und suchen das richtige Garn anhand der Farben auf dem Foto aus. Labrador und Pudel sind beispielsweise Rassen, die in vielen verschiedenen Farben gut aussehen, während der Bichon Frisé nur als solcher erkennbar ist, wenn er in Creme oder Weiß gehäkelt wird.

Wenn Sie dieses Buch nutzen möchten, um Porträts von echten Fellnasen zu arbeiten, müssen Sie kreativ werden. Auf den nächsten Seiten möchte ich Ihnen zeigen, wie das geht.

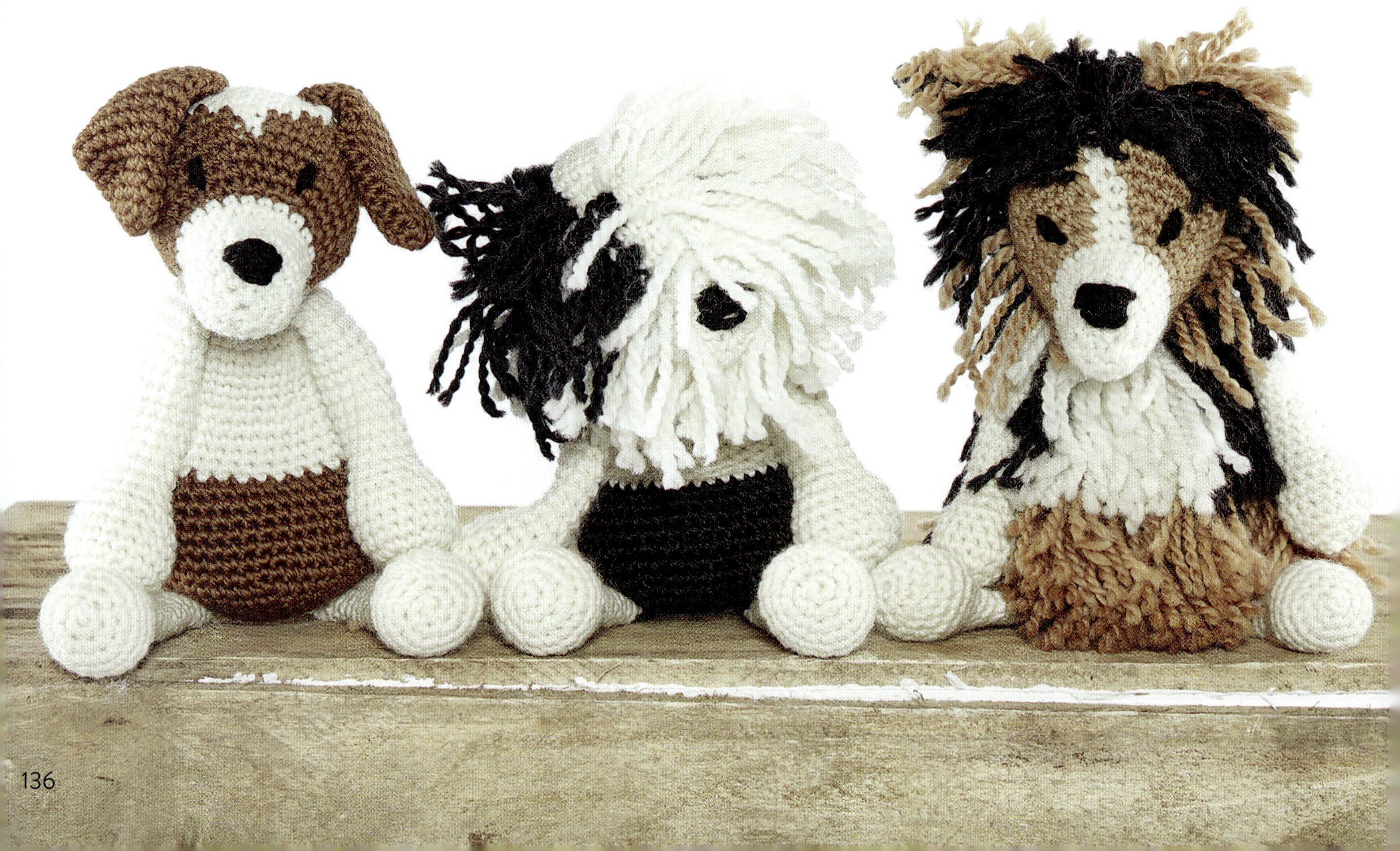

So passen Sie eine Anleitung an Ihren Hund an

Mit ein paar kleinen Änderungen an einer Anleitung können Sie beispielsweise die Kopfform verändern und damit die Persönlichkeit eines Hundes. Wenn Sie die Ausstrahlung Ihres Vierbeiners einfangen möchten, müssen Sie vielleicht die Schnauze um ein paar Runden verkürzen oder verlängern, bis sie passt. Und natürlich müssen Sie die Ohren genau so annähen, wie der entsprechende Hund sie trägt.

Wenn Sie typische Farbflecken eines Hundes nacharbeiten möchten, müssen Sie etwas Kreativität mitbringen. Ich empfehle Ihnen, nach einem einzigen Foto zu arbeiten. Im natürlichen Farbspektrum der reinen Wollgarne von TOFT finden Sie genügend Auswahl, um auch den typischen Farbton Ihres Hundes zu treffen – Eleanor der Labrador sieht zum Beispiel in Oatmeal, Camel, Cocoa oder Black genauso gut aus wie in der Originalfarbe Chestnut.

Oftmals ist es besser, die Farbgebung des Fells ein wenig zu vereinfachen, ebenso brauchen Sie nicht zu versuchen, die genaue Form eines Fleckens nachzuahmen, sondern Sie häkeln einfach einen kompakten Flecken in der entsprechenden Farbe.

Mit Schlaufenmaschen, auch wenn es beispielsweise nur wenige an den Augenbrauen sind, können Sie einen Hund völlig verändern. Hier ist jedoch ein Wort der Warnung angebracht: Setzen Sie diese Maschen sparsam ein. Am besten wirken sie, wenn sie nur am Kopf verwendet werden (egal, wie struppig der Körper tatsächlich ist). Manchmal ist es auch eine gute Idee, einzelne Teile aus verschiedenen Anleitungen dieses Buchs zu kombinieren.

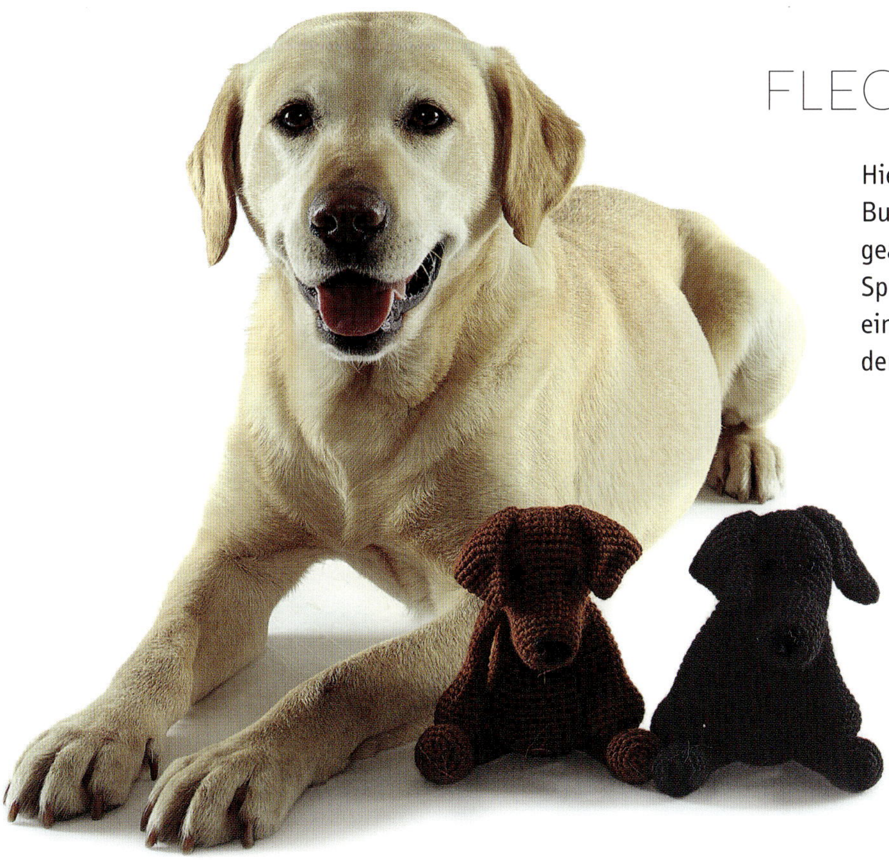

FLECKEN UM DIE AUGEN

Hier können Sie sich an der Anleitung für Tyrone, den Bullterrier, orientieren, da der Kopf mit Farbwechseln gearbeitet wird. Alternativ könnte der Fleck auch wie bei Spencer, dem Mops, aufgenäht werden. Das ist deutlich einfacher zu häkeln und der Fleck landet garantiert an der richtigen Stelle.

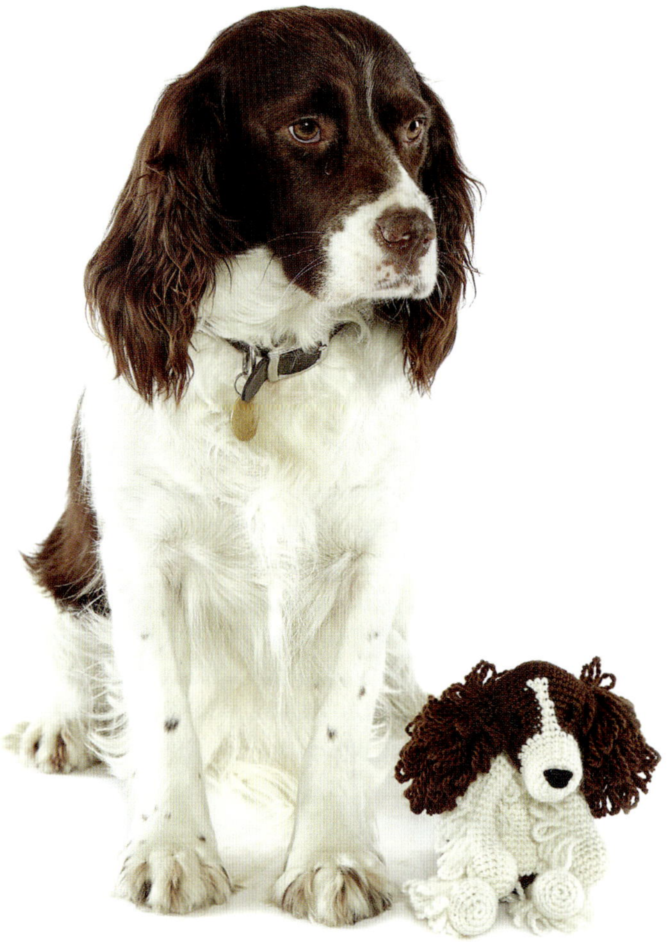

Mischlinge

Das ist Ralph. Die Besitzer dieses großherzigen Vierbeiners aus der Tierrettung gehen davon aus, dass Ralph eine Kreuzung aus Border Collie und Bedlington Terrier ist. Wenn Sie Mischlinge häkeln möchten, ignorieren Sie am besten die Rassebezeichnungen und schauen sich stattdessen die Formen des Hundes genau an. Um Ralph zu häkeln (siehe auch Seite 136, Mitte) habe ich den Kopf eines Labradors gehäkelt und um Schlaufenmaschen und Farbwechsel ergänzt. Die stämmige Grundform dieses Kopfs passt übrigens zu vielen Mischlingen.

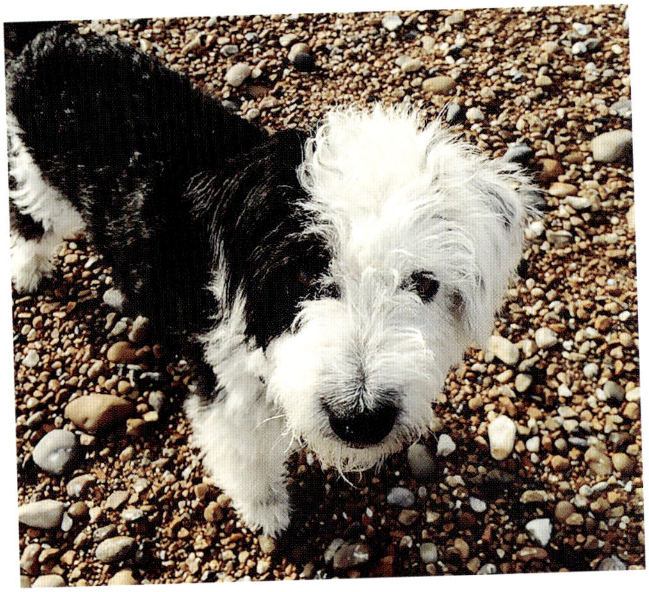

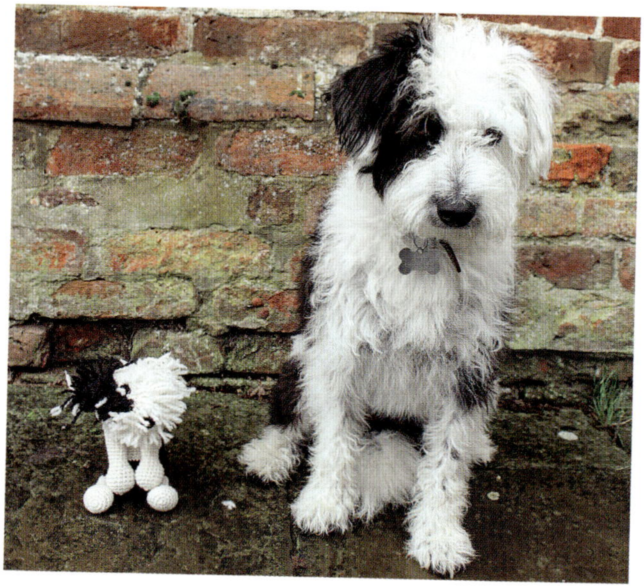

Gefleckter Rücken

Bei Len, dem Springer Spaniel, werden Farbwechsel über den gesamten Körper gearbeitet, um die Flecken auf dem Rücken so realistisch wie möglich nachzuahmen. Bei anderen Anleitungen, wie bei Dorothy, dem Yorkshire Terrier, habe ich entschieden, die Farbwechsel zu vereinfachen. Das kann manchmal die weitaus bessere Option sein und hat praktisch die gleiche Wirkung.

Neue Rassen

Hoffentlich müssen Sie nicht zu häufig neue Rassen entwerfen, denn ich habe mich bemüht, die beliebtesten Rassen in dieses Buch aufzunehmen. Wenn Sie es dennoch tun möchten, dann nehmen Sie aus verschiedenen Anleitungen genau das, was Sie benötigen und kombinieren diese Elemente ganz nach Wunsch.

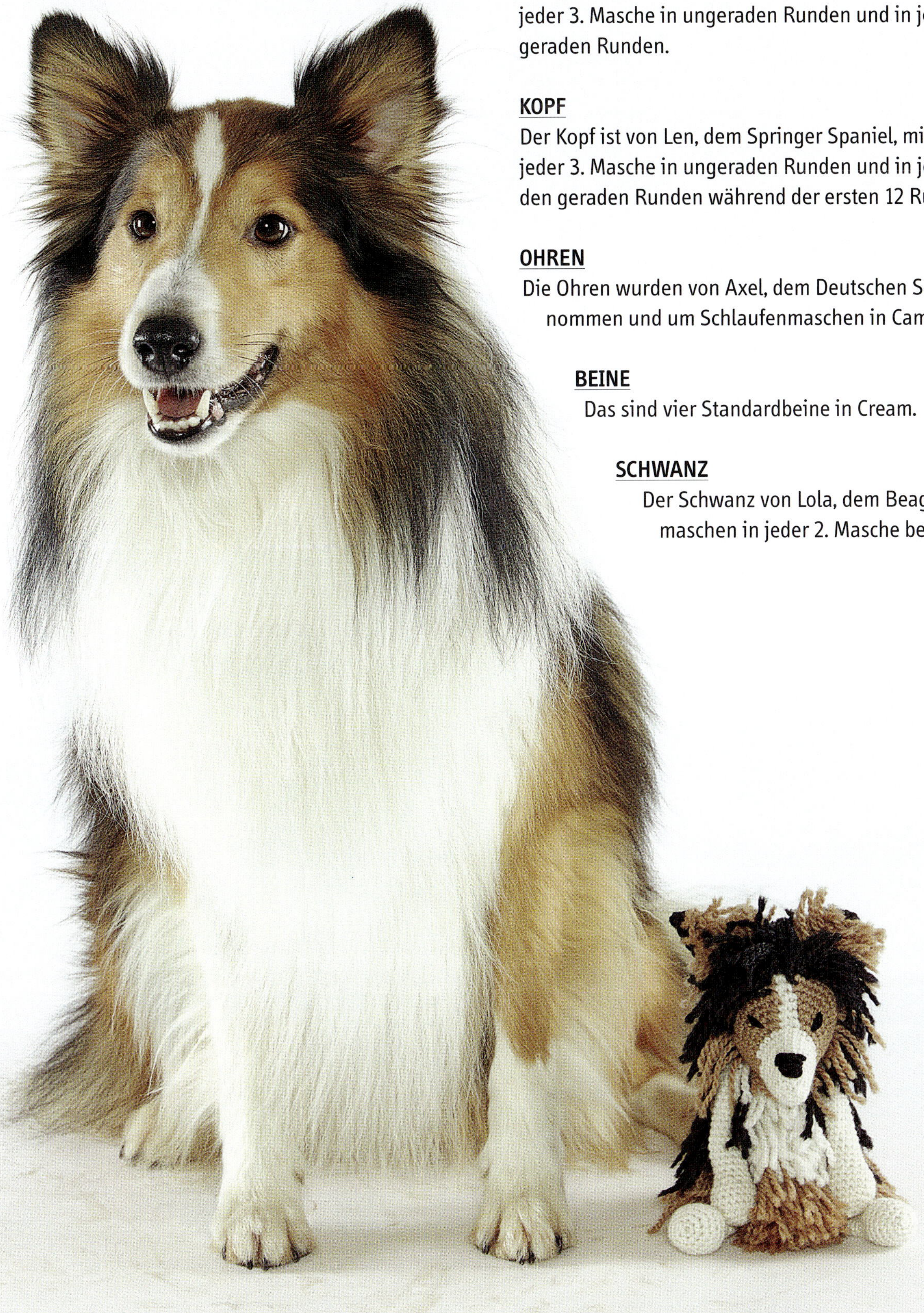

Dieser Sheltie wurde beispielsweise aus den folgenden Elementen zusammengesetzt:

KÖRPER

Der Körper stammt von Holmes, dem Basset, mit Schlaufen in jeder 3. Masche in ungeraden Runden und in jeder 4. Masche in geraden Runden.

KOPF

Der Kopf ist von Len, dem Springer Spaniel, mit Schlaufen in jeder 3. Masche in ungeraden Runden und in jeder 4. Masche in den geraden Runden während der ersten 12 Runden.

OHREN

Die Ohren wurden von Axel, dem Deutschen Schäferhund, übernommen und um Schlaufenmaschen in Camel ergänzt.

BEINE

Das sind vier Standardbeine in Cream.

SCHWANZ

Der Schwanz von Lola, dem Beagle, hat Schlaufenmaschen in jeder 2. Masche bekommen.

Über die Autorin

Kerry Lord ist Gründerin und Kreativdirektorin der Luxuswollmarke TOFT. Kerry und ihr Unternehmen spielen seit 2006, als Handarbeiten wieder in Mode kam, eine wichtige Rolle auf dem britischen Handarbeitsmarkt. Edwards Freche Tierparade Hunde ist ihr fünftes Häkelbuch. Sie lebt mit ihrem Mann, zwei Kindern und dem Hund Pete in Warwickshire in Großbritannien. Folgen Sie @toft_uk und entdecken Sie mehr.

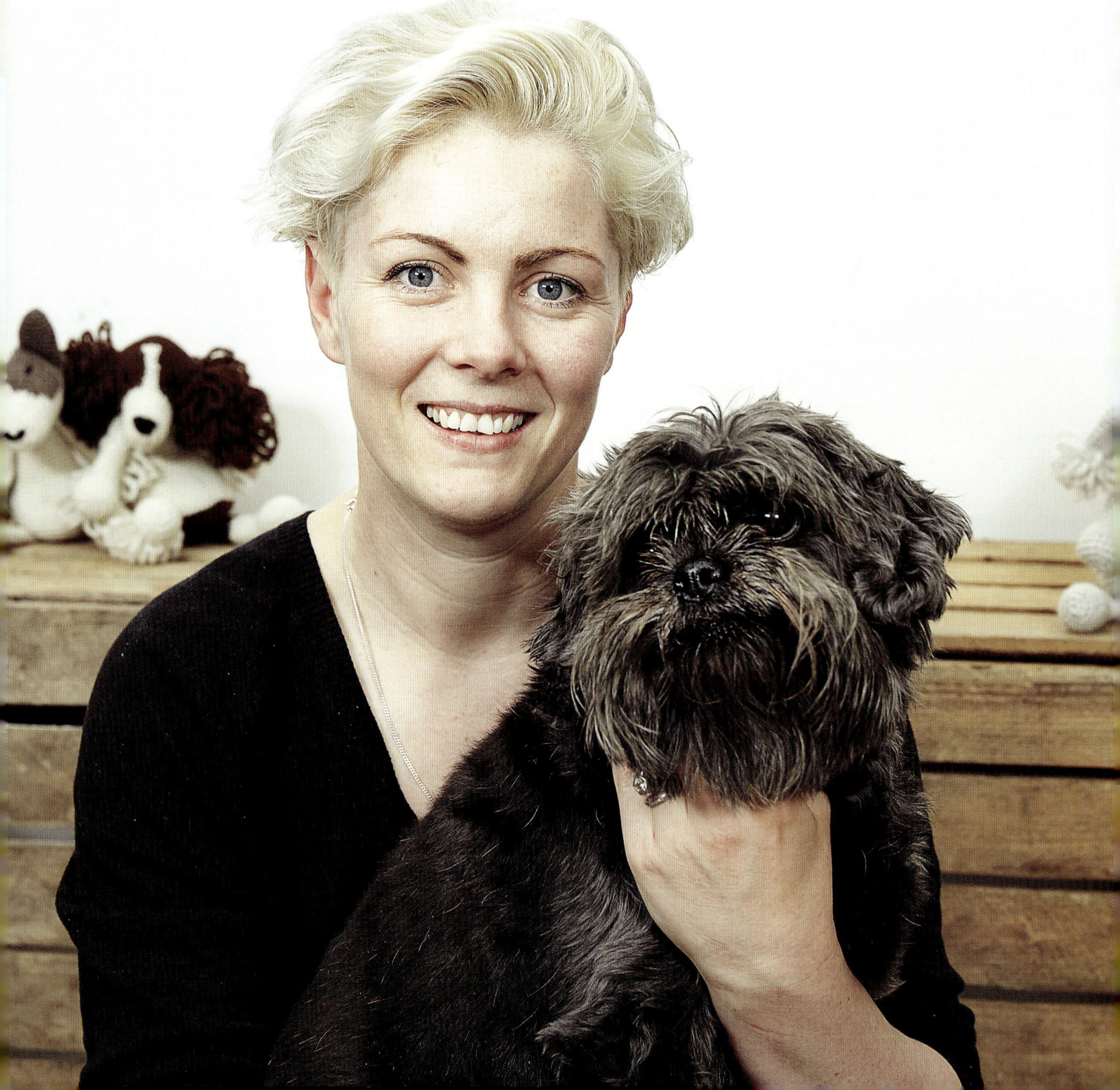

Lieferanten

Alle Hunde in diesem Buch wurden mit TOFT-Garnen in den Stärken Double Knitting, Aran und Chunky gehäkelt. Die reinen TOFT-Wollgarne werden in Großbritannien hergestellt und zeichnen sich durch ihre vielseitige Farbpalette aus, dabei sind diese Garne nicht gefärbt. Alle in diesem Buch verwendeten Garne sowie alle anderen Materialien und Kurzwaren in diesem Buch sind direkt bei TOFT oder auf der Website erhältlich. TOFT ist eine international bekannte Garnmarke aus Großbritannien. Alle Informationen zu Händlern sowie Videoanleitungen zu allen TECHNIKEN finden Sie auf unserer Website: www.toftuk.com.

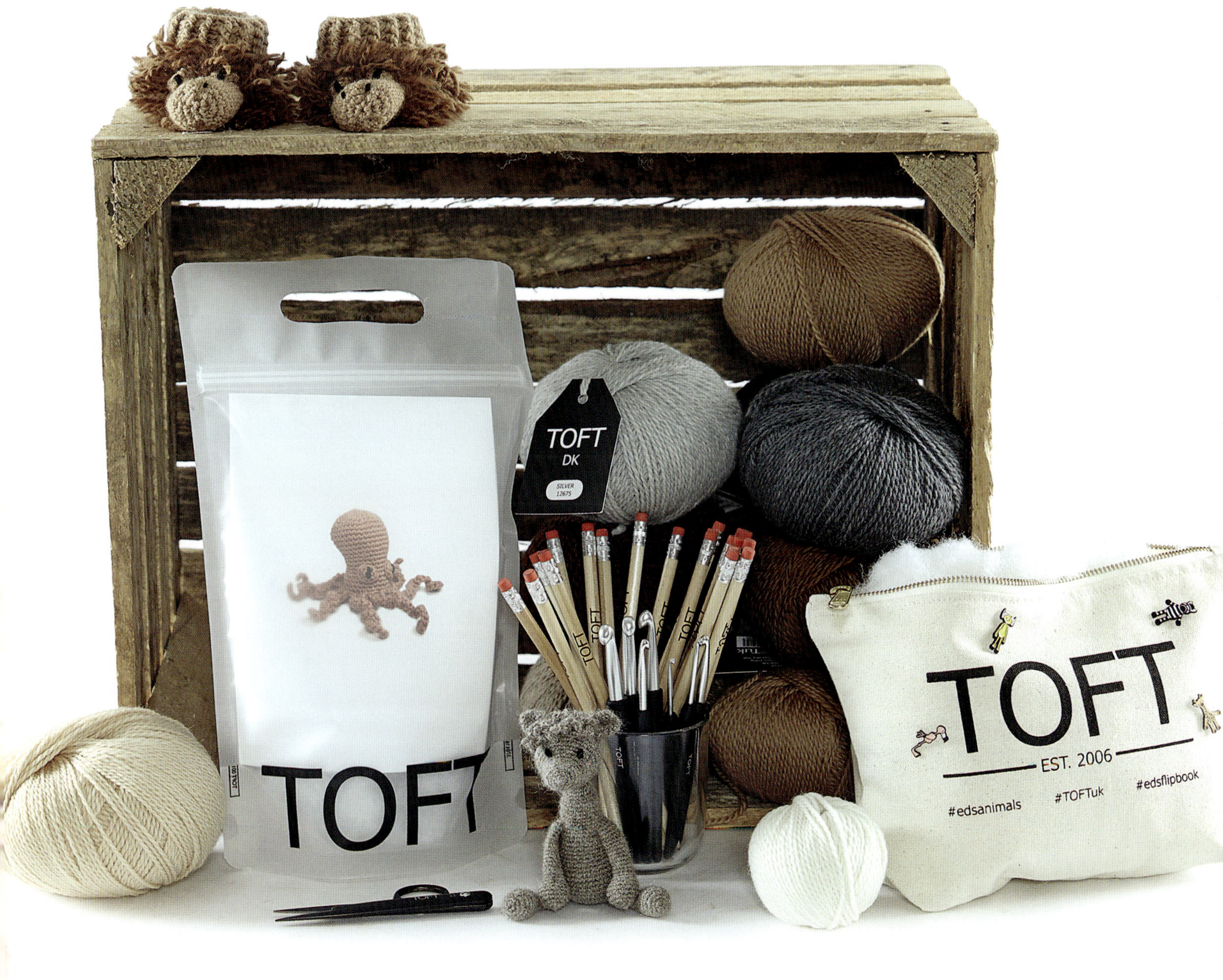

Dank

Dieses Buch zu schreiben war ganz schön aufregend und ich hätte es ohne die Hilfe meines fantastischen Teams niemals geschafft:

Mit besonderem Dank an Rachel Critchley für die Erläuterungen zur Schlaufenmasche und für ihre Anpassung an mein ständiges „Noch einmal"!

An Natasha Jackson, Emily Steeden und Evie Birch dafür, dass sie einen beeindruckenden Berg aus Beinen und Ohren gehäkelt haben.

An Joanna Mann, Rosie Collins und Lauren Spencer, die etliche Abende geopfert haben, um einige meiner alten Lieblingsanleitungen zu testen und zu überarbeiten, um die Entstehung von zu vielen „Frankenstein-Monsterhunden" zu vermeiden.

Ein riesengroßes Dankeschön an meinen Mann, der meine Entscheidung für dieses Buch unterstützte und an meine Kinder, weil sie so gut schlafen, sodass ich an genügend Abenden Zeit hatte, um dieses Buch fertigzustellen!

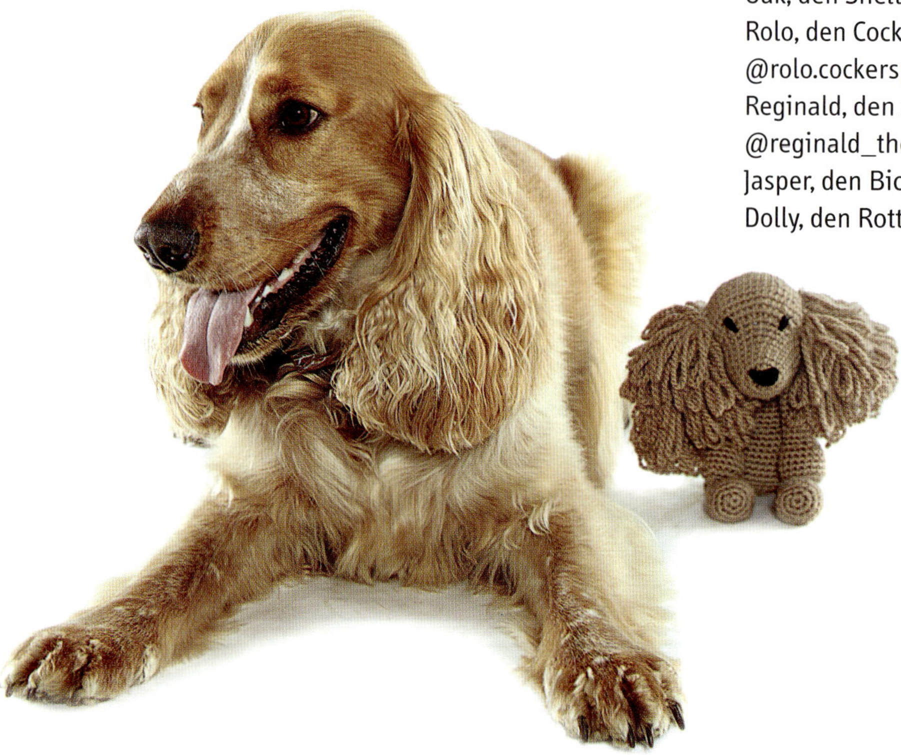

Dieses Buch wäre niemals ohne die echten Hunde und ihre liebenswerten Besitzer zustande gekommen, die ihre Vierbeiner tageweise zu TOFT HQ brachten. Mit Dank an (in der Reihenfolge ihres Erscheinens):

Bullet, den ShiChi (Mischling aus Shih Tzu und Chihuahua) und meine Schwester Laura
@minibbulletdog und @femmehq
Beany, den Papillon und Ali
Bentley, den irischen Setter und Lynn und Nick
Yus, die Bordeauxdogge und Jacqueline
Tilly, den Border Terrier und Lorraine
Sidney und Ivy, die Whippets und Kerry
Katy, den Westie und Gill
Stanley, den Mini-Schnauzer und Catrina
@stanleybojangles
Lancelot, den Weimaraner und Fay
Otto, den Zwergdackel und Jennifer
@otto_the_miniature_dachschund
Binky, den Springbatt (Mischling aus Springer Spaniel und Basset) und Katie
Lola, den Beagle und John
Harry, den Labrador und Bethan
Daisy, den English Springer Spaniel und Evie
Oak, den Sheltie und Sophie
Rolo, den Cocker Spaniel und Nikki
@rolo.cockerspaniel
Reginald, den Scottish Terrier und Abbie
@reginald_the_scottish_terrier
Jasper, den Bichon Frisé und Emily
Dolly, den Rottweiler und Poppy

Zuerst veröffentlicht in Großbritannien 2018 von Pavilion
43 Great Ormond Street
London
WC1N 3HZ

Produktmanagement der deutschen Ausgabe: Mareike Upheber
Übersetzung: Katrin Lischke-Przygode, Lingenfeld
Lektorat: Cosima Kroll, Bönnigheim
Fotografie: Jack Kirby
Satz: WS – WerbeService Linke, 76185 Karlsruhe
Printed in China

2. Auflage 2019
ISBN der deutschen Ausgabe: 978-3-7724-8164-2

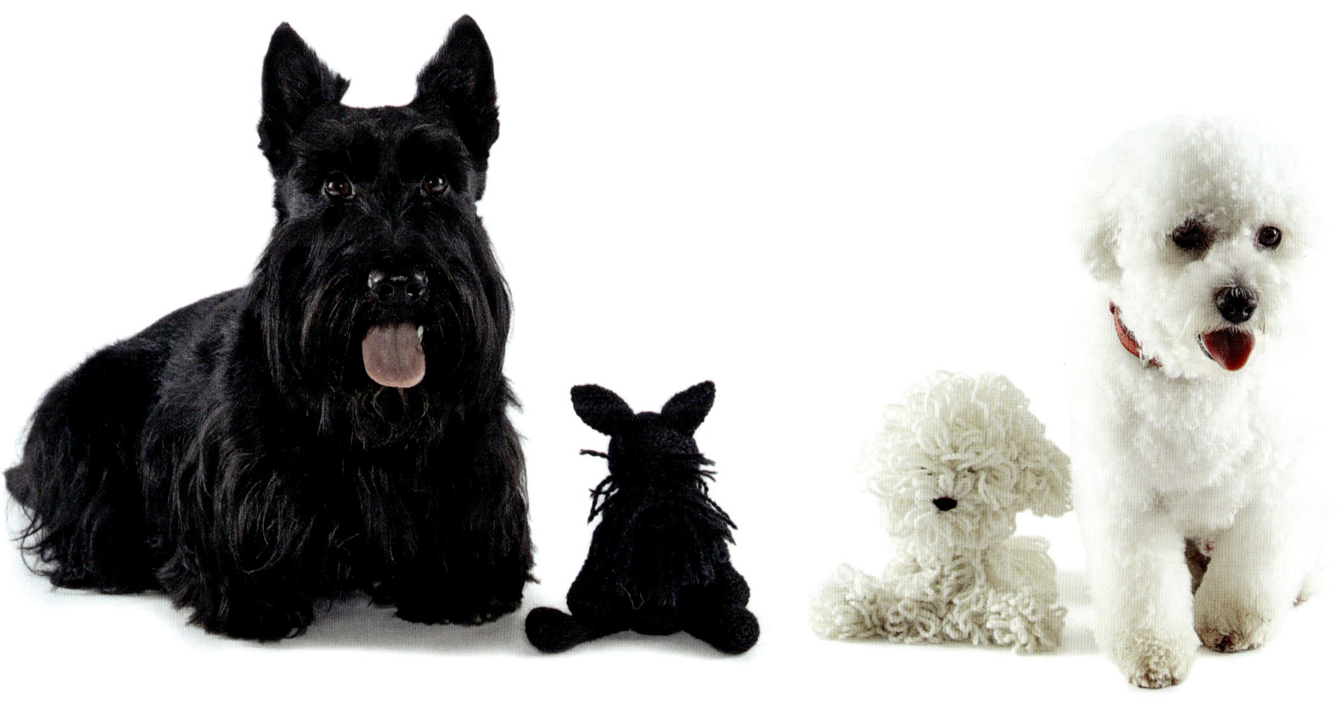

#edsdogs

#edsanimals

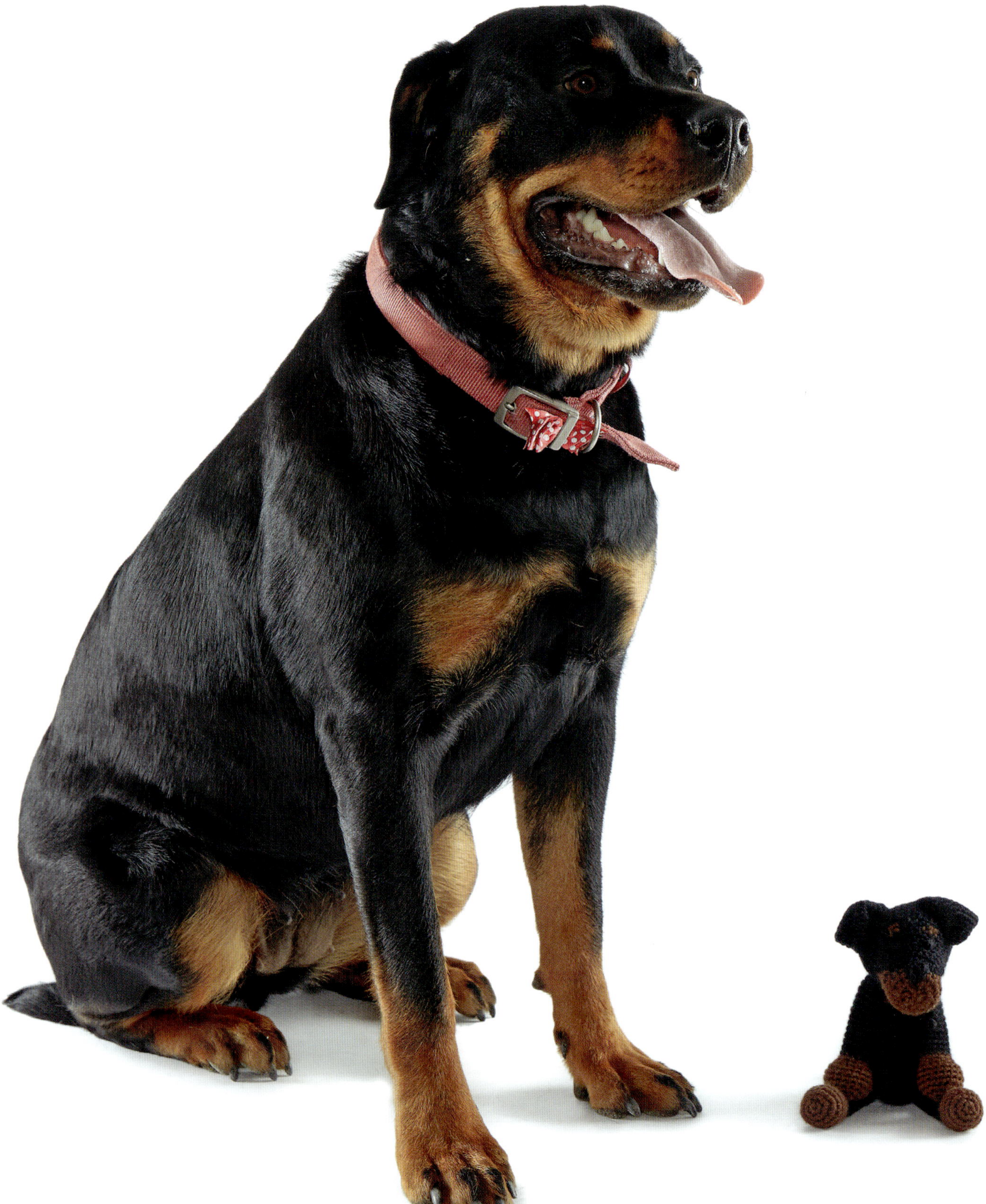

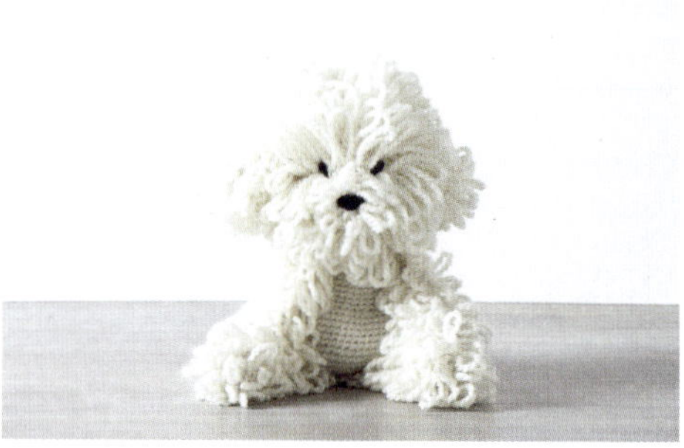
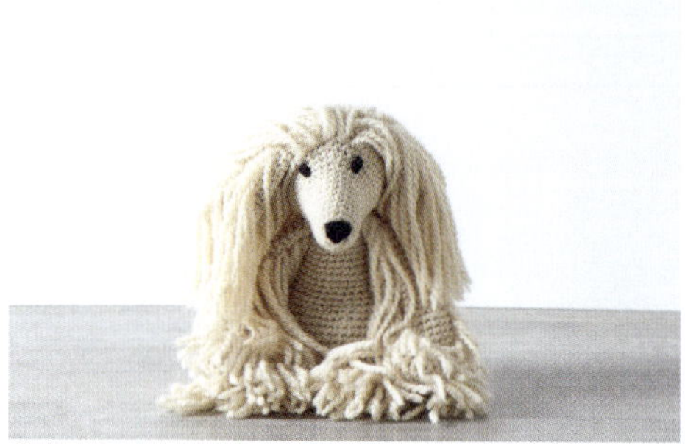
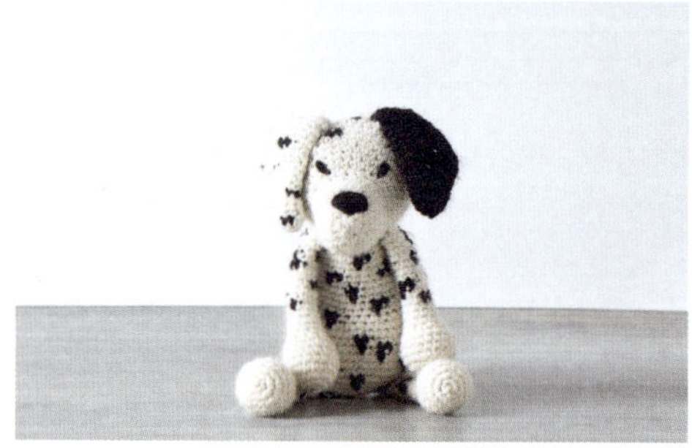
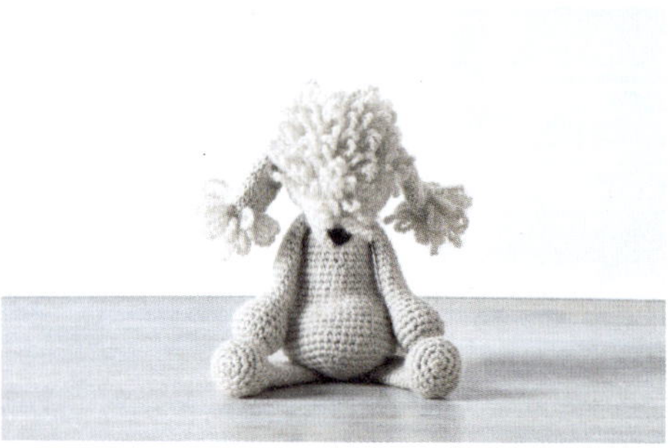
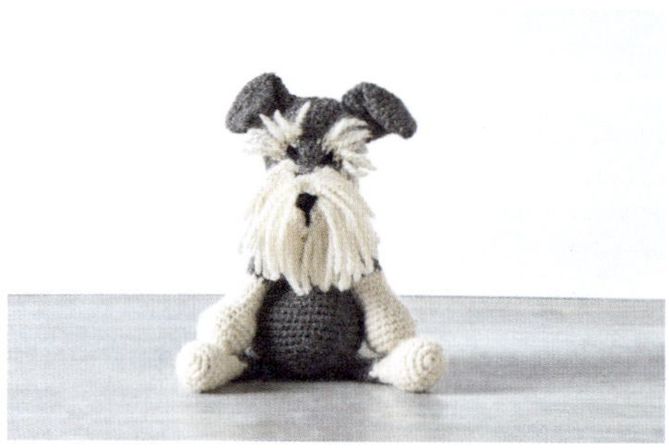
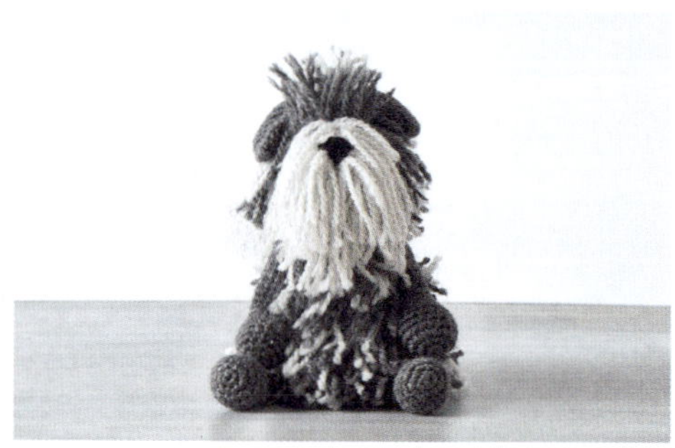
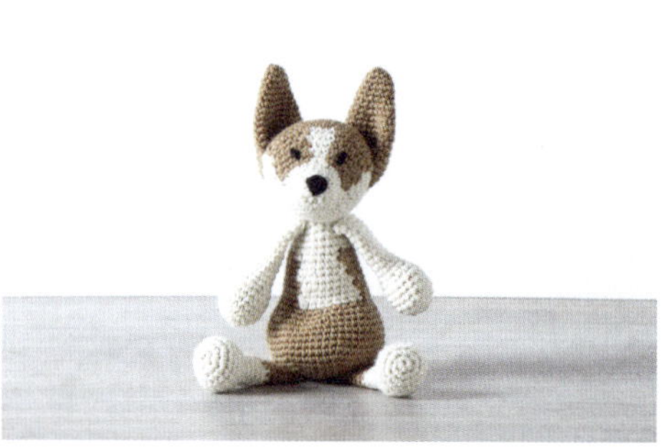
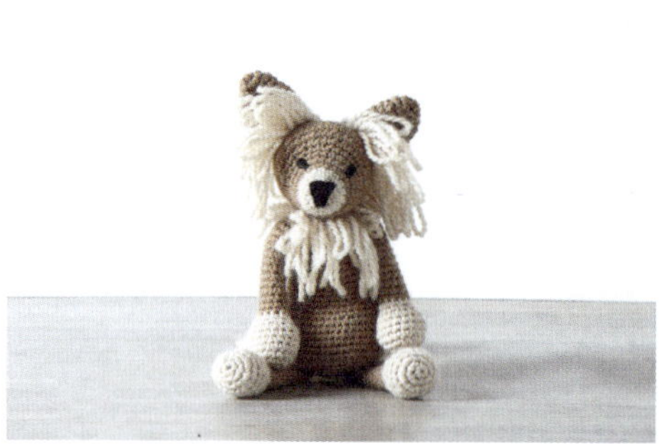
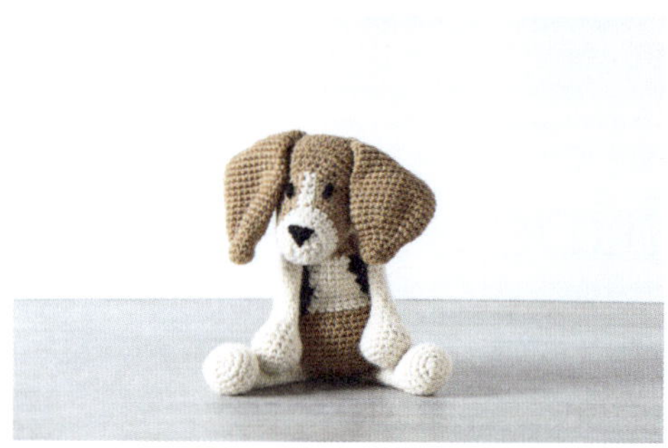
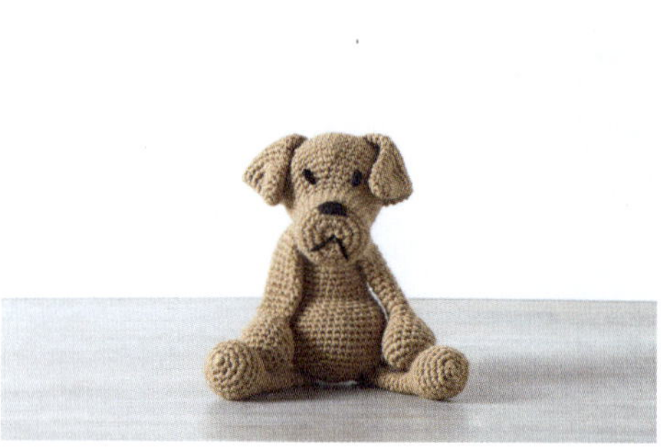
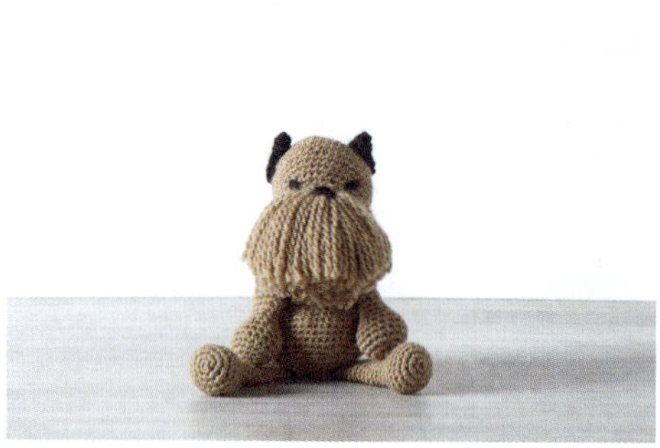
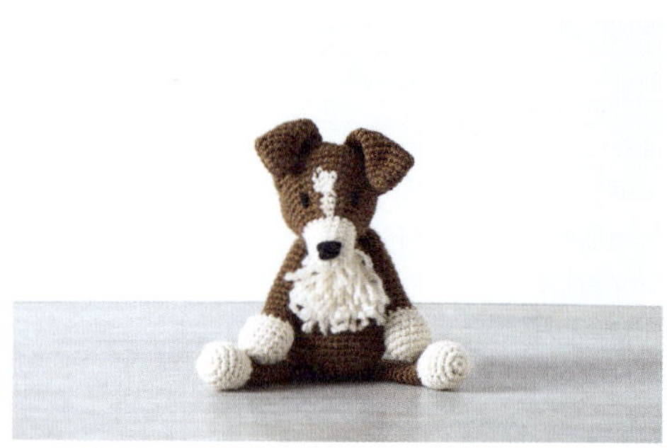
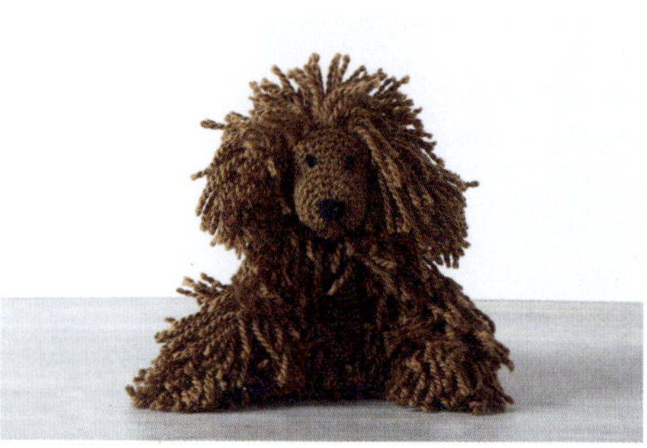
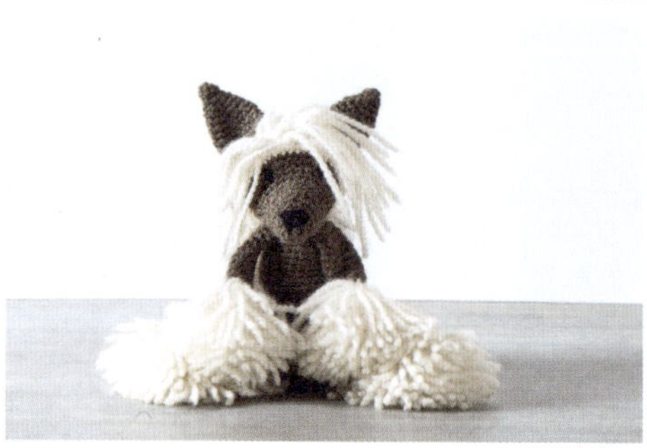
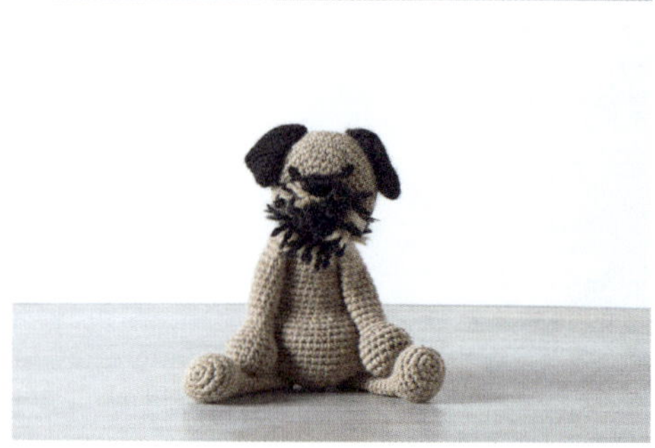
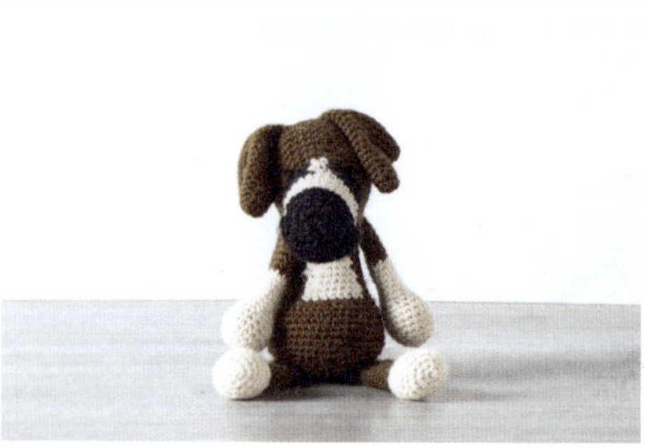
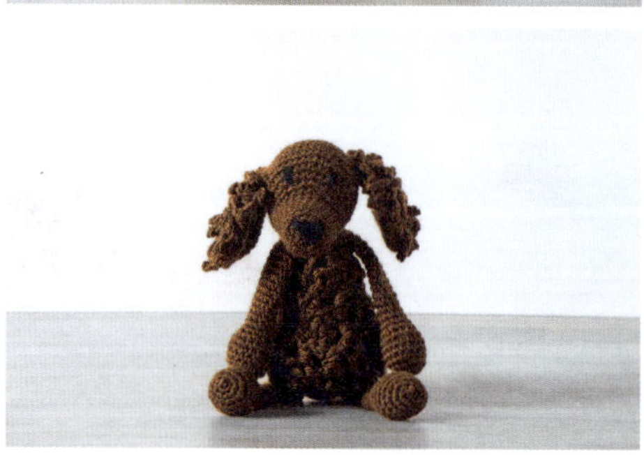
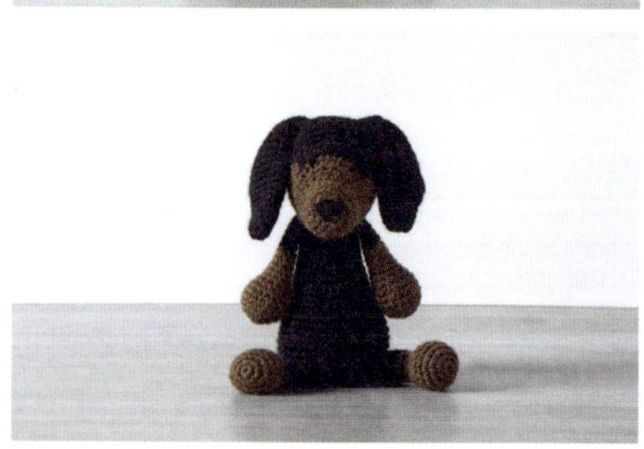